汽车电气系统检测与维修

曹云刚　刘映霞　主　编
陈　婧　赵福利　副主编

重庆大学出版社

内容提要

本书共7个项目，项目1为汽车电气系统基本知识；项目2为汽车电源系统检测与维修，介绍汽车电气系统电路基础、蓄电池故障排除、发电机及电压调节器故障排除等内容；项目3为汽车启动系统检测与维修，介绍汽车启动系统及其故障修复的方法；项目4为汽车点火系检测与维修，介绍传统点火系、电子点火系及微机点火系的工作原理及其故障检测方法；项目5为汽车照明与信号系统检测与维修，介绍汽车照明系统、信号系统的结构原理及故障检测方法；项目6为汽车仪表系统检测与维修，介绍常规仪表、电子仪表及传感器的结构原理和故障检测方法；项目7为汽车辅助电器检测与维修，介绍电动车窗、电动风窗刮水器及洗涤装置的结构原理和故障检测方法。

本书可作为高等职业院校汽车运用技术专业的教材，也可作为汽车电气技术人员的阅读参考用书。

图书在版编目(CIP)数据

汽车电气系统检测与维修/曹云刚，刘映霞主编
. -- 重庆:重庆大学出版社，2019.8(2021.4重印)
高职高专汽车运用与维修专业系列教材
ISBN 978-7-5689-1686-8

Ⅰ.①汽… Ⅱ.①曹… ②刘… Ⅲ.①汽车—电器设备—车辆检修—高等职业教育—教材 Ⅳ.①U472.41

中国版本图书馆CIP数据核字(2019)第157591号

汽车电气系统检测与维修

曹云刚　刘映霞　主　编
陈　婧　赵福利　副主编
策划编辑:周　立
责任编辑:陈　力　邓桂华　　版式设计:周　立
责任校对:张红梅　　责任印制:张　策

*

重庆大学出版社出版发行
出版人:饶帮华
社址:重庆市沙坪坝区大学城西路21号
邮编:401331
电话:(023)88617190　88617185(中小学)
传真:(023)88617186　88617166
网址:http://www.cqup.com.cn
邮箱:fxk@cqup.com.cn(营销中心)
全国新华书店经销
重庆华林天美印务有限公司印刷

*

开本:787mm×1092mm　1/16　印张:14.5　字数:364千
2019年8月第1版　2021年4月第2次印刷
印数:601—2 100
ISBN 978-7-5689-1686-8　定价:39.80元

前言

贵州交通职业技术学院在2016年度进行创新争优工作以来，对汽车运用技术、道路与桥桥工程技术、工程机械控制技术、建筑工程技术4个国家重点示范建设专业进行提升工程，对教材也作了实用性的提升。在此过程中，学院在以习近平新时代中国特色社会主义思想指导下，落实“新工科”建设新要求，紧跟当前职业教育最新发展理念，积极采用“理实一体”的教学手段代替传统的“课堂教学 + 实际操作训练”的教学模式。学院对课程建设十分重视，组织各示范建设专业教师编写特色教材。

近年来，汽车工业飞速发展，电气化及智能化程度越来越高，在传统教学中，“汽车电器设备构造与维修”课程作为汽车专业的一门核心课程，涵盖的内容已不足以满足现代汽车维修电工的需要，我系根据学院实训条件将课程更名为“汽车电器、电路系统检测与维修”，并在2012年出版了相应的教材，教材在内容上注重直观和实用，知识点明确，注意与相关教材的衔接，与实训设备配套。

6年过去了，学院在发展，教学设备也在更新。编者在汽车工程系课程改革方案指导下，新一版的教材以故障为载体，构建基于完整工作过程的学习情境，通过理论与实践一体化的教学手段与课程实训，培养能适应市场需要，具有汽车维修电工水平的应用型人才。

本书根据课程设计思路，按照课程学生手册、任务工单等方式编写，主要内容分为7个 学习项目，学习内容按照从简单到复杂，从单一到综合的规律进行排序。

本书由贵州交通职业技术学院曹云刚教授、刘映霞副教授担任主编，曹云刚编写项目3、刘映霞编写项目1，陈婧、赵福利担任副主编，赵福利老师编写项目2、陈婧完成项目5、张牧元编写项目4、韩伟编写项目6、杨鹏编写项目7，杨娇娇完成排版任务；还有来自企业生产一线的兼职教师张辉等，对他们的辛勤劳动表示衷心的感谢！

编　者

2019年1月

目录

项目 1

汽车电气系统基本知识

【工作任务】

任务 1.1　汽车电气系统组成与特点认知

任务 1.2　汽车电气基础元件的认识

任务 1.1　汽车电气系统组成与特点认知

[任务目标]

目标类型	目标要求
认知目标	掌握汽车电气系统电路的特点
技能目标	熟悉汽车电气系统故障产生的原因、电路检修的一般方法，正确描述汽车电气检修注意事项
情感目标	(1)养成主动学习的习惯 (2)培养 5S 意识

[任务描述]充分认识汽车电气的基础知识

[知识准备]

汽车电器设备是汽车的重要组成部分之一，其性能的好坏直接影响汽车的动力性、经济性、可靠性、安全性、排气净化及舒适性。汽车电器设备各个系统的结构、性能随着其他技术的发展和人们的要求在不断地变化和发展，只要真正掌握汽车电器设备各个系统的作用、基本原理，及时掌握各种新技术在汽车电器设备中的应用动态，就能适应汽车发展的要求，应用并维护好汽车电器设备。

现代汽车的种类和品牌繁多，各种汽车电器设备的数量不等，其安装位置、接线方法等也各有差异。但无论是进口汽车还是国产汽车，其电气系统的设计一般都遵循一定的规律。了解汽车电气系统的特点，对汽车电器设备的维修很有帮助。

1)汽车电气系统的组成

汽车电气系统按功能可分为以下系统:

①电源系统,其主要电器设备有:蓄电池(图1.1)、三相交流发电机(图1.2)、电压调节器(图1.3)、充电状态指示装置等。

图1.1　蓄电池

图1.2　三相交流发电机

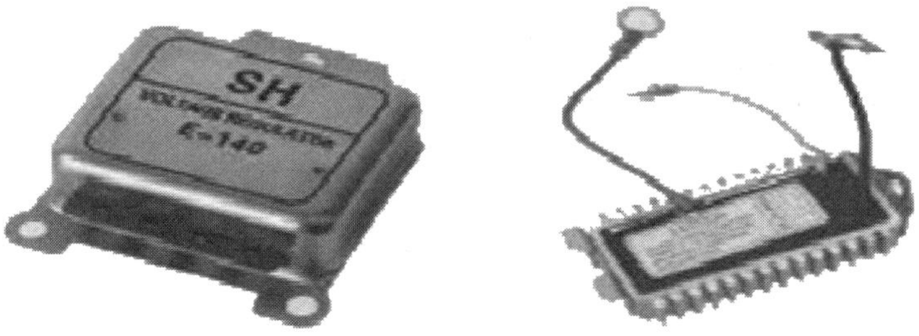

图1.3　电压调节器

②启动系统(图1.4),其主要电器设备有:启动电动机、控制器、离合器、启动机电器等。

图1.4　启动机

③照明及信号系统,其主要电器设备有:前照灯、雾灯、牌照灯、转向信号灯、危险报警灯及开关、尾灯、电喇叭、倒车信号装置、制动信号灯等。

④仪表与报警系统,其主要电器设备有:电流表、电压表、机油压力表、水温表、燃油表、发动机转速表、车速里程表、报警灯及开关。

⑤辅助电气系统,其主要电器设备有:刮水器与喷水器、电动车装置。

⑥汽车电子控制系统,主要指利用微机控制的各个系统,包括电控燃油喷射系统(EFI)、电控点火系统(ESA)、电控自动变速器(ECT)、制动防抱死系统(ABS)、电控悬架系统(EMS)、

自动空调、安全气囊等。

2)汽车电器设备的主要特点

(1)两个电源

①蓄电池电源——汽车的初始电源。

②发动机电源——汽车的主要电源。

(2)低压直流

汽车电器设备的额定电压有12 V和24 V两种,汽车普遍采用12 V电压,大型柴油车多采用24 V电压。

汽车蓄电池作为化学电源,只能产生直流电,发电机在汽车上要与蓄电池配合供电,还要向蓄电池充电,因此发电机的输出电流也必须是直流电。汽车采用直流供电。

(3)并联单线制

汽车上所有的电气系统与电源之间的连接都是并联的,电源与用电设备只用一根导线将正极连接,负极用汽车的金属机体作为导体构成回路,这种连接方式称为单线制。由于单线制节省导线,线路清晰,安装与检修方便,并且用电设备不需与车体绝缘,因此,现代汽车广泛采用单线制。

(4)负极搭铁

采用单线制时,电源的正极与用电设备的正极用导线连接,而负极直接接到车架上,俗称“负极搭铁”。国内外生产的汽车基本上都采用“负极搭铁”。

(5)设有保护装置

如保险丝、继电器等。

(6)汽车电路有颜色和编号特征

汽车电气系统的线束有颜色和编号特征,以便于维修时查找。

(7)相对独立的分支系统组成

①电源电路由蓄电池、发电机、电压调节器及工作状况指示装置(电流表、充电指示灯)等组成。

②启动电路由启动机、启动继电器、启动开关及启动保护装置组成。

③点火电路由点火线圈、分电器、点火器、火花塞、点火开关等组成。

④照明与信号电路由前照灯、雾灯、示宽灯、转向信号灯、制动信号灯、倒车灯、电喇叭等及其控制继电器和开关组成。

⑤仪表与报警电路由仪表、传感器、各种报警灯及控制器组成。

⑥辅助装置电路由为提高车辆安全性、舒适性、经济性等各种功能的电气装置组成。一般包括风窗刮水清洗装置、风窗除霜防雾装置、启动预热装置、音响装置、车窗电动升降装置、电动座椅调节装置及中央电控门锁等装置组成。

3)全车电路及配电装置

(1)汽车电路图分类

汽车电路图有电路原理图、接线图、线束图和线路图4种。

(2)汽车电路原理图识图要点

识读电路原理图必须熟悉电器设备的图形符号,弄清电器设备和控制电路的工作原理及相关电路所通过的控制开关、熔断器、插件器等。

(3)汽车电路接线图和线束图识图要点

如图 1.5 所示,识读完电路原理图后,根据线路图分清电器设备和它们在车上的实际位置;根据接线图和线束图辨别出电器元件各接线柱的作用和线束接线柱的来龙去脉。阅读接线图、线束图和电路原理图时,一般先找到电源线和搭铁线,再按照保险、开关(或用电器)、搭铁的次序运用汽车电器总成的相关知识进行原理分析,以便能找到汽车充电指示灯常亮等故障的真正原因,并排除故障。

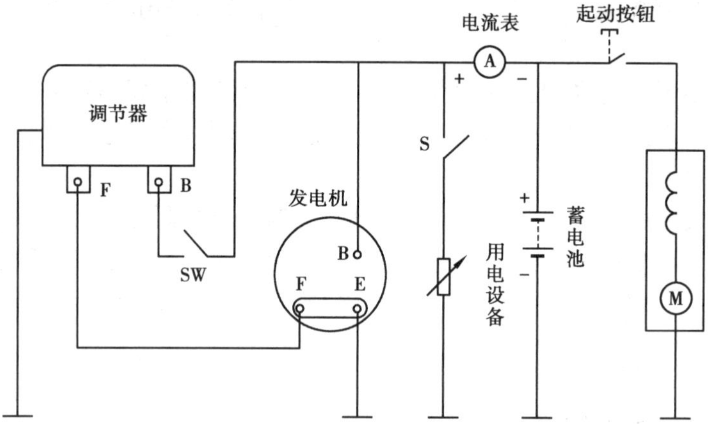

图 1.5　电源系统电路原理图

(4)汽车电路线路图识图注意事项

识读电路原理图时,图中一般有多条火线和搭铁线,一般其中一条为常火线,直接接蓄电池正极,不受任何开关控制;还有一条火线受点火开关控制。另外,同时有多条搭铁时,搭铁部位不同。识读线束图要注意全车有几组线束,各线束的名称、在汽车上的实际位置;每一条线束上的枝叉又通向车上的哪个电器设备,每一分支叉有几根导线,它们的颜色和标号,它们分别连接到相应电器的哪个接线柱上。

(5)汽车电器的回路原则

对于汽车电路来说,有多个电路系统,但只有电源、总保险等是各个电路系统公用的。所有用电设备都是并联的,任何一个电路系统都是一个完整的电气系统,包括电源开关、熔断器、用电设备、导线等,虽说汽车电路采用单线制,并遵循从电源—保险—开关—用电设备—搭铁—电源负极,最终形成回路。

(6)汽车电路图的发展趋势

随着汽车电气系统的发展,汽车电路图复杂度也在提高,主要体现在:在修理手册中,由于电缆无限增多,采用一步线图表示全车电路不多见了,多采用提纲图表示全车电路概貌,体现电源的分配关系;一般修理手册增加了局部电路中的插接器、每根线在插接器中的位置、多线插接器的数字序号及文字符号、接线柱标记、导线颜色和搭铁点;图形符号遵循国际(ISO)和欧洲(IEC)标准;突出电子控制系统,给出元件在车身上的位置。

4)汽车电气检修基础

(1)汽车电气检修注意事项

①拆卸蓄电池时,总是最先拆下负极(－)电缆;装上蓄电池时,总是最后连接负极(－)电缆。

②更换烧坏的保险时，应使用相同规格的保险，使用比规定容量大的保险会导致电气元件损坏或产生火灾。

③拆下或装上蓄电池电缆时，应确保点火开关或其他开关都已断开，否则会导致半导体元器件的损坏。

④靠近振动部件（如发动机）的线束部分应用卡子固定，将松弛部分拉紧，以免由于振动造成线束与其他部件接触。

⑤不要粗暴地对待电气元件，也不能随意乱扔。无论器件好坏，都应轻拿轻放。

⑥与尖锐边缘磨碰的线束部分应用胶带缠起来，以免损坏。

⑦安装固定零件时，应确保线束不要被夹住或被破坏。

⑧安装时，应确保接插头接插牢固。

⑨进行维修时，若温度超过 80 ℃（如进行焊接时），应先拆下对温度敏感的零件（如继电器等）。

(2)汽车电器设备维护与故障判断、排除的基本方法

①调查了解法。

②原理分析法。

③试灯检查法。

④电压测量法。

⑤电源短接法。

⑥使用警告灯判断法。

对装有警告灯的车辆，是否有故障可以从警告灯的“亮”“灭”来判断。

[任务检测]

一、填空题

1. 汽车电气系统分为________、________、________、仪表与报警系统、辅助电气系统及汽车电子控制系统。

2. 汽车电器设备的额定电压有________ V 和________ V 两种，汽车普遍采用________ V 电压，大型柴油车多采用________ V 电压。

3. 采用单线制时，电源的正极与用电设备的正极用导线连接，而负极直接接到车架上，俗称________。

二、判断题

1. 汽车有两个电源。　　（　　）

2. 汽车电子控制系统主要是指利用微机控制的各个系统。　　（　　）

3. 拆卸蓄电池时，总是最先拆下负极（－）电缆；装上蓄电池时，总是最后连接负极（－）电缆。　　（　　）

三、简答题

1. 电气系统的主要特点有哪些？

2. 试述汽车故障诊断的一般程序。

3. 汽车电气检修注意事项有哪些？

4. 试述汽车电器设备维护与故障判断、排除的基本方法。

［知识拓展］

1. 作业安全要求

1）电击与电伤

电击是电流通过人体时造成的内部器官在生理上的反应和病变，如破坏人的心脏、神经系统、肺部的正常工作造成的伤害。电击对人体的危害程度主要取决于通过人体电流的大小和通电时间长短。随着电流的大小不同，人体的反应也不同，如针刺感、击痛感、昏迷、心室颤动、呼吸困难或停止现象。人体触及带电的导线、漏电设备的外壳或其他带电体，以及雷击或电容放电，都可能导致电击。电伤是电流的热效应、化学效应或机械效应对人体造成的局部伤害，包括电弧烧伤、烫伤、电烙印、皮肤金属化、电气机械性伤害、电光眼等不同形式的伤害。

2）安全操作要求

①实际操作必须在老师的指导下，严格按照操作规程完成。

②使用工量具、检测仪器前，要掌握使用方法和注意事项。

③清洗用油、润滑油、废油必须定点存放。

④工作环境干净整洁，不得阻塞通道。

⑤发生意外情况，一定要在第一时间断电。

⑥进行 6S 的管理。

2. 数字万用表的使用

1）数字式万用表的说明

数字式万用表是在数字直流电压表的基础上扩展而成的，核心就是 200 mV 量程的数字电压表，其主要工作原理是需要把被测量的电压信号、电流信号、交流电压信号、电阻、电容、电感、二极管等统一转换成直流电压信号并且经过衰减器衰减到 200 mV 以下，再由模/数（A/D）转换器将电压模拟量转换成数字量，然后通过电子计数器计数，最后把测量结果用数字直接显示在显示屏上。

汽车万用表也是一种数字式万用表，在汽车检测中用途广泛，它除了具有数字式万用表的功能外，还具有一些汽车专用测试功能。在发动机电控系统故障的检测与诊断中，除经常需要检测电压、电阻和电流等参数外，还需要检测转速、闭合角、频宽比（占空比）、频率、压力、时间、电容、电感、温度、半导体元件等。这些参数对发动机电控系统的故障检测与诊断具有重要意义。这些参数是用一般数字式万用表无法检测的，需用专用仪表即汽车万用表。汽车专用万用表的基本工作原理是：通过测试探针采集外部电信号后，输入万用表专用集成电路进行预处理，在通过 CPU 处理完成后送入显示屏进行显示。

2）数字式万用表的使用

（1）电压测量

①将黑表笔插入 COM 插孔，红表笔插入 VΩ 插孔。

②测直流电压（DCV）时，将功能开关置于 DCV 量程范围［测交流电压（ACV）时则应置于 ACV 量程范围］，并将测试表笔并接到被测负载或信号源上，在显示电压读数时，同时会指示出红表笔的极性。

（2）电流测量

①将黑表笔插入 COM 插孔，当被测电流在 200 mA 以下时红表笔插 A 插孔。如被测电流为 200 mA ~2 A，则红表笔移至 10 A 插孔。

②将功能开关置于直流电流（DCA）或交流电流（ACA）量程范围，测试笔串入被测电路中。

(3)电阻测量

①将黑表笔插入COM插孔，红表笔插入VΩ插孔（注意红表笔极性为“+”）。

②将功能开关置于所需Ω量程上，将测试笔跨接在被测电阻上。

3. 解码器的使用

①故障码的读取与清除。

②数据流的读取。

4. 继电器的检修

1)测触点电阻

使用万用表的欧姆挡，测量常闭触点与动点电阻，其阻值应为0（接通）；常开触点与动点的阻值为无穷大（断开）。由此可以区别出哪个是常闭触点，哪个是常开触点。

2)测线圈电阻

可用万用表二极管挡或欧姆挡测量继电器线圈的阻值，阻值一般很小，从而判断该线圈是否存在开路现象。

5. 普通电路故障的检测方法

1)断路的检测

断路故障可以使用电压表、试灯、有源试灯、欧姆表或借助跨接线来检测。

2)短路的检测

可用欧姆表来检查部件的电阻，若有短路，则电阻值低于规定值。注意，短路并不一定烧毁熔断丝，要检查电流的大小。

3)搭铁回路的检测

搭铁就是因绝缘材料破损，致使电流未到达负载部件便流到搭铁点，为了确定电路是否在负载之前搭铁短路，应拆下熔断丝，将试灯按照串联方式接在熔断丝接点处。如果灯亮，则电路是搭铁短路。

【评价与反馈】

评价与反馈见表1.1。

表1.1 评价与反馈表

班级： 姓名： 指导教师：

序号	考核项目	配分	考核内容	配分	考核标准	得分
1	出勤/纪律	5	出勤	2	违规一次不得分	
			行为规范	3	违规一次不得分	
2	安全/防护/环保	20	着装	4	违规一次不得分	
			个人防护	4	违规一次不得分	
			5S	4	违规一次不得分	
			设备使用安全	4	违规一次不得分	
			操作安全	4	违规一次不得分	
3	知识水平	20	知识测验成绩	20	测验成绩的20%计	
4	技能考核	40	技能测验成绩	40	测验成绩的40%计	
5	学习能力	10	工单填写、计划制订	4	未做不得分	
			组内活动情况	4	酌情扣1~4分	
			资料查阅和收集	2	未做不得分	
6	任务拓展	5	知识拓展	2	未做不得分	
			技能拓展	3	未做不得分	
7	总分	100				

【教师评估】

教师评估见表1.2。

表1.2 教师评估表

序号	优点	存在的问题	解决方案
教师签字：			

任务1.2　汽车电气基础元件的认识

[任务目标]

目标类型	目标要求
认知目标	学会汽车开关、保险、继电器等部件的检测
技能目标	正确描述安装线束时的注意事项
情感目标	(1)养成主动学习习惯 (2)培养5S意识

[任务描述]识别汽车电气元件

[知识准备]

任何汽车电器设备和电控装置要想获得电源供电，都要通过保险装置、插接器、各种开关、继电器、导线等汽车电路的基础元件。它们是汽车电路的基本部分。它们的性能和状态直接影响汽车电器设备的工作。为了保证汽车电器设备的正常工作，除电器设备本身正常外，还要保证汽车上的保险装置、继电器、开关和插接器等基础元件也能正常工作。通过本任务的学习，应能掌握汽车开关、保险、继电器等部件的检测。

1.2.1　汽车电气基础元件

1)保险装置

当电路中流过超过规定的过大电流时，汽车电路保险装置能够切断电路，从而防止烧坏电路连接导线和用电设备。汽车上的保险装置主要有熔断器、易熔线、断路器。

(1)熔断器

熔断器在电路中起保护作用。当电路中流过超过规定的电流时，熔断器的熔丝自身发热而熔断，切断电路，防止烧坏电路连接导线和用电设备。熔断器为一次性器件，当需要更换熔断器时，一定要用与原规定相同的熔断器。常见的熔断器有熔片式、熔管式、绝缘式、缠丝式和插片式等，如图1.6所示。通常，熔断器盒盖上注明了各熔断器的名称、额定容量和位置，同时，用不同的颜色来区别熔断器的容量。

(2)易熔线

易熔线的安装位置接近电源。易熔线是一种截面积一定的、可长时间通过额定电流的铜芯或合金导线。主要用于保护总体电路或较重要的电路。若发生过载，易熔线较细的导线将熔断，以在发生损坏前断开电路。

(3)断路器

断路器主要用于正常工作时容易过载的电路中，其原理是利用双金属片受热变形使触点分离。按作用形式分为非循环式断路器和循环式断路器两类。

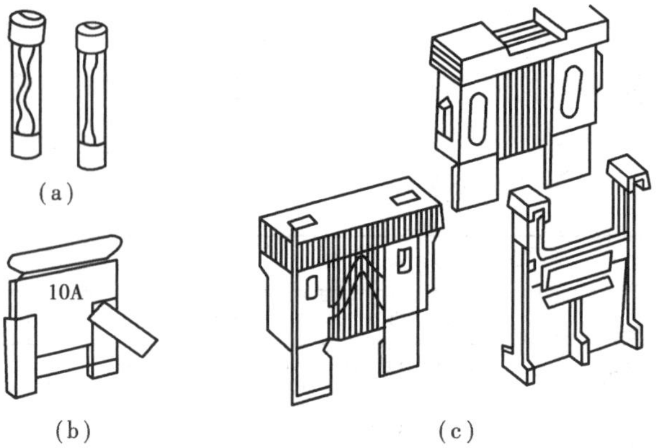

图 1.6　熔断器

2)继电器

如图 1.7 所示,继电器可以实现自动接通或切断一对或多对触点,完成用小电流控制大电流,可以减小控制开关的电流负荷,保护电路中的控制开关。继电器通常分为常开继电器,常闭继电器和常开、常闭混合型继电器。

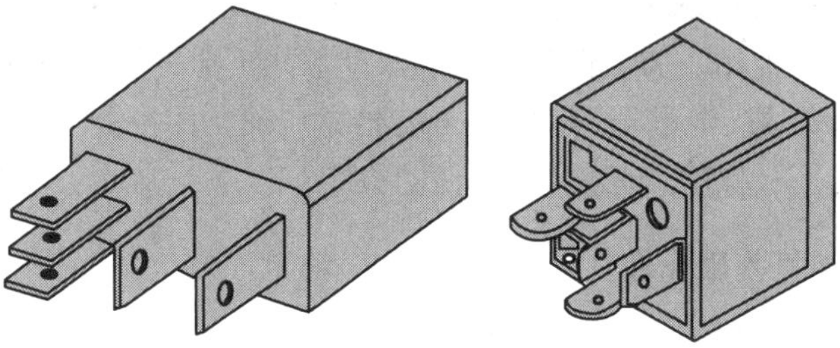

(a)外形

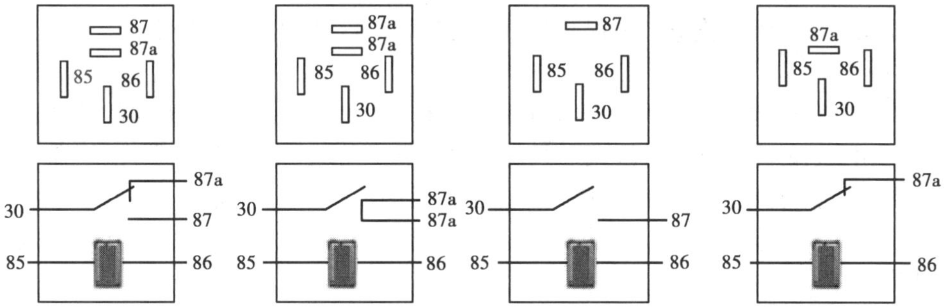

(b)内部原理

图 1.7　常见继电器的外形与内部原理

3)点火开关

点火开关的主要功能是:锁住转向盘转轴(LOCK),接通点火仪表指示灯(ON 或 IG)、启动(ST 或 START)挡、附件挡(Acc 主要是收放机专用),如果用于柴油车则增加(HEAT)挡。其中,启动、预热挡因为工作电流很大,开关不易接通过久,因此,这两挡在操作时必须用手克服弹簧力,扳住钥匙,一松手就弹回点火挡,不能自行定位,其他挡均可自行定位。点火开关的结构及表示方法如图 1.8 所示。

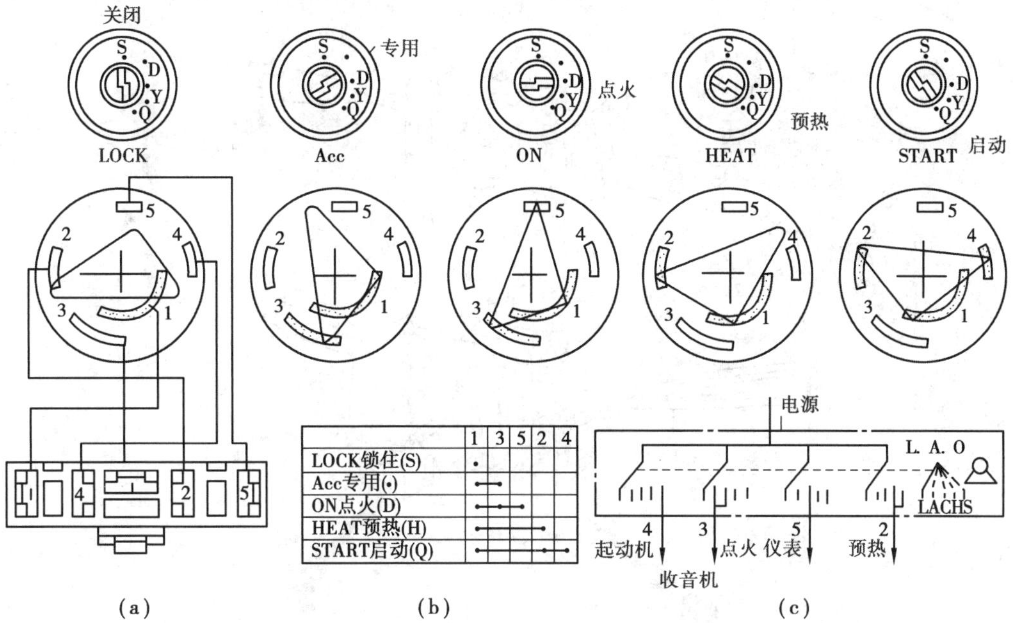

图 1.8　点火开关

4)组合开关

如图 1.9 所示,组合开关由两种及两种以上的开关集装在一起,可使操纵更加方便。多功能组合开关将照明(前照灯、变光)开关、信号(转向、危险警告、超车)开关、刮水器/清洗器开关等组合为一体,安装在便于驾驶员操纵的转向柱上。

5)插接器

插接器就是通常说的插头和插座,用于线束与线束或导线与导线间的相互连接。为了防止插接器在汽车行驶过程中脱开,所有的插接器均采用闭锁装置,如图 1.10 所示。

6)汽车导线与线束

(1)导线

导线按承受电压的高低可分为:高压导线和低压导线。根据用电设备的负载电流大小选择导线的截面积。为保证一定的机械强度,一般低压导线截面积不小于 0.5 mm^2。

为便于安装和检修,汽车采用双色导线,主色为基础色,辅色为环布导线的条色带或螺旋色带,且标注时主色在前,辅色在后。以双色为基础选用时,各用电系统的电源线为单色,其余为双色,如图 1.11 所示。

(2)线束

为使全车线路规整,安装方便及保护导线的绝缘,汽车上的全车线路除高压线、蓄电池电缆和启动机电缆外,一般将同区域的不同规格的导线用棉纱或薄聚氯乙烯带缠绕包扎成束,称为线束。

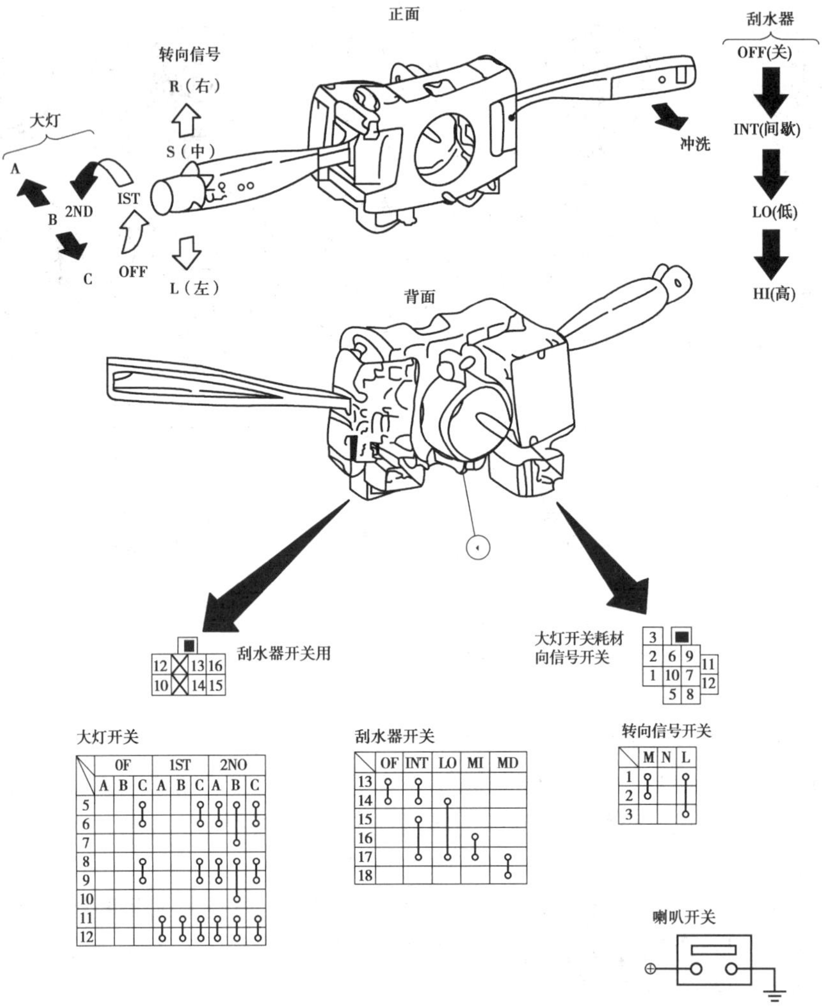

图 1.9　日产公爵王轿车组合开关的挡位和接线柱关系

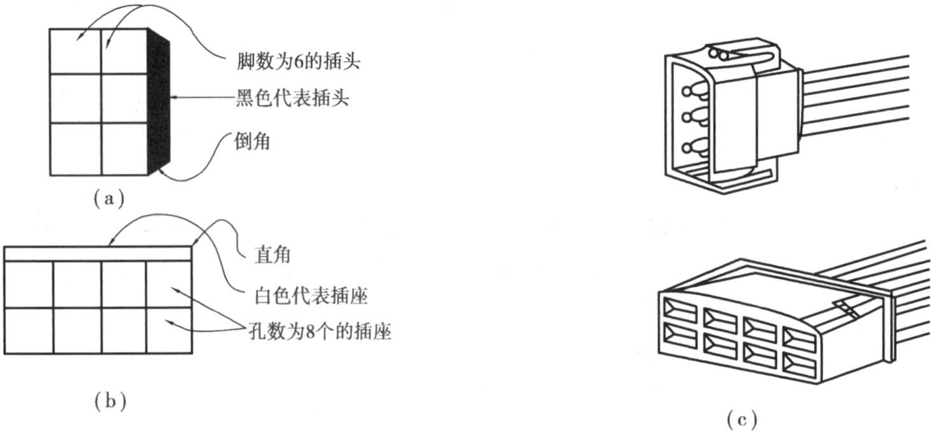

图 1.10　插接器

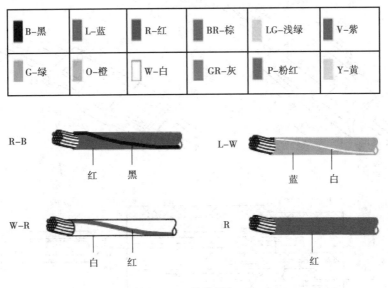

B-黑	L-蓝	R-红	BR-棕	LG-浅绿	V-紫
G-绿	O-橙	W-白	GR-灰	P-粉红	Y-黄

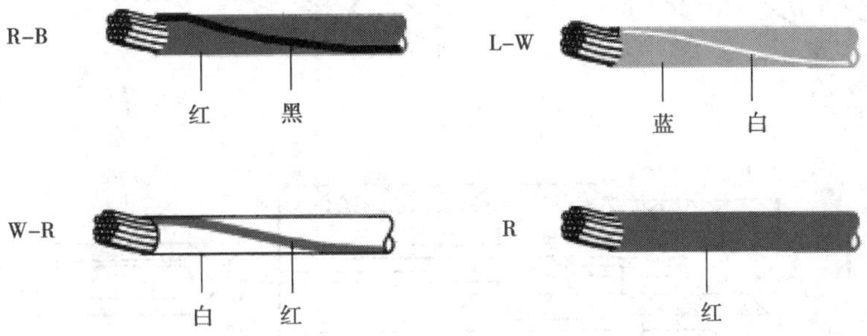

图 1.11　导线颜色

1.2.2　任务实施及规范

(1)安装线束时应注意的事项

①线束应用卡簧或线卡固定,以免松动磨坏。

②线束不可接得过紧,尤其在拐弯处更应注意,在绕过锐角或穿过金属孔时,应用橡皮或套管保护,否则容易磨坏线束而发生短路、搭铁,并有烧毁全车线束、酿成火灾的危险。

③连接电器时,应根据插接器规格以及导线的颜色或接头处套管的颜色,分别接于电器上,若不易辨别导线的头尾时,一般可用试灯区分,不宜用试火法,因为在供电系统中,试火容易烧坏导线。

(2)插接器的维修

插接器导线接头常因大气侵蚀或电火花而发生蚀损,因机械振动而使线端断裂。保持接头接触良好,修复损坏线头是线束维修的基本作业。拆插接器时,须压下闭锁,切不可直接猛拉电线,如图 1.12 所示,若发现插头插座损坏或锈蚀严重,应用小螺钉旋具自插口端伸入撬开锁紧环,拉出线头。对锈蚀严重的线头,可用细砂纸打去锈层,若有损坏,应更换插头插座。

(3)开关的检测

将开关拨到相应的位置,用万用表电阻挡检测对应的端子间电阻,接触电阻不能超出范围。

(4)保险的检查

可用观察法检查,也可用万用表电阻挡测量熔断器是否熔断,如图 1.13 所示。

(5)继电器的检测

①开路检测。

采用万用表测阻法,以图 1.13 所示的继电器为例,用万用表 Ω 挡检查:如果①脚—②脚通,③脚—④脚通,③脚—⑤脚电阻为∞,则正常,否则有问题。

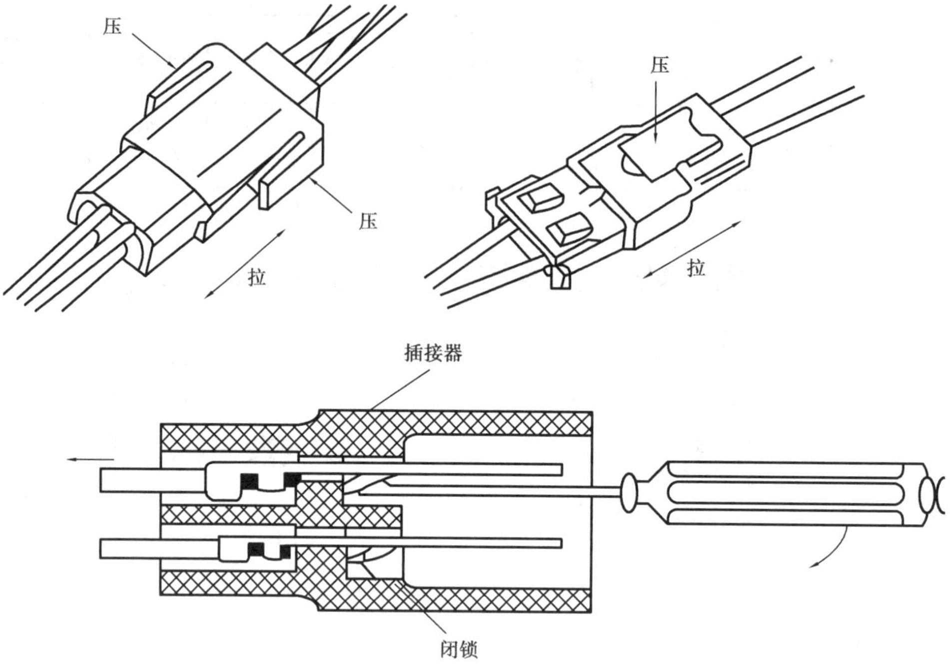

图 1.12　线束

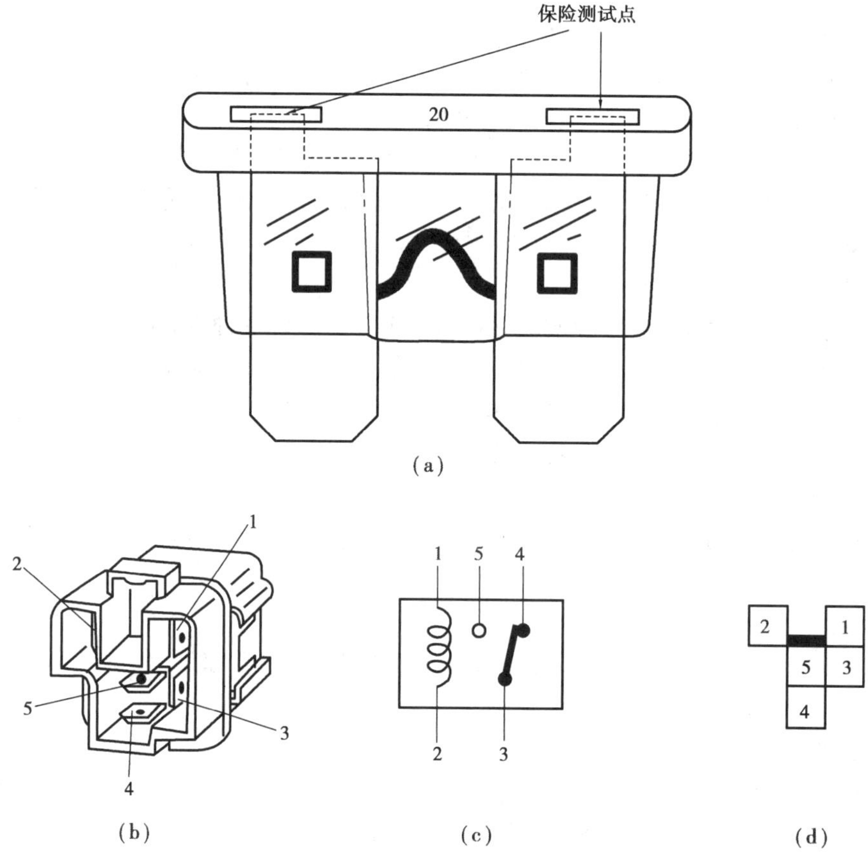

图 1.13　保险的检查

②加电检测。

在①脚和②脚之间加 12 V 电压，则：③脚—④脚不通，③脚—⑤脚通，为正常。

1.2.3　电路常见故障

汽车电路常见的故障有断路（开路）、短路、搭铁、接触不良等。

(1)断路(开路)故障

线路中本该相连的两点之间断开，电流无法形成回路，使得电器设备无法工作即为断路故障，如图 1.13 所示。

(2)短路故障

线路不该相连的两点之间发生接触，电流绕过部分电气元件[见图 1.14(a)]或电流被导入其他电路[见图 1.14(b)]，使得电器设备不能正常工作即为短路故障。搭铁故障也是一种短路故障[见图 1.14(c)]。

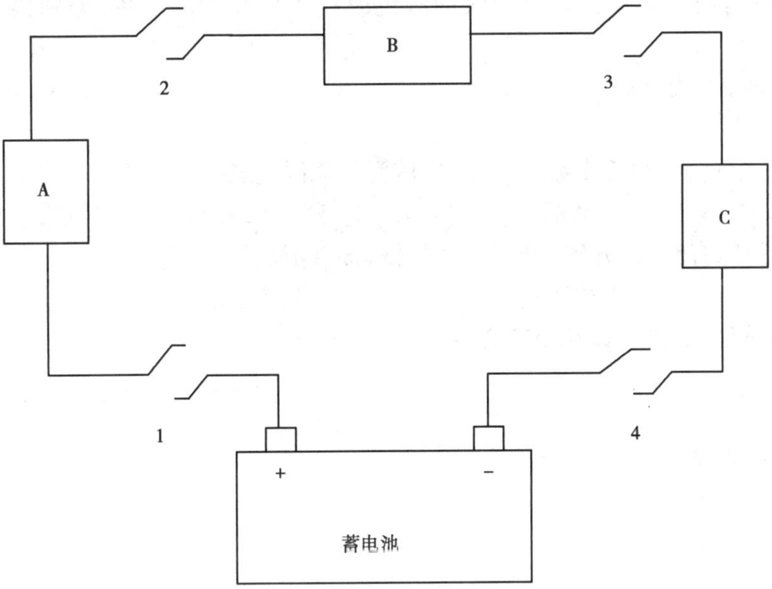

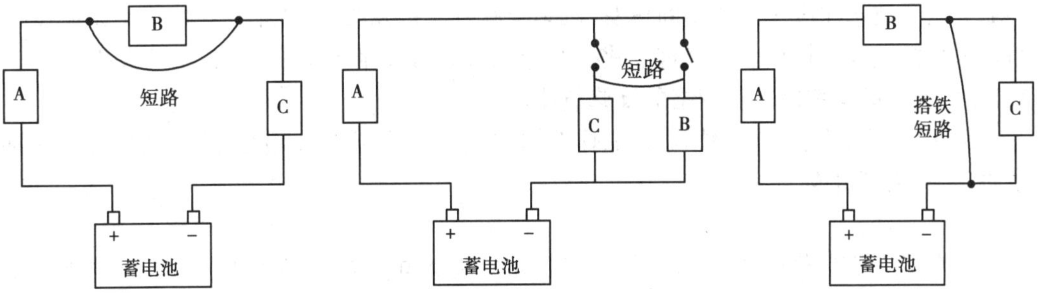

(a)　　(b)　　(c)

图 1.14　短路故障检测

(3)接触不良(接触电阻过大)故障

由磨损、脏污等原因，造成线路中的两点之间接触不实，接触电阻超过了允许范围，使得电器设备工作不可靠或性能下降即为接触不良故障。

[任务检测]

一、填空题

1. 任何汽车电器设备和电控装置要想获得电源供电,都要通过________、插接器、各种开关、________、________等汽车电路的基础元件。

2. 继电器可以实现自动接通或切断一对或多对触点,完成用________控制________,可以减小控制开关的电流负荷,保护电路中的控制开关。

3. 为使全车线路规整,安装方便及保护导线的绝缘,汽车上的全车线路除高压线、蓄电池电缆和启动机电缆外,一般将同区域的不同规格的导线用棉纱或薄聚氯乙烯带缠绕包扎成束,称为________。

二、判断题

1. 汽车电气元件中保险的结构原理不尽相同。 ( )

2. 连接电器时,应根据插接器规格以及导线的颜色或接头处套管的颜色,分别接于电器上。 ( )

3. 搭铁故障也是一种短路故障。 ( )

三、选择题

1. 接触不良(接触电阻过大)故障多数是( )、脏污等原因造成。

A. 松动　　B. 磨损　　C. 短路

2. 汽车电路常见的故障有断路(开路)、( )、搭铁、接触不良等。

A. 电流过大　　B. 电阻过大　　C. 短路

3. 线束应用( )或线卡固定,以免松动磨坏。

A. 卡簧　　B. 胶带　　C. 螺丝

四、简答题

1. 汽车电路基础元件有哪些?

2. 安装线束时应注意的事项有哪些?

3. 如何对继电器进行检测?

[知识拓展]

随着电子技术在汽车上的不断普及,汽车维修技术已从传统的机械维修转变为现代电子诊断技术与机械维修相结合的修理方式。对于汽车维修技术人员来说,若想掌握现代汽车的维修技术,其关键是掌握车载网络的维修技能。

车载网络采取基于串行数据通信的体系结构,车载网络主要由电控单元、数据总线、网络、网络协议、网关等组成。

1)电控单元

现代汽车除了有发电机电控单元,还有自动变速器电控单元、ABS电控单元、空调电控单元等许多电控单元,高档轿车有几十个电控单元,必须用网络把它们连接起来,才能资源共享。

2)数据总线

数据总线(BUS)是电控单元间运行数据传递的通道,简称总线,即所谓的信息高速公路。如果一个控制单元可以通过总线发送数据,又可以从总线接收数据,这样的数据总线就称为双向数据总线。汽车上的数据总线的传输介质常用单线、双绞线或光纤。

3) 网络

在汽车行业里,习惯将几条总线连接在一起的车载局域网称为车载网络。为了满足汽车上不同的电控单元对总线系统性能要求的不同,同时考虑经济成本,一辆汽车往往采用不同的总线组成车载网络。

4) 网络协议

车载网络协议包括各总线独立通信协议和各总线相互通信协议。

5) 网关

由于车载网络由不同的总线组成,因此,需要一个连接不同总线的特殊网络节点,这个节点称为网关(Gateway)。

如图1.15所示为汽车车载网络系统组成的拓扑图,它由动力CAN总线、舒适CAN总线和信息MOST总线联网组成,网关是它们的连接点。在舒适CAN总线下还有一个辅助的LIN总线。

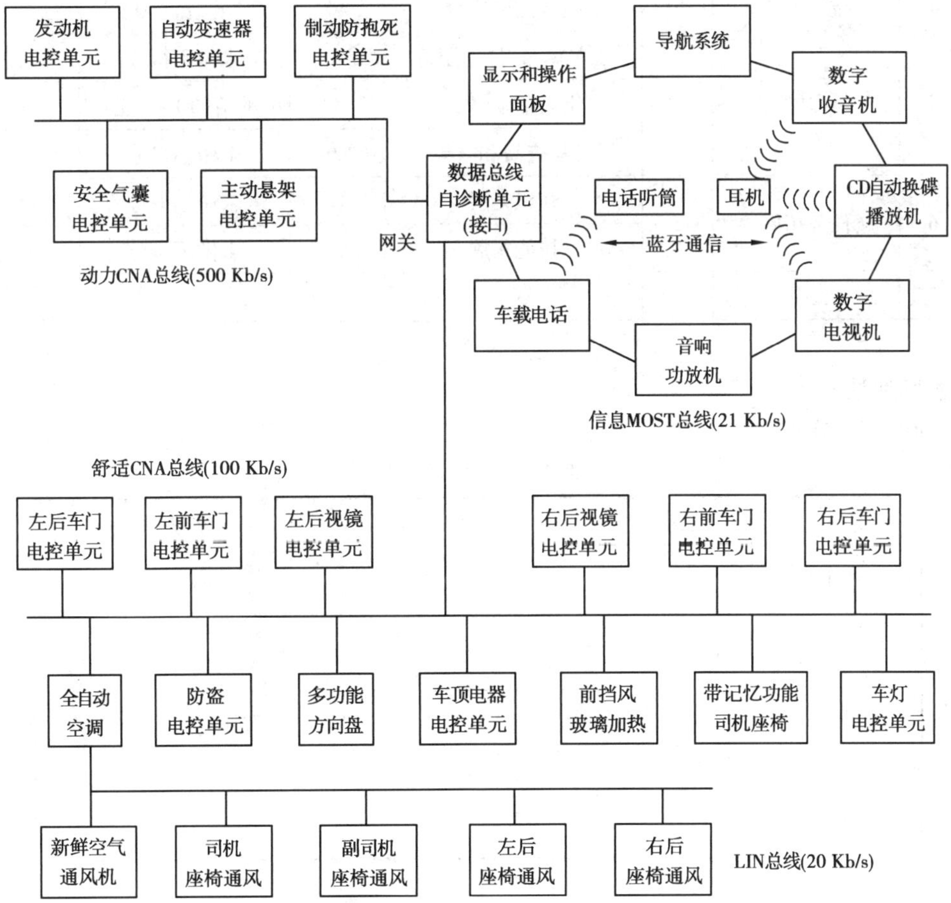

图1.15 车载网络拓扑图

【评价与反馈】

评价与反馈见表1.3。

表 1.3　评价与反馈表

班级：　　　　　　　　姓名：　　　　　　　　指导教师：

序号	考核项目	配分	考核内容	配分	考核标准	得分
1	出勤/纪律	5	出勤	2	违规一次不得分	
			行为规范	3	违规一次不得分	
2	安全/防护/环保	20	着装	4	违规一次不得分	
			个人防护	4	违规一次不得分	
			5S	4	违规一次不得分	
			设备使用安全	4	违规一次不得分	
			操作安全	4	违规一次不得分	
3	知识水平	20	知识测验成绩	20	测验成绩的 20% 计	
4	技能考核	40	技能测验成绩	40	测验成绩的 40% 计	
5	学习能力	10	工单填写、计划制订	4	未做不得分	
			组内活动情况	4	酌情扣 1 ~4 分	
			资料查阅和收集	2	未做不得分	
6	任务拓展	5	知识拓展	2	未做不得分	
			技能拓展	3	未做不得分	
7	总分	100				

【教师评估】

教师评估见表 1.4。

表 1.4　教师评估表

序号	优点	存在的问题	解决方案
教师签字：			

项目 2

汽车电源系统检测与维修

【工作任务】

任务 2.1　蓄电池检测与维护

任务 2.2　三相交流发电机的故障检修

任务 2.1　蓄电池检测与维护

［任务目标］

目标类型	目标要求
认知目标	了解蓄电池的作用、分类、结构、工作原理
技能目标	(1)能按照正确操作规范进行蓄电池的保养与维护 (2)掌握蓄电池的故障分析与检修方法
情感目标	(1)养成主动学习的习惯 (2)培养 5S 意识 (3)遵守纪律,注意安全,保护环境

［任务描述］蓄电池检测与维护

［知识准备］

2.1.1　电源系统的组成与作用

1)汽车电源系统的组成

汽车电源系统主要包括蓄电池、交流发电机、电压调节器、充电状态指示装置等,如图 2.1 所示。

2)电源系统的作用

简单而言,汽车电源系统的作用就是向汽车上的用电设备供电。

在汽车上,蓄电池和发电机是并联连接配合供电的。它们配合供电的情况如下:

①启动发动机时,由蓄电池向启动机、点火系、仪表等主要用电设备供电。

②发动机启动后,发动机低速运转,发电机电压低于蓄电池电压时,由蓄电池向汽车上的用电设备供电。

③发动机正常运行时,发电机电压高于蓄电池电压,由发电机向汽车上除启动机以外的所有用电设备供电,同时向蓄电池充电。

④当同时工作的用电设备过多,用电量过大,超过发电机供电能力时,蓄电池协助发电机向用电设备供电。

蓄电池、发电机与汽车用电设备都是并联的。在发动机正常工作时,用电设备主要由发电机供电,同时,发电机还向蓄电池充电,因此,发电机在汽车上是主要的供电电源;而启动时,主要由蓄电池向启动机提供强大的启动电流,因此,蓄电池也称为汽车的启动电源;放电警告灯用来指示蓄电池的充放电状况;调节器的作用是使发电机在转速变化时,能保持其输出电压恒定。

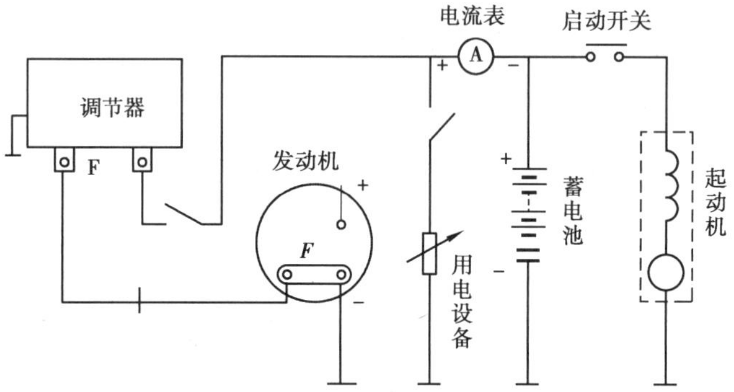

图 2.1　电源系统的组成

2.1.2　蓄电池的结构与原理

蓄电池是一种储存电能的装置,是一个化学电源,它输出的电流是直流电。一旦连接外部负载(称为放电)或接通充电电路(称为充电),它便开始了能量转换过程。在放电过程中,蓄电池中的化学能转变成电能;在充电过程中,电能被转变成化学能。

1)蓄电池的主要用途

①在启动发动机期间,它为启动系统、点火系统、电子燃油喷射系统和仪表等汽车的其他电器设备供电。

②当发动机停止运转或低怠速运转时,由它给工程机械用电设备供电。

③当出现用电需求超过发电机供电能力时,蓄电池也参加供电。

④蓄电池起到了整车电气系统的电压稳定器的作用,能够缓和电气系统中的冲击电压,保护汽车上的电子设备。

⑤在发电机正常工作时,蓄电池将发电机发出多余的电能存储起来——充电。

2)普通型蓄电池的结构

蓄电池由正极板、负极板、隔板、电解液、电池盖板、联条、加液孔塞和电池外壳组成,如图

2.2、图2.3所示。蓄电池一般分隔为3个或6个单格,每个单格电池的标称电压为2 V,将3个或6个单格电池串联后制成一只6 V或12 V蓄电池总成。目前,装在汽油发动机的汽车上使用的是由6个单格电池组成的12 V蓄电池,装在柴油发动机的汽车上使用的是由两个12伏蓄电池串联而成的24 V电源电池。

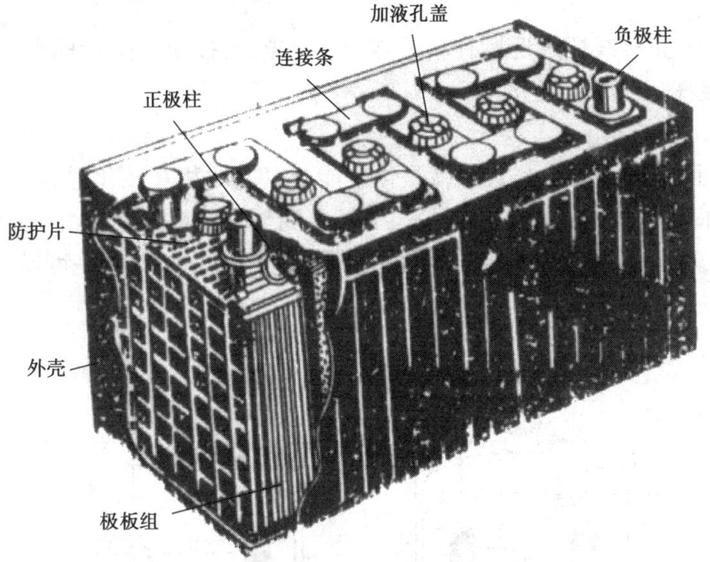

图2.2　蓄电池的结构(一)

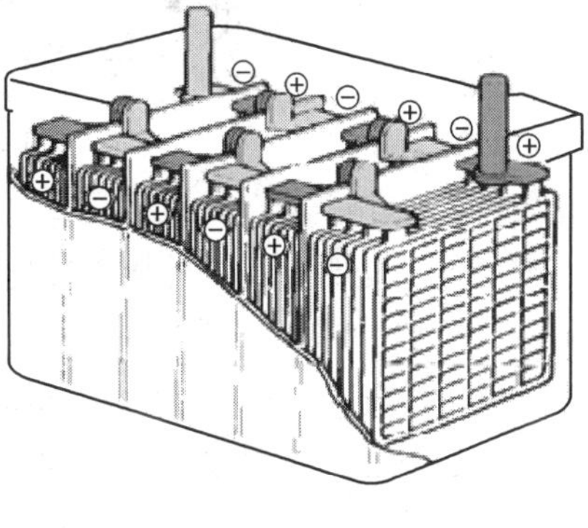

图2.3　蓄电池的结构(二)

蓄电池主要参与化学反应的活性物质:正极板上的是二氧化铅,呈深棕色;负极板上的是海绵状铅,呈青灰色。因为正极板化学反应剧烈,所以在单格电池中,负极板总比正极板多一片。每一片正极板都处于两片负极板之间,保持其放电均匀,防止变形。

电解液是由密度为1.84 g/cm^{3}的化学纯净硫酸和蒸馏水按一定比例配制而成的,在20 ℃标准温度下,蓄电池电解液的密度一般为1.23～1.30 g/cm^3,使用中密度的大小根据地区、气候条件(低气温选高密度;高气温选低密度。在不致结冰的情况下尽量选较低密度的电解液)和制造厂要求而定。不允许用工业硫酸和自来水、井水、河水等配制,其杂质多,易引起自放电,从而影响蓄电池寿命。

隔板将相互依靠的正负极板隔开,防止正负极板相互接触而短路。隔板材料应具有良好的耐酸性和抗氧化性。常用的隔板有木质隔板、微孔橡胶隔板、微孔塑料玻璃纤维和纸板等。通常隔板一面带有沟槽,安装时有沟槽面应对着正极板,且与底部垂直,以便电解液的流通、脱落活性物质的下沉及气泡的逸出。

联条的作用是将单格蓄电池串联起来,提高整个蓄电池的端电压。联条一般由铅锑合金铸造而成,硬橡胶外壳蓄电池的联条位于电池上方,塑料外壳蓄电池则采用穿墙式联条。

壳体用于盛装电解液和极板组。外壳应耐酸、耐热、耐振动冲击。外壳有橡胶外壳和聚丙烯塑料两种,普遍采用的是塑料外壳。外壳为整体式结构,壳内间壁分成3个或6个互不相通的单格。蓄电池单格电池之间均用铅质联条串联。

蓄电池的每一个单格都有一个加液孔,为加注电解液和检测电解液密度所用,孔盖上有通气孔,该小孔应经常保持畅通,以便随时排除蓄电池化学反应放出的氢气和氧气,防止外壳涨裂和发生事故。

为了便于区分,正接线柱附近标有“+”或“P”记号,负接线柱附近标有“-”或“N”记号,有些蓄电池正接线柱上涂有红色油漆。

3)蓄电池的工作原理

如图2.4所示,蓄电池的工作过程就是化学能与电能的相互转化过程。当蓄电池将化学能转化为电能而向外供电时,称为放电过程;当蓄电池与外界直流电源相连而将电能转化为化学能储存起来时,称为充电过程。蓄电池的充放电过程中的化学反应是可逆的,总的反应式为

$$PbO_2 + Pb + 2H_2SO_4 \rightleftharpoons 2PbSO_4 + 2H_2O$$

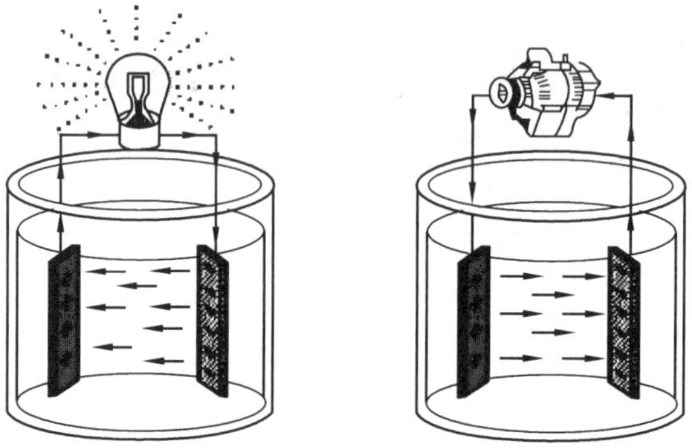

图2.4　蓄电池的充放电过程

(1)蓄电池充电

充电过程是蓄电池与外接直流电源连接后,将放电时生成的硫酸铅和水还原成活性物质和硫酸的过程,如图2.5所示。

当蓄电池充足电时,正极板上的硫酸铅还原成活性物质——二氧化铅,负极板上的硫酸铅还原成活性物质——纯铅。电解液中水消耗,还原成硫酸。蓄电池的电量恢复,如图2.5所示。

(2)蓄电池放电

放电过程是蓄电池与用电设备电路接通时,正极板上的二氧化铅、负极板上的纯铅与电解液反应生成硫酸铅和水的过程,如图2.6所示。

理论上,放电过程可以进行到极板上的全部活性物质都转变为硫酸铅为止。实际上,由于放电过程中生成的硫酸铅的体积较原活性物质的体积大,先生成的硫酸铅逐渐堵塞极板的孔隙,使电解液不能渗透极板内层,在大部分活性物质没有来得及参加化学反应时放电化学反应就停止了。

汽车用蓄电池放完电时的电压是1.75 V(单格电池电压)。如电压下降到1.75 V以后的放电为过度放电,过度放电会在极板上生成粗结晶的硫酸铅(称为极板硫化故障),它在充电时不易还原,使极板损坏。

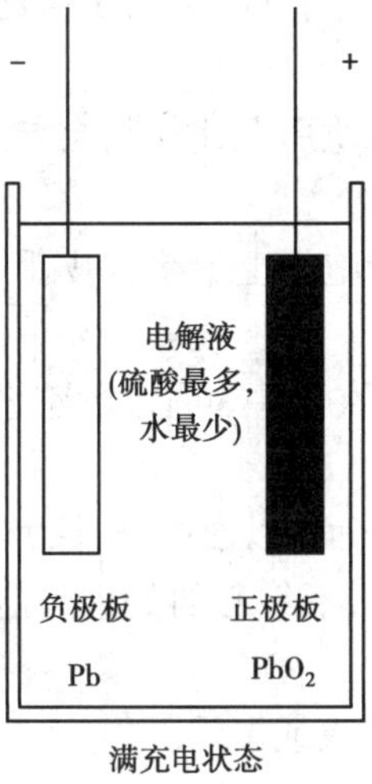

图2.5　蓄电池的充电

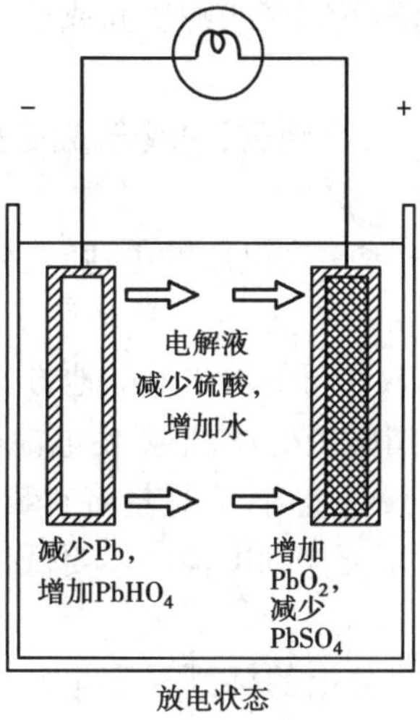

图2.6　蓄电池的放电

2.1.3　铅蓄电池环境和使用条件

①避免将电池与金属容器直接接触,应采用防酸和阻热材料,否则会引起冒烟或燃烧。

②使用指定的充电器在指定的条件下充电,否则可能会引起电池过热、放气、泄漏、燃烧或破裂。

③不要将电池安装在密封的设备里,否则可能会使设备破裂。

④将电池用于医护设备中时,请安装在主电源外的后备电源,否则主电源失效会引发事故。

⑤将电池放在远离能产生火花设备的地方,否则火花可能会引起电池冒烟或破裂。

⑥不要将电池放在热源附近(如变压器),否则会引起电池过热、泄漏、燃烧或破裂。

⑦应用中电池数目超过一只时,请确保电池间连接无误,且与充电器或负载连接无误,否则会引起电池破裂、燃烧或电池损害,某些情况下还会伤人。

⑧特别注意别让电池砸在脚上。

⑨电池的指定使用范围如下,超出此范围可能会引起电池损害。

电池的正常操作范围为:77 ℉(25 ℃)

电池放电后(装在设备中):5 ℉到122 ℉(−15 ℃到50 ℃)

充电后:32 ℉到104 ℉(0 ℃到40 ℃)

储存中:5 ℉到104 ℉(−15 ℃到40 ℃)

⑩不要将装在机车上的电池放在高温下、直射阳光中、火炉或火前,否则可能会造成电池泄漏、起火或破裂。

⑪不要在充满灰尘的地方使用电池,否则可能会引起电池短路。在多尘环境中使用电池时,应定期检查电池。

⑫安装调试

a.使用带有绝缘套的工具如钳子等。使用不绝缘的工具会造成电池短路、发热或燃烧,进而损害电池。

b. 不要将电池放置在密闭的房间或近火源的地方，否则可能会由于电池释放的氢气造成爆炸或起火。

c. 不要用稀释剂、汽油、煤油或合成液去清洁电池。使用上述材料会导致电池外壳破裂、泄漏或起火。

d. 当处理45 V或更高电压的电池时，要采取安全措施带上绝缘橡皮手套，否则可能会遭到电击。

e. 不要将电池放在可能被水淹的地方。如果电池浸在水中，可能会燃烧或电击伤人。

f. 拆卸电池时请缓慢处理，不要使电池破裂、泄漏。

g. 将电池装在设备上时，应尽量将它装在设备的最下面，以便检查、保养和更换。

h. 电池充电时不要搬动电池。不要低估电池的质量，不细心的处理可能会对操作者造成伤害。

i. 不要用能产生静电的材料覆盖电池，静电会引发起火或爆炸。

j. 在电池端子、连接片上使用绝缘盖，以防电击伤人。

k. 电池的安装和维护需要合格的专人进行。不熟练的人操作可能会造成危险。

2.1.4 铅酸蓄电池注意事项

1）使用前注意事项

①确保在电池和设备之间和周围采取充分的绝缘措施。不充分的绝缘措施可能引起电击、短路发热、冒烟或燃烧。

②充电应用充电器，直接连在直流电源可能会引起电池泄漏、发热或燃烧。

③由于自放电，电池容量会缓慢减少。在储存长时间后使用前，请重新对电池充电。

④铅酸蓄电池使用在自然通风良好，环境温度最好在(25 ± 10) ℃的工作场所。

⑤铅酸蓄电池在这些条件下使用将十分安全，导电连接良好，不严重过充，热源不直接辐射，保持自然通风。

2）安装注意事项

①蓄电池应离开热源和易产生火花的地方，其安全距离应大于0.5 m。

②蓄电池应避免阳光直射，不能置于大量放射性、红外线辐射、紫外线辐射、有机溶剂气体和腐蚀气体的环境中。

③安装地面应有足够的承载能力。

④由于电池组件电压较高，存在电击危险，因此在装卸导电连接条时应使用绝缘工具，安装或搬运电池时应戴绝缘手套、围裙和防护眼镜。电池在安装搬运过程中，只能使用非金属吊带，不能使用钢丝绳等。

⑤脏污的连接条或不紧密的连接均可引起电池打火，甚至损坏电池组，因此安装时应仔细检查并清除连接条上的脏污，拧紧连接条。

⑥不同容量、不同性能的蓄电池不能互连使用，安装末端连接件和导通电池系统前，应认真检查电池系统的总电压和正、负极，以保证安装正确。

⑦电池外壳，不能使用有机溶剂清洗，不能使用二氧化碳灭火器扑灭电池火灾，可用四氯化碳之类的灭火器具。

⑧蓄电池与充电器或负载连接时，电路开关应位于“断开”位置，并保证连接正确：蓄电池

的正极与充电器的正极连接，负极与负极连接。

3）运输、储存

①由于有的电池重量较重，必须注意运输工具的选用，严禁翻滚和摔掷有包装箱的电池组。

②搬运电池时不要触动极柱和安全阀。

③蓄电池为带液荷电出厂，运输中应防止电池短路。

④电池在安装前可在0～35 ℃的环境下存放，但存放不能超过六个月，超过六个月储存期的电池应充电维护，存放地点应清洁、通风、干燥。

4）使用与注意事项

①蓄电池荷电出厂，从出厂到安装使用，电池容量会受到不同程度的损失，若时间较长，在投入使用前应进行补充充电。如果蓄电池储存期不超过一年，在恒压2.27 V/只的条件下充电5天。如果蓄电池储存期为1～2年，在恒压2.33 V/只条件下充电5天。

②蓄电池浮充使用时，应保证每个单体电池的浮充电压值为2.25～2.30 V，如果浮充电压高于或低于这一范围，则将会减少电池容量或寿命。

③当蓄电池浮充运行时，蓄电池单体电池电压不应低于2.20 V，如单体电压低于2.20 V，则需进行均衡充电。均衡充电的方法为：充电电压2.35 V/只，充电时间12 h。

④蓄电池循环使用时，在放电后采用恒压限流充电。充电电压为2.35～2.45 V/只，最大电流不大于0.25C10，具体充电方法为：先用不大于上述最大电流值的电流进行恒流充电，待充电到单体平均电压升到2.35～2.45 V时改用平均单体电压为2.35～2.45 V恒压充电，直到充电结束。

5）电池循环使用时充电完全的标志

在上述限流恒压条件下进行充电，其充足电的标志，可以在以下两条中任选一条作为判断依据：

①充电时间18～24 h（非深放电时间可短）。

②充电末期连续3 h充电电流值不变化。

③恒压2.35～2.45 V充电的电压值，是环境温度为25 ℃的规定值。当环境温度高于25 ℃时，充电电压要相应降低，防止造成过充电。当环境温度低于25 ℃时，充电电压应提高，以防止充电不足。通常降低或提高的幅度为每变化1 ℃每个单体增减0.005 V。

6）及时充电

蓄电池放电后应立即再充电，若放电后的蓄电池搁置时间太长，即使再充电也不能恢复其原容量。

7）拧紧电池接线柱螺栓

电池使用时，务必拧紧接线端子的螺栓，以免引起火花及接触不良。

8）电池运行检查和记录

①电池投入运行后，应至少每季测量浮充电压和开路电压一次，并作记录：每个单体电池浮充电压或开路电压值。

②蓄电池系统的端电压（总压）。

③环境温度。

④每年应检查一次连接导线是否有松动和腐蚀污染现象，松动的导线必须及时拧紧，腐蚀

污染的接头应及时作清洁处理。

⑤运行中,如发现以下异常情况,应及时查找故障原因,并更换故障的蓄电池。

⑥电压异常。

⑦物理性损伤(壳、盖有裂纹或变形)。

⑧电池液泄漏。

⑨温度异常。

2.1.5 蓄电池常见故障

1)极板硫化

(1)故障现象

①电池容量降低,用高率放电计检测,单格电压迅速下降。

②电解液的密度下降到低于规定的正常数值。

③蓄电池在开始充电及充电完毕时电压过高,可达2.7 V以上。

④蓄电池在充电时过早地产生气泡,甚至一开始充电就有气泡。

⑤蓄电池在充电时电解液温度上升过快,易超过45 ℃。

⑥蓄电池放电时电压下降过快(用低放电率放电),过早地降至终止电压。

⑦在极板上生成坚硬、不易溶解的白色大颗粒。

(2)故障原因

①蓄电池在放电与半放电状态下长期放置,由于硫酸铅在昼夜温差较大的情况下,不断在电解液中有溶解与结晶两个相反的过程交替发生,产生再结晶,经过多次再结晶,便在极板上形成粗大的不易溶解的硫酸铅晶体。

②蓄电池经常过量放电或小电流深放电,在极板细小孔隙的内层生成硫酸铅,平时充电不易恢复。

③电解液液面过低,极板上部的活性物质露在空气中被氧化,汽车行驶时电解液的波动使其接触氧化了的活性物质,生成粗晶粒的硫酸铅。

④蓄电池大电流放电时间过长,放完电后未及时充电,极板上的放电产物硫酸铅长期存在,也会通过再结晶形成粗大的颗粒。

⑤电解液不纯或其他原因导致蓄电池自行放电,均会产生硫酸铅,从而为硫酸铅再结晶提供物质基础。

(3)故障排除

蓄电池出现轻度硫化故障,可用2~3 A的小电流长时间充电,即过充电,或用全放、全充的充放电循环方法使活性物质还原。也可用去硫充电的方法消除。硫化严重的蓄电池,应予报废。

去硫化充电的程序如下:

①倒出电池内的电解液,用蒸馏水冲洗两次后,再加入足够的蒸馏水。

②接通充电电路,将电流调到初充电第二阶段电流值进行充电。当密度升到1.15 g/cm^3时,倒出电解液,直到密度不再增加为止。

③以20 h放电率放电至单格电磁电压降低到1.75 V时,再进行上述充电,充后又放电,如此充放电循环,直到输出容量大到额定容量的80%以上,即可投入使用。

2)自行放电

蓄电池在无负载状态下,电量自行消失的现象称为自行放电,若每昼夜电量降低超过2%额定容量,说明蓄电池有自行放电故障。

(1)故障现象

充足电的蓄电池放置不用,会逐渐失去电量。普通蓄电池由于本身结构的原因,会产生一定的自放电。如果使用中自放电在一定范围内,可视为正常现象,如果超出一定范围放电就应视为故障。一般自放电的允许范围为每昼夜在1%以内,如果每昼夜放电超过2%,就应视为故障。

(2)故障原因

①电解液不纯,电解液中的杂质沉附于极板上产生局部放电。

②蓄电池溢出的电解液堆积在盖板上,使正负极桩形成回路。

③蓄电池长期放置不用,硫酸下沉,下部密度较上部大,极板上下部发生电位差引起自行放电等。

④极板活性物质脱落,下部沉淀物过多使极板短路。

(3)故障排除

发生自行放电故障后,应倒出电解液,取出极板组,抽出隔板,再用蒸馏水冲洗极板和隔板,然后重新组装,加入新的电解液重新充电。

3)蓄电池容量达不到规定要求

(1)故障现象

①汽车启动时,启动机转速很快地减慢,转动无力。

②喇叭声音弱、无力。

③开启大灯,灯光暗淡。

(2)故障原因

①使用新蓄电池前未按要求进行初充电。

②发电机调节器电压调得过低,使蓄电池经常充电不足。

③经常长时间启动启动机,造成大电流放电致使极板损坏。

④电解液的相对密度低于规定值,或在电解液渗漏后,只加注蒸馏水,未及时补充电解液,致使电解液的相对密度降低。

⑤电解液的相对密度过高或电解液液面过低,造成极板的硫化。

(3)故障排除

①检查蓄电池的外部,看外壳是否良好,有无裂纹,表面是否清洁,极板上是否有腐蚀及污物。如有,则为蓄电池外部自放电故障,根据相应故障予以排除。

②检查蓄电池搭铁接线,极柱的连接夹子有无松动,蓄电池接线极柱与极板连接处有无断裂。如有,则为输出电阻过大,电压降低。

③测量蓄电池的电解液密度,如电解液密度低,说明充电不足或新蓄电池未按要求经过充、放电循环,使蓄电池未达到规定的容量。

④检查电液面高度,如果电液面高度不足,且在极板上有白色结晶物质存在,则可能存在极板硫化故障。

⑤蓄电池充电后检查电解液密度,如果出现两个相邻的电池中电解液的密度有明显差别,

如在6个单格电池中,5个电池的电解液密度为1.16 g/cm^3,另一个电池的密度为1.08 g/cm^3,则说明该单格电池内部有短路,不能使用。

⑥必要时检查发电机电压调节器的调节电压。

2.1.6 蓄电池充电作业的注意事项

1)充电作业的方法

①与充电机连接之前,应将蓄电池极柱和表面清理干净,将液面高度进行调整至正常水平。

②连接充电机和蓄电池。

③充电机上的电压调节旋钮调至最小位置。

④打开电源开关。

⑤调节打开充电机上的电压开关旋钮,观察电流表读数,直到电流表读数指示出所确定的电流值为止(按照充电规范,确定充电电流大小)。

⑥通过加液孔观察蓄电池的内部情况,用万用表测量蓄电池两端的电压,当有连续气泡冒出或连续3 h电压不变时,应立即停止充电。

2)充电作业时的注意事项

①严格遵守各种充电方法的操作规范。

②在充电过程中,要及时检查记录各单格电池的电解液密度和端电压。在充电初期和中期,每2 h检查记录一次即可,接近充电终了时,每1 h检查记录一次。

③若发现个别单格电池的端电压和电解液密度上升比其他单格电池缓慢,甚至变化不明显时,应停止充电,及时查明原因。

④在充电过程中,必须随时测量各单格电池的温度,以免温度过高影响蓄电池的性能。当电解液温度上升到40 ℃时,应立即将充电电流减半,减小充电电流后,如果电解液温度仍继续升高,应该停止充电,待温度降低到35 ℃以下时,再继续充电。

⑤初充电作业应连续进行,不可长时间间断。

⑥充电时,应旋开出气孔盖,使产生的气体能顺利逸出,充电时要安装通风和防火设备。在充电过程中,严禁烟火,以免发生事故。

⑦就车充电时,一定要将蓄电池负极断开,否则充电机的高电压会将电控系统的电气元件损坏。

⑧如果蓄电池长时间未在行车中使用,如库存车蓄电池等,必须以小电流进行充电。

⑨对过度放电的蓄电池(空载电压为11.6 V或更低)进行充电,不可采用快速充电方法充电,这种蓄电池充电时间至少应为24 h。

2.1.7 检测的蓄电池技术状况

1)蓄电池电解液液面高度的检查

蓄电池电解液液面高度的检查方法与蓄电池结构有关,不同结构的蓄电池检测方法不同。

①对于有加液口的蓄电池,可以用玻璃管进行测量,如图2.7所示。标准值为10~15 mm,如果液面过低,一般情况下加入蒸馏水即可。必须定期检查电解液的高度,如有必要必须添加蒸馏水。

②对于透明壳体的蓄电池，可以观察到蓄电池内电解液液面与上、下液位刻度的关系，如图2.8所示。标准值应在上、下刻度线之间。若液面过低，一般情况下可以直接加入蒸馏水。

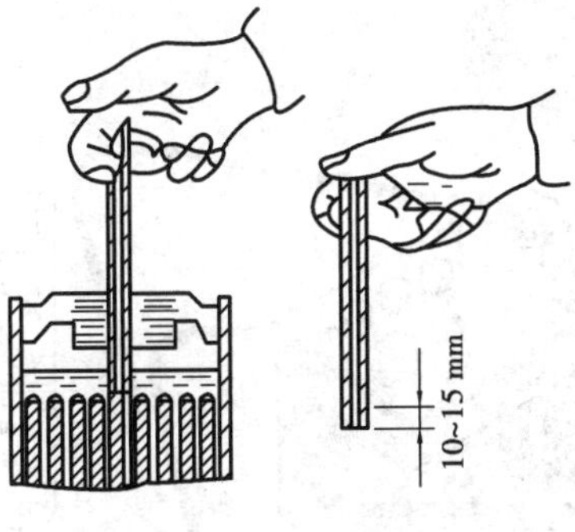

图2.7　用玻璃管检查

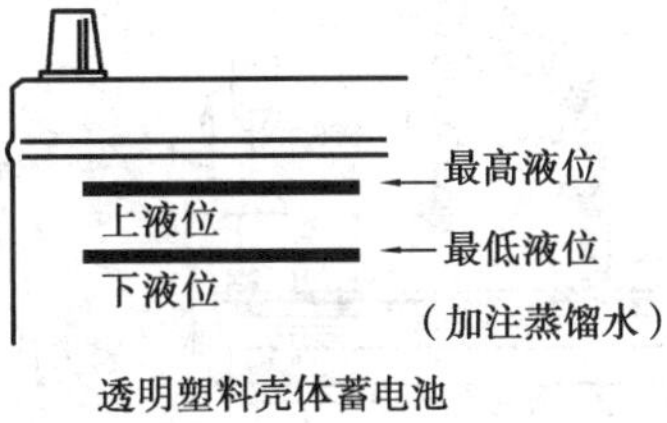

图2.8　液面高度指示线

③对于有观察窗的免维护蓄电池，可以直接通过观察窗观察孔中颜色，如图2.9所示。当看到黄色时，说明电解液过少；当看到绿色时，说明电解液合适且电量充足；当看到黑色时，说明电解液合适，但电量不足，需充电。注释说明一般写在蓄电池盖上。

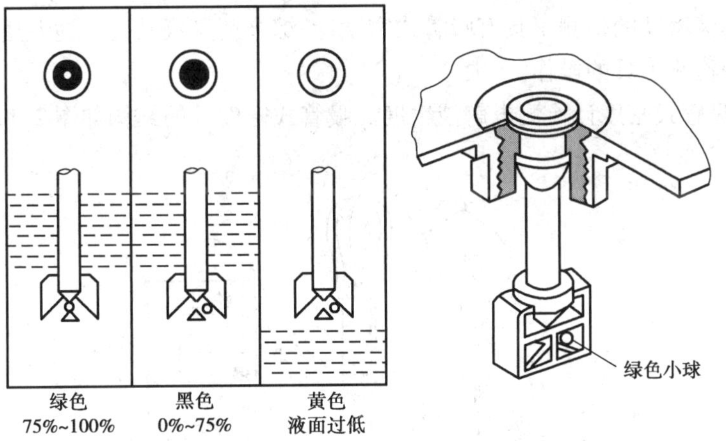

图2.9　从观察窗确认蓄电池状态

2）蓄电池端电压的检测

用高率放电计测量单格电池的端电压。高率放电计如图2.10所示，测量时按以下步骤进行：

①放电叉的两触针紧压在蓄电池单格的正负极桩上。

②测量5 s，观察放电计的电压，记录电压值。

③分别测得6个单格的电压。此时，蓄电池是在大电流放电情况下的端电压，各单格的端电压应在1.5 V以上，且能稳定5 s。如果各单格的电压低于1.5 V，但5 s内尚能稳定者则为放电过多应及时进行充电恢复。单格电压低于1.5 V且5 s内电压迅速下降，则表示有故障。某单格无电压指示，说明内部有短路、断路或严重硫化故障。

3）用万用表测量蓄电池的端电压（见图2.11）

①将万用表置直流10 V挡。

②将万用表的正表笔接蓄电池单格的正极端，负表笔接负极端。

③读出指示电压值,2 V 为正常值。

④电压值低于 1.7 V,表明蓄电池已放电,需进行保养充电。

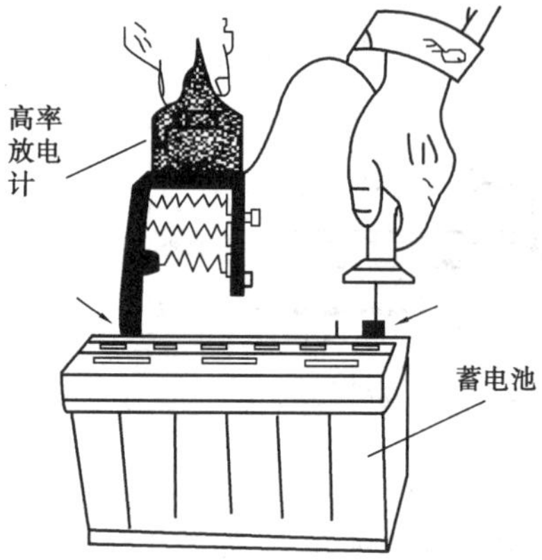

图 2.10　放电计测量单格电池的端电压

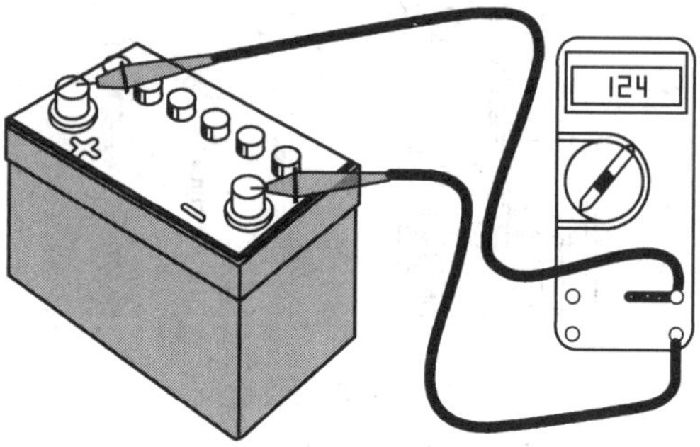

图 2.11　万用表测量蓄电池的端电压

4)蓄电池电解液密度的检测

蓄电池电解液密度的检测工具有吸管式密度计、综合测量仪及蓄电池专用检测仪等,这里主要介绍前两种检测工具的操作。

第一种:用吸管式密度计检测电解液密度。吸管式密度计的结构如图 2.12 所示。测试方法如下:

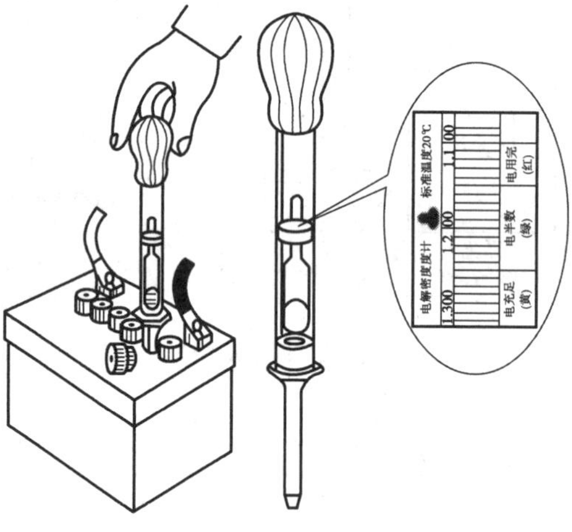

图 2.12　吸管式密度计及其测量密度的方法

①打开蓄电池的加液盖。

②把吸管式密度计下端的橡皮管插入单格电池的加液孔内。

③用手将橡皮球捏扁,再慢慢放开,电解液就会被吸到玻璃管中,注意量要适度。

④使管内的浮子浮在玻璃管中央,读吸管式密度计的读数,计数时眼睛与密度计刻度线水平平齐。

⑤测量电解液温度。

⑥将测量的密度值换算成 25 ℃时的密度值。

⑦按在25 ℃时为1.26～1.29 g/cm^3，重新配制电解液。

第二种：用综合测量仪检测电解液密度。综合测量仪的结构外形如图2.13(a)所示。测试方法如下：

①用取液管吸取电解液。

②滴在测试仪测试镜片上，水平放置测试仪，如图2.13(b)所示。

③将测试仪迎着阳光，目视观察窗，即可读取密度值，如图2.13(c)所示。

④测量环境温度。

⑤将读取密度值换算成25 ℃时的相对密度值。

⑥参照标准，分析被测蓄电池密度是否合适。

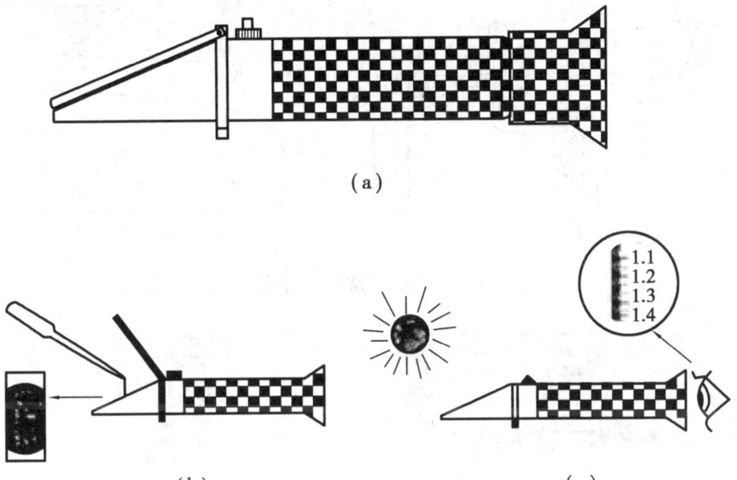

(a)　(b)　(c)

图2.13　综合测试仪检测电解液密度

5)蓄电池放电程度的检测

①用高率放电计检测。不同高率放电计的检测方法不同，在实验室常用的高率放电计如图2.14所示。在检测时，蓄电池对负载电阻放电电流超过100 A，通过高率放电计能比较准确地判定蓄电池的容量和基本性能。实验室常用的高率放电计的使用方法：用力将放电计的两个触针迅速压在蓄电池的正、负极柱上，并保持3～5 s，观察放电计上指针位置。对于12 V整体蓄电池，若指针指示电压在9.6 V以下，说明该蓄电池性能不良或电量不足；若指针指示稳定在10.6～11.6 V，说明电量充足；若指针指示电压迅速下降，说明蓄电池有故障。

②用专用检测仪检测。对一汽大众的汽车进行蓄电池检测时，使用VAS5097A或MICRO 341，如图2.15所示。

用专用检测仪检测时，无须拆下蓄电池，蓄电池接线卡也不用拆，只要按要求将夹钳夹到蓄电池极柱上即可。

蓄电池的容量不同时，其负荷电流也不同，应按检测仪要求来调整。检测仪负荷电流和最低电压值可参照标准值，测试电压不能低于最低电压，否则，说明蓄电池充电不足或损坏。

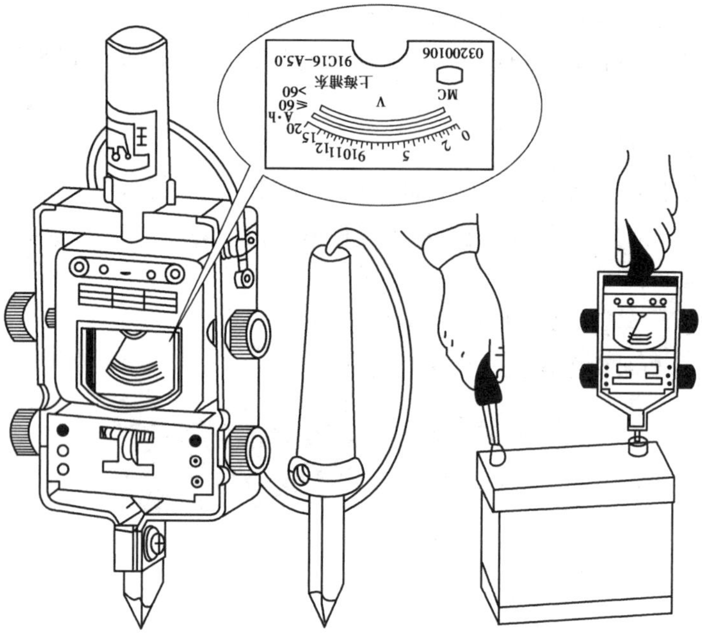

图 2.14　实验室常用高率放电计

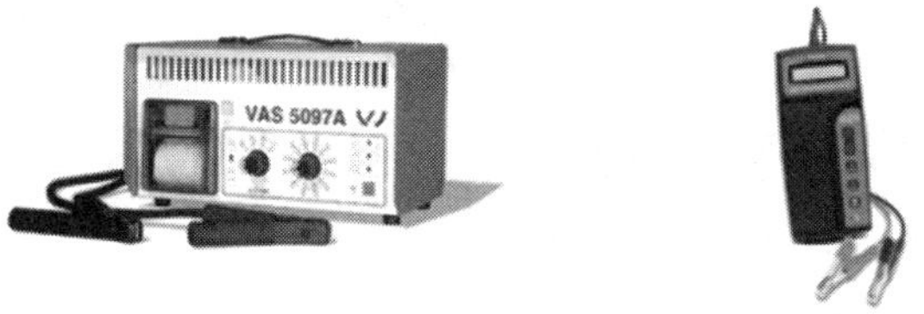

(a) VAS 5097 A　　　(b) MICRO 341

图 2.15　专用检测设备

2.1.8　汽车用其他电池

1）干式荷电铅蓄电池

其组成与普通蓄电池相同，区别在于：

①制造过程中就使极板处于干燥的已充足电的状态，即已具备电荷。

②在规定的保存期（两年内），如需使用，只需要向电池内加注符合规定的电解液，静放15 min，将电解液调整到规定高度，即可装用，无须进行初充电。

2）免维护蓄电池

免维护蓄电池又称 MF 蓄电池，免维护是指在汽车合理使用期间，不需要对蓄电池进行加注蒸馏水、检测电解液液面高度、检测电解液密度等维护作业。免维护蓄电池的特点如下：

①栅架材料采用铅钙合金，既提高了栅架的机械强度，又减少了蓄电池的耗水量和自放电。

②采用袋式微孔聚氯乙烯隔板，将正极板装在隔板袋内，既可避免正极板上的活性物质脱落，又能防止极板短路。壳体底部不需要凸起的肋条，降低了极板组的高度，增大了极板上方的容积，使电解液储存量增多。

③蓄电池内部安装有电解液密度计，可自动显示蓄电池的存电状态和电解液液面的高低。

如果密度计的观察窗呈绿色，表明蓄电池存电充足，可正常使用；若显示深绿色或黑色，表明蓄电池存电不足，需补充充电；若显示浅黄色，表明蓄电池已接近报废。

④采用了新型安全通气装置和气体收集器，在孔盖内部设置了一个氧化铝过滤器，可阻止水蒸气和硫酸气体通过，同时又可以使氢气和氧气顺利逸出。通气塞中装有催化剂钯，可促使氢、氧离子重新结合成水回到蓄电池中。

大多数免维护蓄电池设有一个指示荷电状况的多孔形液体密度计，它会根据电解液密度的变化而改变颜色，可指示蓄电池充、存电状态和电解液液位的高度。

2.1.9　电动汽车蓄电池的种类和特点

电动汽车用蓄电池的种类很多，如铅酸电池、镉镍（Ni-Cd）电池、氢镍（Ni-MH）电池、硫（Na-S）电池、锂电池、锌-空电池、飞轮电池、燃料电池、太阳能电池等。

镉镍电池作为电动汽车动力源的一个需要十分注意的问题是，如果使用后没得到很好的回收将会由重金属镉造成严重的环境污染。尽管近几年来，美国、欧洲和日本在镉镍蓄电池中镉回收技术方面几乎能达到了100%的回收和再生，但一些环境保护人士仍反对在电动汽车上使用这种电池。

氢镍电池和镉镍电池一样，也属于碱性电池，它的许多基本特性和镉镍电池相似，但氢镍电池不像镉镍电池那样存在重金属污染问题，它不含镉和铅之类的重金属，使用后回收不是主要问题，被称为“绿色电池”。

锂电池（这里主要指二次锂电池）具有比能量高等一系列优点，受到了美国、欧洲和日本的高度重视，并把电动汽车与燃油机汽车全面竞争的希望寄托于它的成功。

［任务实施］

1）准备

①设备：蓄电池2只，适当凡士林、润滑脂、蒸馏水、密度为1.835 g/cm^3 的浓硫酸。

②工具：万用表、电解液密度计、温度计、高频放电计、钢丝刷、玻璃棒及玻璃管、盛水容器等。

③授课地点：汽车电器实训室。

2）实施

老师用示教板、多媒体和发动机实训台讲解汽车蓄电池的作用、组成和工作原理。分配学习任务。学生分组实施。

①参照图2.16指出蓄电池各组成部分的名称及作用并填写在表2.1中。

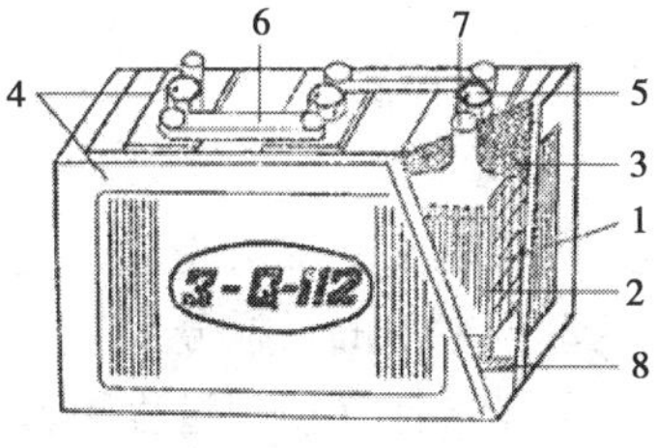

图2.16　蓄电池的结构

表2.1　蓄电池部件名称与作用

序号	名称	作用
1		
2		
3		
4		

续表

序号	名称	作用
5		
6		
7		
8		

②正确检测蓄电池各零部件技术参数,并把检测结果填写在表 2.2 中。

表 2.2 蓄电池技术参数检测表

蓄电池编(型)号			检测人		
序号	零部件名称	检测工具	检测数据	结果判断	采取措施

[任务检测]

一、填空题

1. 蓄电池主要由________、________、________和________等部分组成。
2. 蓄电池的极板分为________和________。
3. 蓄电池在使用过程中,如发现电解液的液面下降,应及时补充________________。
4. 蓄电池电解液温度下降,会使其容量________________。
5. 蓄电池在补充充电过程中,第一阶段的充电电流应选取其额定容量的比值________。

二、判断题

1. 蓄电池主要包括极板、隔板、电解液和外壳等。 ( )
2. 蓄电池可以缓和电气系统中的冲击电压。 ( )
3. 免维护蓄电池在使用过程中不需要补加蒸馏水。 ( )
4. 在放电过程中,正负极板上的活性物质都转变为硫酸铅。 ( )

三、选择题

1. 蓄电池在放电过程中,电解液的密度是( )。

A. 不断上升的　　B. 不断下降的　　C. 保持不变的

2. 蓄电池电解液的相对密度一般为(　　)。

A. 1.23 ~ 1.28　　B. 1.15 ~ 1.20　　C. 1.35 ~ 1.40

3. 蓄电池极板上的活性物质在放电过程中都转变为(　　)。

A. 硫酸铅　　B. 稀硫酸　　C. 蒸馏水

4. 下列原因哪一个可造成蓄电池硫化？(　　)

A. 大电流过充电　　B. 电解液液面过高　　C. 长期充电不足

四、问答题

1. 简述蓄电池的结构及其功用。

2. 汽车蓄电池为什么会硫化？怎样才能避免和解决硫化？

3. 如何进行蓄电池技术状况的检查？

[知识拓展]

铅酸蓄电池电解液的配制方法

在铅酸蓄电池中是以水溶液状态的稀硫酸作为电解液(也称电解质)的。电解液与极板上活性物质产生化学反应而产生电能。

电解液密度究竟是高好还是低好，需要对具体的情况作具体的分析，冬季气温低，电解液的黏度大，不易渗入极板内部，蓄电池的端电压和容量都将下降，特别是在强烈放电时表现尤为明显。在蓄电池放电的情况下电解液还有结冰的危险，因此，在冬季或寒区应采用密度较高的电解液；在夏季炎热区则采用密度低的电解液。

铅酸蓄电池的电解液是由相对密度为1.84的纯硫酸和蒸馏水按一定的比例配制而成，相对密度一般为1.24 ~ 1.31。根据蓄电池的用途、工作环境、温度不同，可以选用不同密度的电解液。固定式铅酸蓄电池不十分追求质量轻，而是看重使用寿命，常常选用密度低的电解液；电力自行车用蓄电池对质量有一定的要求，会选用密度较高的电解液。

蓄电池的电解液应高出极板5 mm。若液面过低则露出液面部分的极板不能参与化学反应，蓄电池容量减小，同时露出的部分还容易硫化而损坏。若液面过高，电解液又容易溅出，积存在盖上，使两极柱间构成通路而自行放电，且易腐蚀极柱。

配制电解液是蓄电池装配与维修中经常要做的一项工作。配制前可先计算出电解液的总质量，然后查表2.3得出所需水和硫酸的质量。电解液的密度不同，所需的水和硫酸的比例也不同，这个比例可用质量表示也可用体积表示。还有一个简单的方法，就是等到电解液冷到25 ℃时，再用光学检测仪检测它的密度，电动车电池所用电解液的密度要求为1.335，此时，如果密度高，就加蒸馏水，低则加硫酸。

表2.3　电解液水与酸的比例表

电解液密度(25 ℃)	电解液中含硫酸%质量	电解液中含硫酸%体积	水酸质量比	水酸体积比
1.170	23.4	14.9	2.982 9∶1	5.473 6∶1
1.180	24.7	15.8	2.867 2∶1	5.261 3∶1
1.190	25.9	16.7	2.598 5∶1	4.768 2∶1
1.200	27.2	17.7	2.426 5∶1	4.452 6∶1
1.210	28.4	18.7	2.281 7∶1	4.187 0∶1

续表

电解液密度(25 ℃)	电解液中含硫酸% 质量	电解液中含硫酸% 体积	水酸质量比	水酸体积比
1.220	29.6	19.6	2.148 6:1	3.942 8:1
1.230	30.8	20.6	2.026 0:1	3.717 7:1
1.240	32.0	21.6	1.912 5:1	3.509 4:1
1.250	33.2	22.6	1.807 2:1	3.316 3:1
1.260	34.4	23.6	1.709 3:1	3.316 6:1
1.270	35.6	24.6	1.618 0:1	2.969 0:1
1.280	36.8	25.6	1.532 6:1	2.812 3:1
1.290	38.0	26.6	1.452 6:1	2.665 6:1
1.300	39.1	27.6	1.383 6:1	2.539 0:1
1.310	40.3	28.7	1.317 2:1	2.408 7:1
1.320	41.4	29.7	1.251 2:1	2.296 0:1
1.330	42.5	30.7	1.192 9:1	2.189 0:1
1.340	43.6	31.8	1.137 6:1	2.087 5:1
1.400	50.0	38.0	0.864 0:1	1.585 4:1

配液时所用的容器必须耐酸耐温,玻璃容器最好。准备好密度计、温度计、量杯、玻璃棒,先将容器洗刷干净,再用蒸馏水洗一次,然后将蒸馏水倒进容器里,再将纯净的浓硫酸小心地缓缓注入蒸馏水内,并不断地用玻璃棒(或塑料棒)均匀地搅动拌和,倒入硫酸时不应过多过急,因硫酸和水混合时,水立刻就被硫酸吸收而产生大量的热量,电解液温度急剧上升,如果操之过急易造成沸腾溅射,造成危险,应予特别重视。从事这项工作的人员须要戴护目眼镜、防酸手套。

【评价与反馈】

评价与反馈见表2.4。

表2.4 评价与反馈表

班级: 姓名: 指导教师:

序号	考核项目	配分	考核内容	配分	考核标准	得分
1	出勤/纪律	5	出勤	2	违规一次不得分	
			行为规范	3	违规一次不得分	
2	安全/防护/环保	20	着装	4	违规一次不得分	
			个人防护	4	违规一次不得分	
			5S	4	违规一次不得分	
			设备使用安全	4	违规一次不得分	
			操作安全	4	违规一次不得分	

续表

序号	考核项目	配分	考核内容	配分	考核标准	得分
3	知识水平	20	知识测验成绩	20	测验成绩的20%计	
4	技能考核	40	技能测验成绩	40	测验成绩的40%计	
5	学习能力	10	工单填写、计划制订	4	未做不得分	
			组内活动情况	4	酌情扣1~4分	
			资料查阅和收集	2	未做不得分	
6	任务拓展	5	知识拓展	2	未做不得分	
			技能拓展	3	未做不得分	
7	总分	100				

【教师评估】

教师评估见表2.5。

表2.5　教师评估表

序号	优点	存在的问题	解决方案
教师签字：			

任务2.2　三相交流发电机的故障检修

［任务目标］

目标类型	目标要求
认知目标	(1)认识发电机的作用、结构、工作原理 (2)掌握发电机、调节器使用时的注意事项
技能目标	(1)能对发电机零件进行检测 (2)能正确对发电机进行故障排除
情感目标	(1)养成主动学习的习惯 (2)培养5S意识 (3)遵守纪律,注意安全,保护环境

[任务描述]检修发电机的故障。

[知识准备]

2.2.1 发电机的结构与功用

发电机是将机械能转换成电能的置。在汽车上,它是将汽车发动机的机械能转换成电能的。发动机与发电机之间是通过皮带来传递动力的。

图 2.17 交流发电机的外形

发电机在汽车上的作用:汽车发动机启动后,带动发电机旋转,发电机的输出电压高于蓄电池电压时,向汽车上除启动机以外的所有用电设备供电,同时还向蓄电池充电。

1)交流发电机的结构(图 2.17、图 2.18)

汽车用交流发电机总体上是由一个三相同步交流发电机和一套硅二极管整流器两大部分组成的。

交流发电机的主要部件:产生磁场的转子;产生交流电的定子;端盖;皮带轮以及整流器。此外,还有为了产生磁场而将电流提供给转子的电刷,支承转子转动的轴承;冷却转子、定子及二极管的风扇。所有这些部件均装在前后机架上。

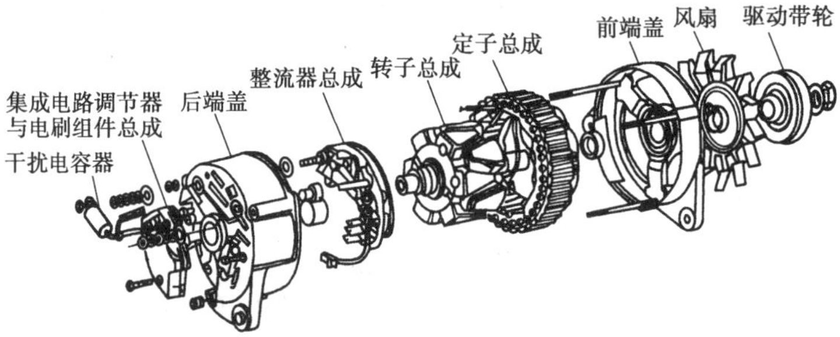

图 2.18 交流发电机的组成

(1)转子(图 2.19、图 2.20)

转子是交流发电机的磁场部分,主要由转子轴、励磁绕组、两块爪形磁极、滑环等组成。

由低碳钢制成的两块六爪磁极压装在转子轴上,其空腔内装有导磁用的铁芯,称为磁轭。铁芯上绕有励磁绕组,励磁绕组的二根引出线分别焊在与轴绝缘的两个压装在轴上的滑环上。滑环与装在后端盖内的两个电刷相接触,两个电刷通过引线分别接在两个螺钉接线柱上。这两个接线柱即为发电机的“F”(磁场)接线柱和“－”(搭铁)接线柱。当这两个接线柱与直流电源相接时,便有电流流过励磁绕组,产生磁通,使两块爪极被分别磁化为N极和S极,形成犬牙交错的磁极,产生磁场,当发动机工作时,可在定子铁芯内部形成交变磁场。

图2.19　转子

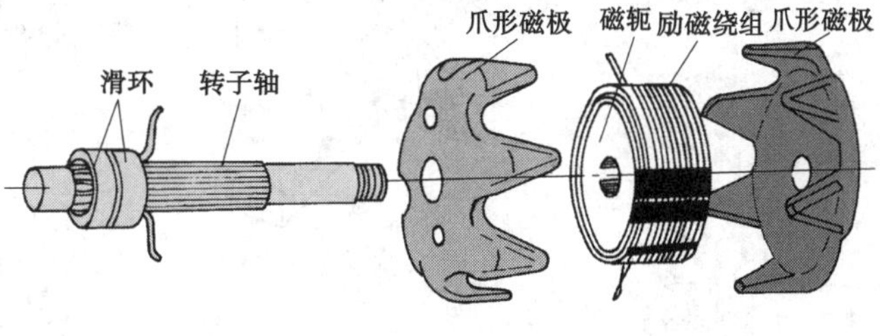

图2.20　转子的组成

(2)定子(图2.21)

定子又称电枢,由定子铁芯和定子绕组组成。定子铁芯一般由一组相互绝缘的且内圆带有嵌线槽的圆环状硅钢片叠制而成。嵌线槽内嵌入三相对称的定子绕组。

绕组的接法有星形即Y形、三角形两种方式,一般采用星形连接,即每相绕组的首端分别与整流器的硅二极管相接,作为交流发电机的交流输出端,每相绕组的尾端接在一起,形成中性点N,定子绕组结构和星形即Y形连接。

(3)传动带轮(图2.22)

图2.21　定子

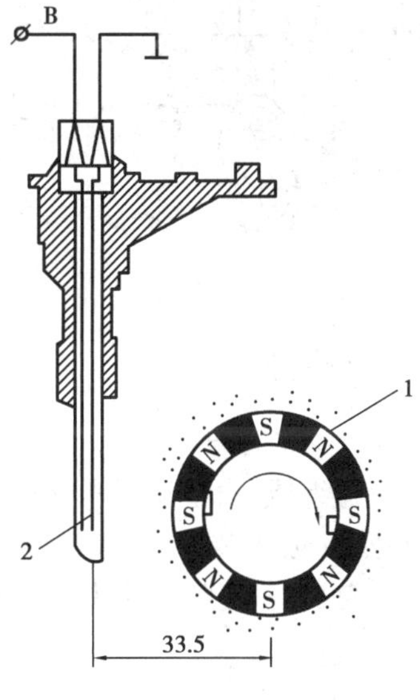

图2.22　传动带轮

通常用铸铁或铝合金制成,分单槽和双槽两种,利用风扇的半圆键装在风扇外侧的转轴上,再用弹簧垫片和螺母紧固。发动机工作时发动机通过风扇皮带带动传动皮带轮转动,并传给发电机。

(4)电刷与电刷架(图2.23、图2.24)

两只电刷装在电刷架的方孔内,利用弹簧的压力使其与集电环保持良好的接触。电刷与电刷架的结构有外装式和内装式两种。

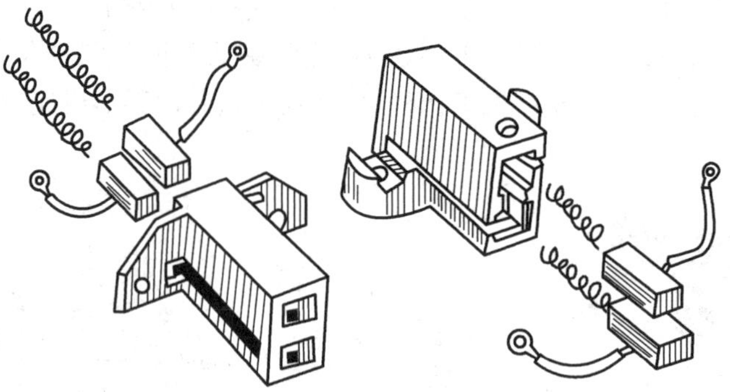

(a)外装式　　　　(b)内装式

图 2.23　电刷与电刷架的结构

搭铁电刷的引出线用螺钉直接固定在后端盖上(标记“ - ”),此方式称为内搭铁;如果此碳刷的引出线与机壳绝缘接到后端盖外部的接线柱上(标记 F_2),这种方式称为外搭铁。

(5)整流器(图 2.25)

整流器的作用:将定子绕组产生的三相交流电变成直流电输出;还可阻止蓄电池的电流向发电机倒流。它一般由 6 个硅二极管接成三相桥式全波整流电路。

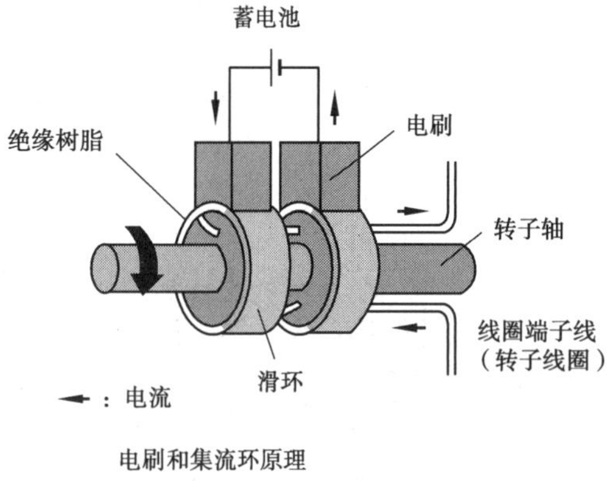

图 2.24　电刷与滑环

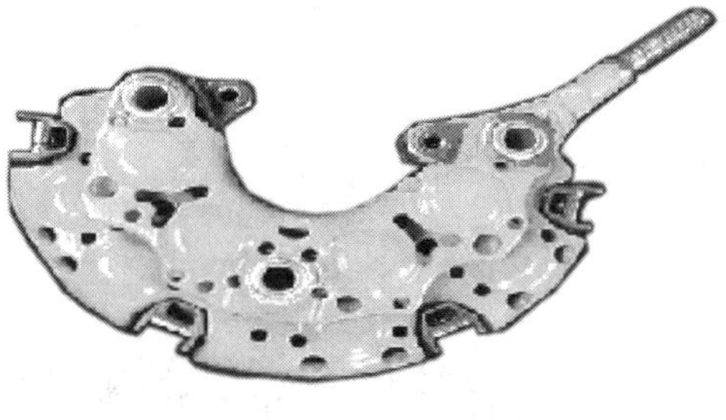

图 2.25　整流器

整流器组成:由整流板和整流二极管组成,6 管交流发电机的整流器是由 6 只硅整流二极管分别压装(或焊装)在相互绝缘的两块板上组成的,其中一块为正极板(带有输出端螺栓),另一块为负极板,负极板和发电机外壳直接相连(搭铁),也可以将发电机的后盖直接作为负极板。

6 只整流二极管分为正极管和负极管两种。引出电极为正极的称为正极管,3 只正极管装在同一块板上,称为正极板;引出电极为负极的称为负极管,3 只负极管安装在负极板上,也可直接安装在后盖上(图 2.26)。

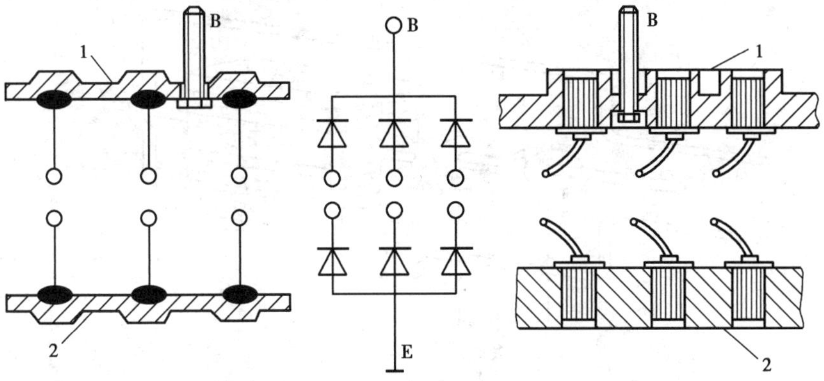

(a)焊接式　(b)电路图　(c)压装式

1—正整流板;2—负整流板

图 2.26　交流发电机整流二极管安装示意图

2.2.2　发电机的工作原理

1)发电原理(图 2.27—图 2.29)

(1)磁铁在线圈中旋转

在发电机内部有一个由发动机带动转子(旋转磁场),使磁铁(磁通)在绕组中旋转,磁场外有一个定子绕组，绕组有 3 组线圈(三相绕组),三相绕组彼此相隔 120°,在绕组中产生电流。线圈发电越大,由于电流作用,线圈越易发热,因此,线圈装在发电机外层对冷却有好处。所有交流发电的发电线圈(定子芯)都在外层,而旋转磁铁(转子芯)都在线圈内。. 当转子旋转时,旋转的磁场使固定的电枢绕组切割磁力线(或者说使电枢绕组中通过的磁通量发生变化)而产生电动势。

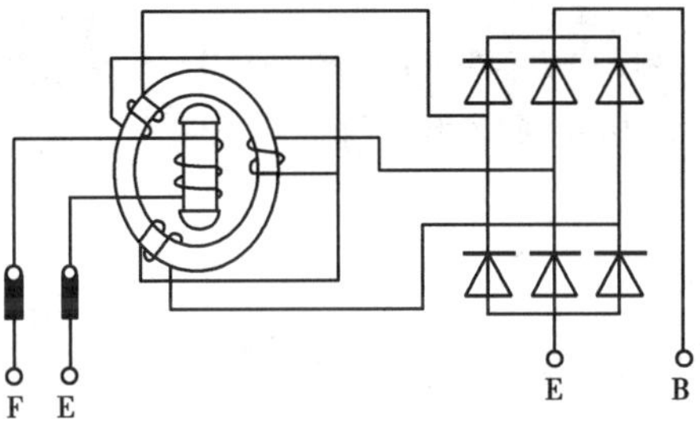

图 2.27　发电机的工作原理(一)

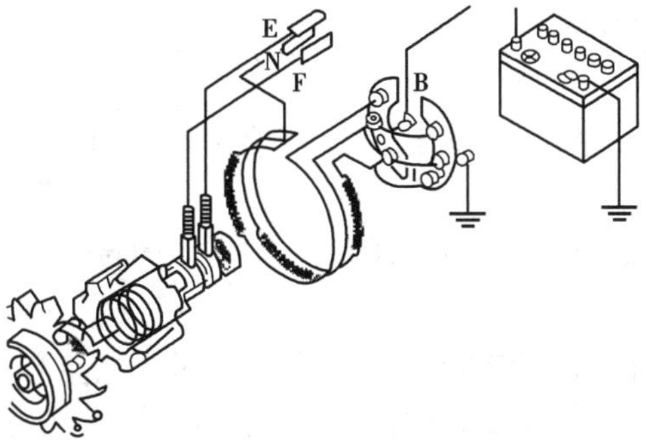

图 2.28　发电机的工作原理(二)

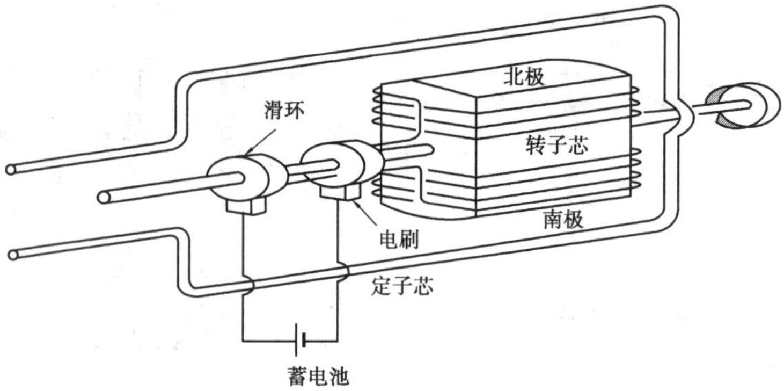

图 2.29　发电机的工作原理(三)

定子三相绕组感生电动势的大小为:

$$e_u = E_m \sin \omega t = \sqrt{2} E_\Phi \sin \omega t$$

$$e_v = E_m \sin\left(\omega t - \frac{2}{3}\pi\right) = \sqrt{2} E_\Phi \sin\left(\omega t - \frac{2}{3}\pi\right)$$

$$e_w = E_m \sin\left(\omega t + \frac{2}{3}\pi\right) = \sqrt{2} E_\Phi \sin\left(\omega t + \frac{2}{3}\pi\right)$$

式中　E_m——每相电动势的最大值;

ω——电角速度;

E_Φ——每相电动势的有效值。

定子每相电动势的有效值为

$$E_\Phi = \frac{E_m}{\sqrt{2}}$$

$$= 4.44 K f N \Phi = 4.44 K N P n \Phi / 60 = C_e \Phi n (\mathrm{V})$$

式中　K——绕组系数(和发电机定子绕组的绕线方法有关);

N——每项匝数,匝;

Φ——每极磁通,Wb;

C_e——电机结构常数;

f——交流电动势的频率;

P——磁极对数;

n——发电机转速,r/min。

(2)三相交流电

当磁铁在线圈中旋转时,将在线圈中产生电(电动势)。这样产生的电流为大小和方向都不断变化的交流电流。

发电机每相绕组产生的电动势有效值的大小与转子的转速及磁极的磁通成正比:

$$E = C\Phi n$$

线圈中产生的电流和磁铁位置的关系如图所示。最大电流产生在磁铁的南极和北极最靠近线圈时,电流方向随磁铁转动半圈而变化一次。以这种方式形成的正弦波形电流,称为“单相交流电”。如图所示每 360°为一循环。

2)整流原理及过程

在交流发电机定子的三相绕组中,感应产生的是交流电,如图2.30(b)所示,交流电是通过6只二极管组成的三相桥式整流电路整流为直流电的,整流电路如图2.30(a)所示。

二极管具有单向导通性,当给二极管加上正向电压时二极管导通,当给二极管加上反向电压时二极管截止。将定子的三相绕组和6只整流二极管按图2.30(a)的电路连接,发电机的输出端B、E上就输出一个脉动直流电压,如图2.30(c)所示,这就是发电机的整流原理。

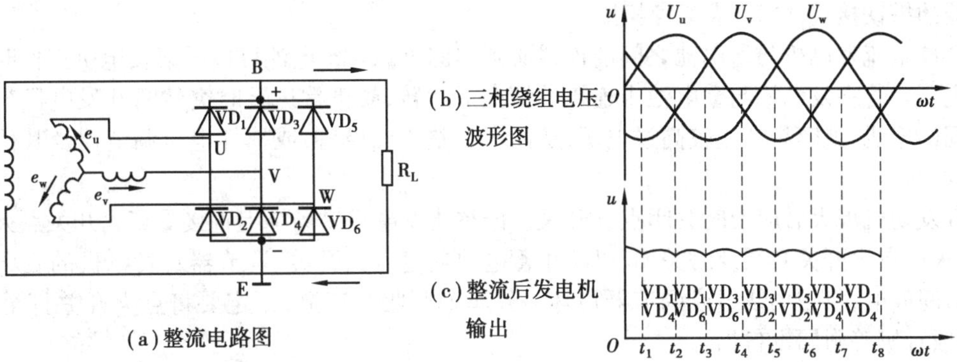

(a)整流电路图　(b)三相绕组电压波形图　(c)整流后发电机输出

图2.30　交流发电机整流原理

3)中性点电压

有的发电机具有中性点接线柱,是从三相绕组的中性点引出来的,标记为“N”。输出电压为U_N,称为中性点电压。

中性点电压的瞬时值是一个3次谐波电压,中性点电压的平均值为发电机输出电压(平均值)的一半:

$$U_N = \frac{U_B}{2}$$

带有中性点接线柱的发电机可用中性点电压来控制各种用途的继电器。

有的发电机没有中性点接线柱,但是也把中性点电压充分地利用了起来(如夏利、桑塔纳发电机),这些发电机在中性点处接上两只整流二极管,和三相绕组的6只整流二极管一起输出,可提高发电机功率。

2.2.3　发电机使用时的注意事项

交流发电机由于使用硅二极管整流,也称为硅整流交流发电机。由于硅整流交流发电机结构的特殊性,在使用和维护中应特别注意以下几点:

①及时清理,经常保持清洁。外壳及接线柱的灰尘、污垢要定期清理,以免外壳锈蚀,造成接线柱接触不良;整流子上的油污一般工作150 h后,应使用浸有汽油或酒精的纱布擦净,否则将影响导电性。

②定期检查电刷。电刷磨损严重时应及时更换,为防止接触不好,引起火花,电刷与滑环的接触面积不小于75%。电刷在电刷架内应能自由起落,活动自如,压力适当。

③发电机润滑。发电机前后轴承润滑黄油要定期填充,一般1 000 h更换,以充满轴承空间2/3为宜。不宜过多,否则易受热外溢,造成电机绝缘损坏。

④检查发电机绝缘性能时禁止使用220 V交流电源或兆欧表。用220 V交流电源或兆欧表(摇表)来检查发电机的绝缘性能,会因电压过高而将硅二极管击穿。

⑤蓄电池正、负极不能接反。硅整流发电机都是以外壳为负极搭铁的，在安装蓄电池时，一定要注意分清其正、负极，否则蓄电池将通过硅二极管大电流放电会将二极管瞬间击穿。

⑥硅整流发电机的接线必须正确。硅整流发电机的接线错误会造成发电机不能正常发电，严重时还会烧毁发动机或调节器。一般情况下，硅整流发电机上“B +”接线柱为电枢，应与电流表或蓄电池的正极相接；“F”接线柱为磁场，应与电压调节器的磁场接线柱相接；“N”接线柱为中性点，应与充电指示控制继电器的“N”接线柱相接；“E”或“ -”为搭铁，应与电压调节器的搭铁接线柱“E”或车身相接。

⑦硅整流发电机与蓄电池之间的连线必须牢固可靠。蓄电池可以缓解发电机工作时的瞬间过电压。若在发电机与蓄电池未连接的情况下运转，或正常运转时突然断开发电机与蓄电池之间的连线，就容易产生较高过电压，从而击穿整流二极管，或损坏电压调节器及其他用电设备。

⑧发动机熄火后应及时关闭点火开关。硅整流发电机磁场绕组直接受点火开关点火挡控制，熄火后点火开关必须及时关闭，以防止蓄电池通过点火开关、调节器对发电机的磁场绕组作长时间放电，将磁场绕组或调节器烧坏。停车期间收听广播，一定要将点火开关打至 ACC 挡，即收音机等附属设备挡。

⑨传动皮带必须松紧适度。发电机传动皮带的张力应调整合适，过松易使皮带打滑造成发电不足，过紧容易损坏皮带和发电机轴承。具体调整时应按照车辆维修资料规定实施。

⑩听到发电机异响应及时检查。行驶中，听到发电机运转声音不正常，应立即停车检查。首先检查传动皮带是否过松，必要时还应分解发电机，检查前、后端轴承磨损程度及润滑情况。

⑪发现故障应及时排除。若发现充电电流过小或接近于零时，应及时检查硅整流发电机是否有故障，找出故障原因并加以排除。发电机整流器中只要有一个二极管击穿短路，发电机就不能正常工作，若继续运转，会引起其他二极管或定子绕组烧毁。

⑫禁用搭铁“试火”的方法检测发电机故障。诊断硅整流发电机充电系统故障，一般采用试灯法或仪表测试法，不能使用将发电机电枢“B +”接线柱与外壳搭铁试火的方法来检查发电机是否发电，以免因瞬时大电流或感应所产生的过电压烧坏发电机的硅二极管和电线束。发电机高速运转时更应注意。

⑬正确区分交流发电机及其调节器的搭铁形式。交流发电机及其调节器分为内搭铁和外搭铁两种搭铁形式。一般情况下磁场绕组外搭铁的交流发电机与外搭铁形式的调节器配套使用，磁场绕组内搭铁的交流发电机与内搭铁形式的调节器配套使用。需要代换使用时，应同时改变发电机与调节器的接线方式。

2.2.4 发电机的故障检测

发电机一旦出现故障，将使汽车不能正常工作，单靠蓄电池供电，会使汽车工作时间大为缩短，减少蓄电池的寿命。因此，必须及时地排除故障或更换发电机。

1）就车检测法

当怀疑发电机不发电时，可以不拆卸发电机，在车上对其检测，概略判断是否有故障。

（1）万用表电压挡检测

将万用表旋钮旋至直流电压 30 V 挡（或用一般的直流电压表适当挡），把红表笔接发电机“电枢”接柱，黑表笔接外壳，让发动机运转在中速以上，12 V 电气系统的电压标准值应在 14 V 左右，24 V 电气系统的电压标准值应在 28 V 左右。若测的电压为蓄电池电压，则表明发电机不发电。

(2)外接电流表检测

当汽车仪表板上没有电流表时,可用外接直流电流表来检测。先把发电机“电枢”接柱导线拆下,再将量程为20 A左右的直流电流表正极接发电机“电枢”,负极导线接上述拆下接头。当发动机在中速以上运转(不使用其他电器设备)时,电流表有3~5 A充电指示,表明发电机工作正常,否则发电机不发电。

(3)试灯(汽车灯泡)法

当没有万用表和直流电表时,可用汽车灯泡做一试灯来检测。将灯泡两端焊接适当长度的导线,并在其两端接上鳄鱼夹。检测前先将发电机“电枢”接柱的导线拆下,再将试灯的一端夹住发电机“电枢”接柱,另一端搭铁,当发动机中速运转时,试灯亮度说明发电机工作正常,否则发电机不发电。

(4)改变发动机转速、观察大灯亮度法

启动发动机后,打开大灯,让发动机转速从怠速逐渐提高到中等转速,大灯的亮度若随转速的提高而增加,说明发电机工作正常,否则为不发电。

(5)拆下蓄电池搭铁看发动机(汽油机)是否工作法

当车上没有微机控制电子装置时,可以用此种方法检测。把发动机控制在中速以上,拆下蓄电池搭铁线(一般是断开蓄电池搭铁线上的控制总开关),若发动机工作正常,说明发电机发电,否则发电机有故障。

2)车下不解体检测与判断

从车上拆下发电机后,可以用下述方法检查,进一步确定故障。

(1)用小灯泡(手电灯泡)判断

把手电灯泡的两端接上导线做成小试灯,接于发电机“电枢”和外壳之间。用导线将蓄电池(或相同电压的干电池)正、负极分别连接在发电机的两磁场接柱“F1”“F2”(内搭铁的交流发电机接“F”和“搭铁”接柱)上,让蓄电池给发电机激磁。用手快速转动发动机皮带盘,小试灯说明发电机工作正常,否则发电机不发电。

(2)万用表电压挡判断

让蓄电池给发电机激磁,将万用表选择在直流电压3~5 V挡(或一般直流电压表适当挡),黑、红表笔分别接“搭铁”和发电机“电枢”接柱,用手转动皮带盘,万用表(或直流电压表)指针应有摆动,否则发电机不发电。

(3)万用表电阻挡检测与判断

用万用表R×1电阻挡,测量各接线柱之间的电阻值(不同型号发电机的电阻值不同),与正常值相比,可以判断出发电机是否有故障。

(4)用示波器检测

利用示波器观察发电机输出电压的波形。发电机工作时,其波形有一定的规律性,发电机出现故障时,其输出电压的波形将会发生变化。因此,将其输出电压的波形与正常波形相比,即可根据波形的变化情况判断发电机的故障。用示波器检测发电机输出波形实验步骤如下:

①将示波器连接到发电机B端子与接地之间。

②将示波器调整到发电机波形测试功能。

③启动发电机,记录发电机输出波形。

④参照如图 2.31 所示的参考波形，对比分析发电机工作性能。

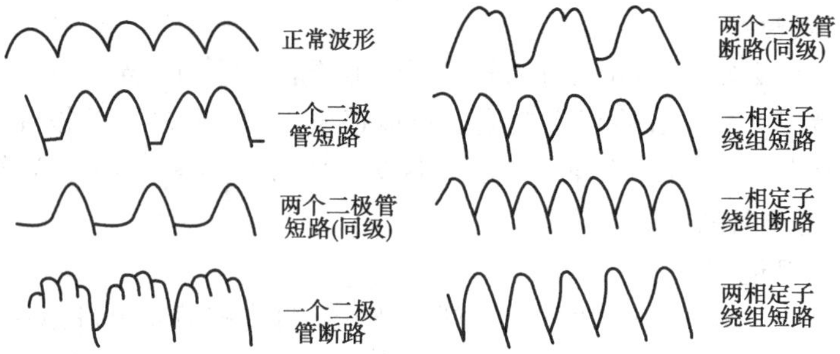

图 2.31　交流发电机输出电压的波形

3）发电机的检修（图 2.32、图 2.33）

交流发电机的检修可从五方面完成，即拆卸、分解、检查、组装、安装。

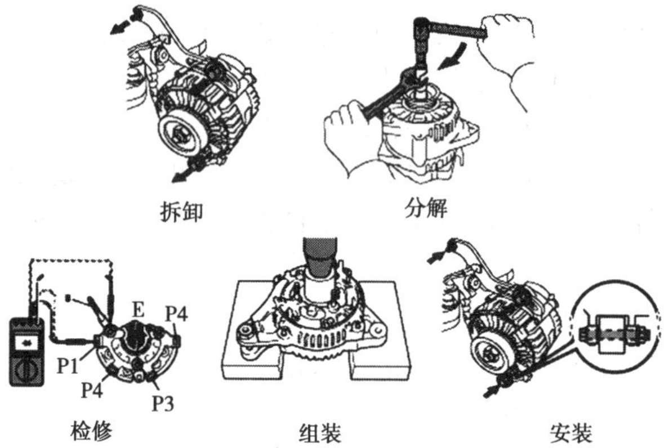

图 2.32　交流发电机的拆装检修

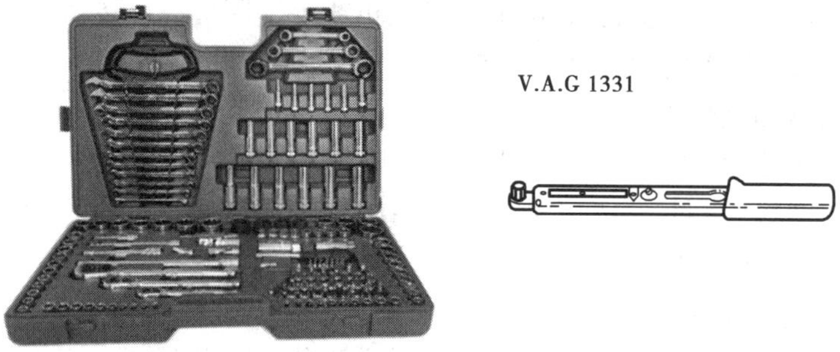

图 2.33　交流发电机的拆装工具

（1）拆卸（图 2.33）

①脱开蓄电池负极（－）端子电缆。

断开蓄电池负极（－）电缆之前，对 ECU 等元件内保存的信息作一个记录，这些信息包括 DTC（故障诊断码）、选择的收音机频道、座椅位置（带有记忆系统）、方向盘位置（带有记忆系统）等。

②脱开发电机电缆和连接器。

a. 拆卸发电机电缆定位螺母。

b. 断开发电机电缆。

提示:

发电机电缆是直接从蓄电池引出的,在端子上有一个防短路罩壳。

断开连接器的卡爪,握住连接器,再断开连接器。

③拆卸发电机。

拆卸顺序:传动皮带 、发电机 、支架。

(2)分解

①拆卸发电机皮带轮。

②拆卸发电机电刷座总成:发电机端子绝缘体 、电刷座 、后端盖。

③拆卸发电机调节器总成。

④拆卸整流器。

⑤拆卸发电机转子总成: 驱动端盖 、转子 、整流器端盖。

(3)检查

①检查发电机转子总成。

目视检查 :检查滑环变脏或烧蚀的程度。

提示:

旋转时滑环和电刷接触,使电流产生。

电流产生的火花会产生脏污和烧蚀。

脏污和烧蚀会影响电流,使发电机的性能降低。

②冲洗:用布料和毛刷,清洁滑环和转子。如果脏污和烧蚀明显,更换转子总成。

③检查滑环之间是否导通:使用万用表,检查滑环之间是否导通。

提示:

转子是一个旋转的电磁体,内部有一个线圈。线圈的两端都连接到滑环上。

检查滑环之间是否导通可以用于探测线圈内部是否开路。

如果发现在绝缘或者导通方面存在问题,更换转子。

④检查滑环和转子之间的绝缘: 用万用表检查滑环和转子之间的绝缘。

提示:

在滑环和转子之间存在一个切断电流的绝缘状态。

如果转子线圈短路,电流会在线圈和转子之间流动。

检查滑环和转子之间的绝缘可以用来检测线圈内是否存在短路。

如果发现在绝缘或者导通方面存在问题,更换转子。

⑤检查带整流器的发电机座: 检查整流器的二极管、使用万用表的二极管测试模式、在整流器的端子 B 和端子 P1 到 P4 之间测量,交换测试导线时,检查是否只能单向导通、改变端子 B 至端子 E 的连接方式,测量过程同上。

提示:

发电机产生交流电,但是由于工程机械使用直流电,交流电必须转换成直流电。

转换电流的装置就是整流器。

整流器使用二极管将交流电转换成直流电。

二极管单向导通电流。因此,用万用表或电路测试仪检查时,使电流通过测试仪的内部电池到达二极管,根据流过二极管的电流来检查二极管是否好坏。

(4)组装

①安装发电机转子总成(图 2.34)。

②安装整流器端盖(图 2.35)。

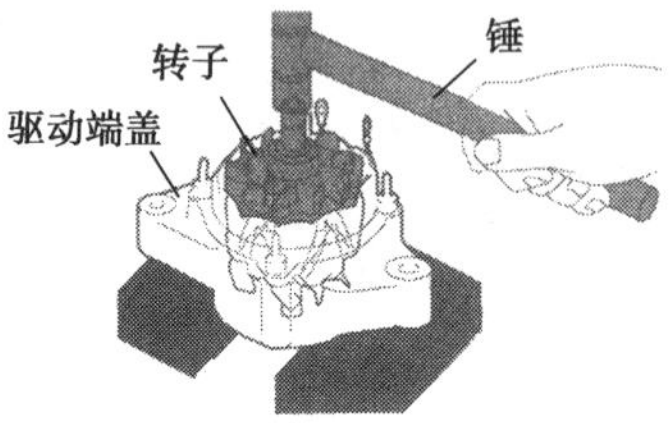

图 2.34　安装发电机转子

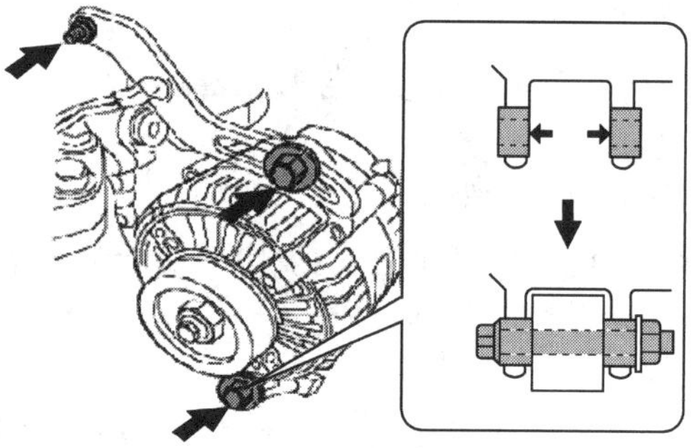

图 2.35　安装发电机总成

用压机将整流器端盖压到驱动端盖内。

(5)安装发电机总成

安装发电机:滑动轴套直到表面和托架平齐(管接头一端)。

提示:

用锤子和铜棒将发电机安装部分的轴套向外滑动,以便安装发电机。

初步安装发电机,使它通过贯穿安装螺栓 4。

初步安装螺栓 5。

安装传动皮带。

通过用锤子的手柄等物移动发电机来调整皮带的张紧度。

拧紧安装螺栓 4 和螺栓 5 以牢固地安装发电机。

2.2.5　其他交流发电机的结构和特点

这种发电机的结构与普通交流发电机大致相同。图 2.36 为国产 JFW14X 型无刷交流发电机的外形图和分解图,其磁场绕组是静止不动的。因此,磁场绕组的两端引出线可以直接引出,省去了电刷和集电环,爪极在磁场绕组的外围旋转。

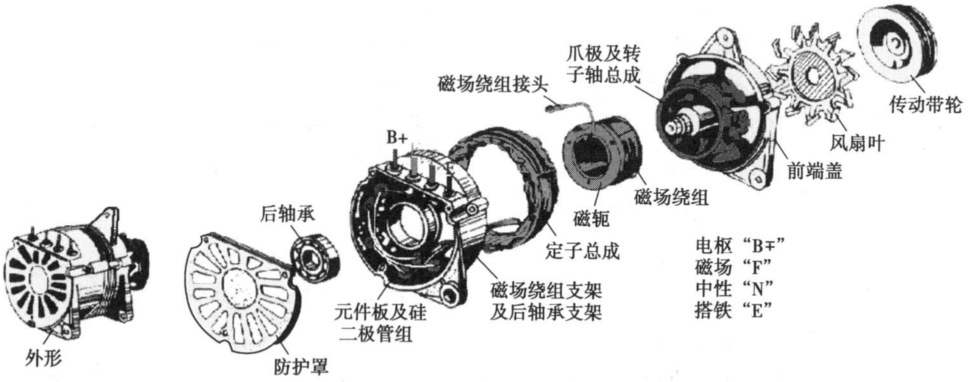

图 2.36　无刷交流发电机

2.2.6　电压调节器

1)调节器的功用及原理

由于交流发电机的转子是由发动机通过皮带驱动旋转的,且发动机和交流发电机的速比为1.7~3,因此交流发电机转子的转速变化范围非常大,这样将引起发电机的输出电压发生较大变化,无法满足汽车用电设备的工作要求。为了满足用电设备恒定电压的要求,交流发电机必须配用电压调节器才能工作。

电压调节器是把发电机输出电压控制在规定范围内的装置,其功用是在发电机转速变化时,自动控制发电机电压保持恒定,使其不因发电机转速高时电压过高烧坏用电器和导致蓄电池过充电;也不会因发电机转速低而电压不足导致用电器工作失常。

发电机电压调节器的原理:根据发电机输出电压 $U=C\Phi n$,对某一台给定这发电机而言,C 是常数。而转速 n 是变量,它是随发动机转速而变的,它变化的范围很大;磁通 Φ 也是变量,它的大小是由发电机励磁电流决定的。因此,电压调节器的工作原理是当发电机转速增高时,减小发电机励磁电流,使发电机输出电压保持恒定;当发电机转速减小时,增大发电机励磁电流,使发电机输出电压保持恒定。

2)调节器的种类

调节器可分为电磁振动式和电子调节器两类。随着电子技术的发展,目前交流发电机几乎全部采用电子调节器。其优点是电压调节精度高,且不产生火花,还具有重量轻、体积小、寿命长、可靠性高、电波干扰小等优点。

(1)电磁振动式电压调节器(图2.37)

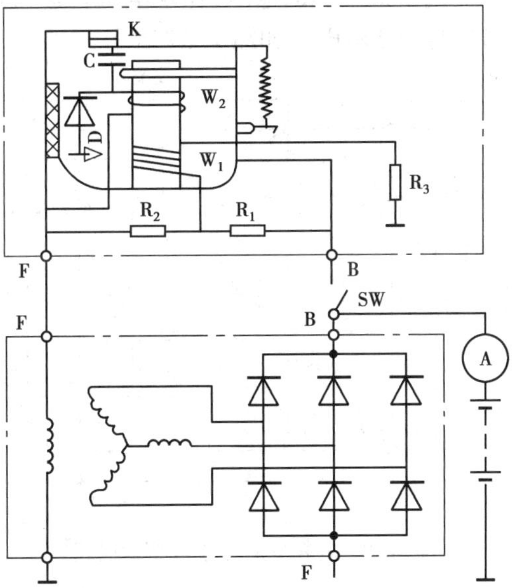

图2.37　电磁振动式电压调节器典型电路

利用电磁力和弹力的平衡控制触点开闭,改变激磁电路的电阻来改变激磁电流平均值。

(2)电子调节器

由于汽车交流发电机有内搭铁型与外搭铁型之分,与之匹配使用的电子调节器也有内搭铁型与外搭铁型两类。按元件的组合形式不同,电子式电压调节器可分为分立元件式(也称晶体管式)和集成电路式。

电子式电压调节器的外形如图 2.38 所示。

(a)晶体管调节器　　(b)集成电路调节器

图 2.38　晶体管调节器和集成电路调节器

晶体管式调节器就是将各电子元件焊接在一块印刷电路板上,然后封装在外壳内。它与发电机是分开装设的,它们之间用导线连接。

集成电路式调节器一般是将集成电路与部分不便于集成的电子元件焊接在一起。其工作原理与晶体管式调节器相同。集成电路式调节器的体积小、质量轻,它直接装在发电机内部,与发电机构成一个整体,所以,将装用集成电路式调节器的发电机称为“整体式发电机”。

整体式交流发电机有 3 个功能:发电、整流和调节电压。

①发电。用多槽带把发动机的旋转传输到皮带轮,转动电磁化的转子,在定子线圈中产生交流电流。

②整流。因为定子线圈中产生的电是交流电,它不能用于车辆上安装的直流电器装置,所以利用整流器将交流电变为直流电。

③调节电压。利用调节器调节发电机的电压,在发电机转速或负载发生变化时也能保持电压稳定。外搭铁型电子调节器的基本电路如图 2.39 所示。

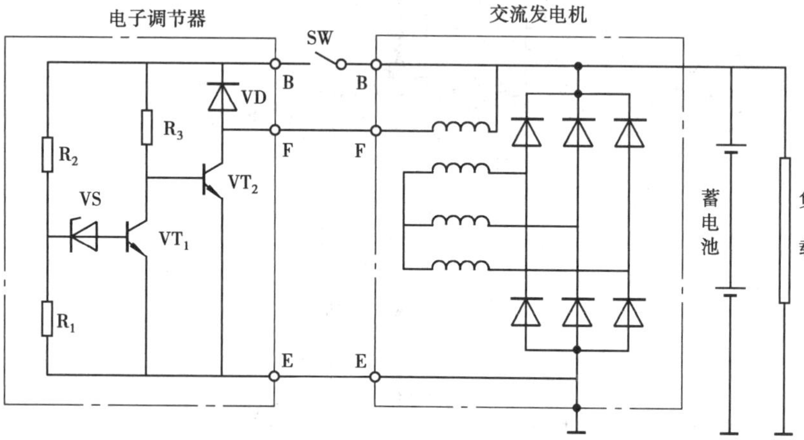

图 2.39　外搭铁式电子调节器电路

(3)工作原理

①点火开关 SW 刚接通时,发动机不转,发电机不发电,蓄电池电压加在分压器 R_1、R_2 上,此时因 U_{R1} 较低不能使稳压管 VS 的反向击穿,VT_1 截止,VT_1 截止使得 VT_2 导通,发电机磁场电路接通,此时由蓄电池供给磁场电流。随着发动机的启动,发电机转速升高,发电机他励发电,电压上升。

②当发电机电压升高到大于蓄电池电压时，发电机自励发电并开始对外蓄电池充电，如果此时发电机输出电压 U_B < 调节器调节上限 U_{B2}，VT_1 继续截止，VT_2 继续导通，但此时的磁场电流由发电机供给，发电机电压随转速升高迅速升高。

③当发电机电压升高到等于调节上限 U_{B2} 时，调节器对电压的调节开始。此时 VS 导通，VT_1 导通，VT_2 截止，发电机磁场电路被切断，由于磁场被断路，磁通下降，发电机输出电压下降。

④当发电机电压下降到等于调节下限 U_{B1} 时，VS 截止，VT_1 截止，VT_2 重新导通，磁场电路重新被接通，发电机电压上升。

周而复始，发电机输出电压 U_B 被控制在一定范围内，这就是外搭铁型电子调节器的工作原理。

内搭铁型电子调节器的基本电路如图 2.40 所示。

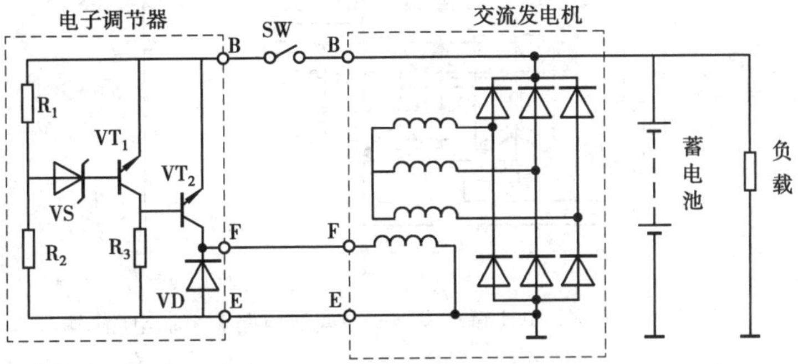

图 2.40　内搭铁式电子调机器电路

内搭铁型电子调节器基本电路的特点是晶体管 VT_1、VT_2 采用 PNP 型，发电机的励磁绕组连接在 VT_2 的集电极和搭铁端之间，与外搭铁型电路显著不同，电路工作原理和结构与外搭铁型电子调节器类似。

4) 电压调节器应用实例

(1) JFT106 型晶体管调节器(图 2.41)

(a) 外形

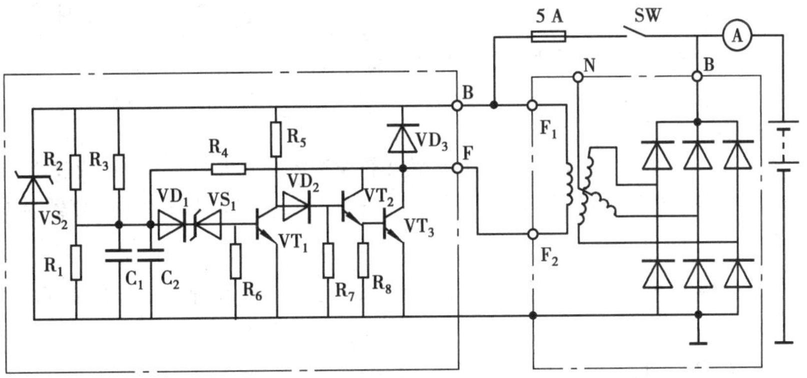

(b) 组成与原理

图 2.41　JFT106 型调节器

JFT106 型调节器属于外搭铁式晶体管调节器，调节电压为 13.8 ~14.6 V，可与 14 V 功率为 750 W 外搭铁式九管式交流发电机配套，也可与 14 V 功率小于 1 000 W 的外搭铁式六管交流发电机配套。

外形如图 2.41(a)所示、组成与原理如图 2.41(b)所示。

(2)奥迪轿车交流发电机的集成电路调节器(图 2.42)

奥迪轿车交流发电机为整体式外搭铁型交流发电机，调节器为内装式，和电刷架安装在一起。

该发电机外部有 2 个接线端子，分别是发电机输出端 B+，蓄电池励磁的接线端子 D+。发电机内部和调节器的连接有 3 个，分别是 D+、F(和负电刷相连)和搭铁端子 E。

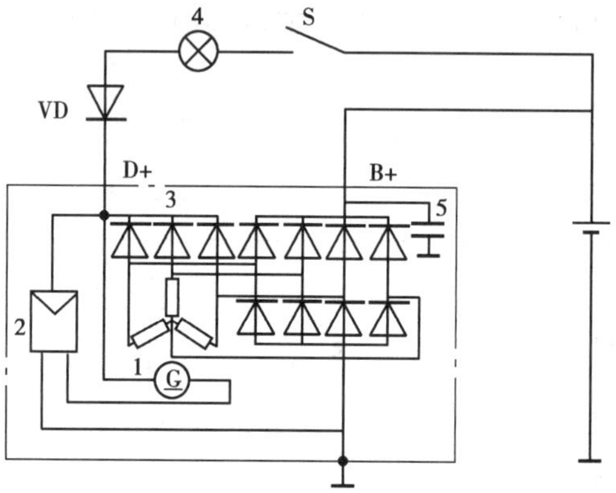

图 2.42　红旗、奥迪轿车发电机及集成电路调节器电路图

1—励磁绕组；2—电压调节器；3—励磁二极管；4—充电指示灯；5—防干扰电容器

(3)日产蓝鸟轿车交流发电机的集成电路调节器(图 2.43)

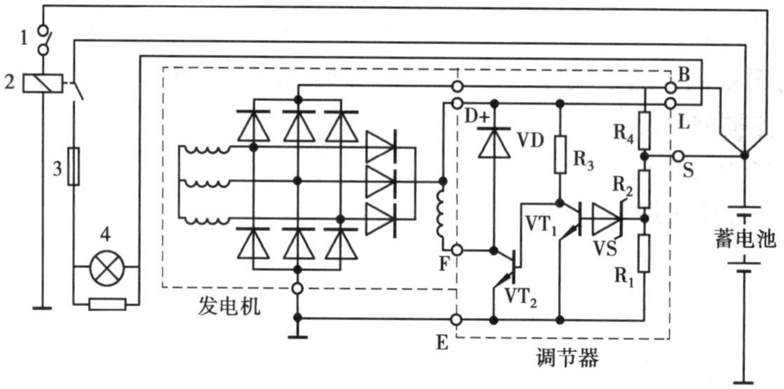

图 2.43　日产蓝鸟轿车交流发电机的集成电路调节器

日产蓝鸟轿车交流发电机为整体式外搭铁型交流发电机，调节器为内装式，和电刷架安装在一起。

该发电机外部有 3 个接线端子，分别是发电机输出端 B+，蓄电池接线端子 S，充电指示灯接线端子 L。

(4)夏利轿车发电机的集成电路调节器(图 2.44)

夏利发电机为整体式交流发电机，调节器为内装式外搭铁型。

该调节器有 6 个接线端子，F、P、E 3 个端子用螺钉直接和发电机连接，B 端用螺母固定在发电机的输出端子“B”上，IG、L 两个端子用金属线引到调节器的外部接线插座上。

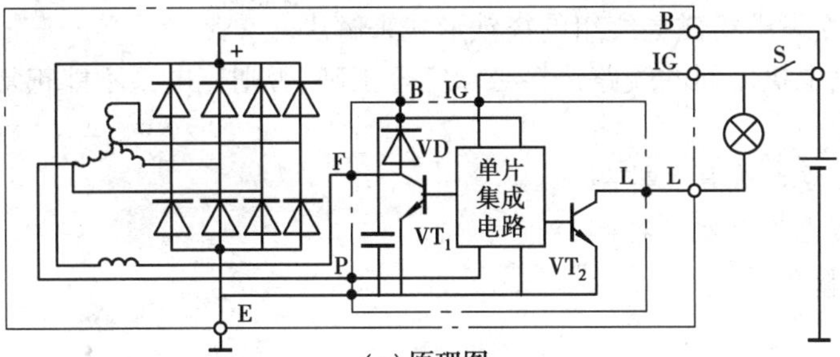

(a)原理图

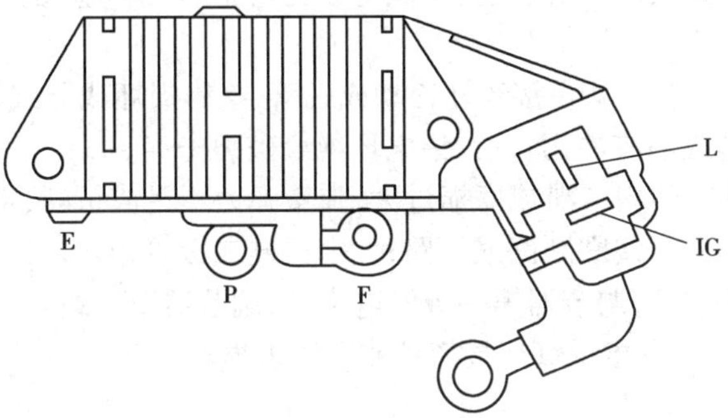

(b)外形图

图2.44　夏利轿车发电机的集成电路调节器外形及电路

(5)广州本田轿车交流发电机的集成电路调节器(图2.45)

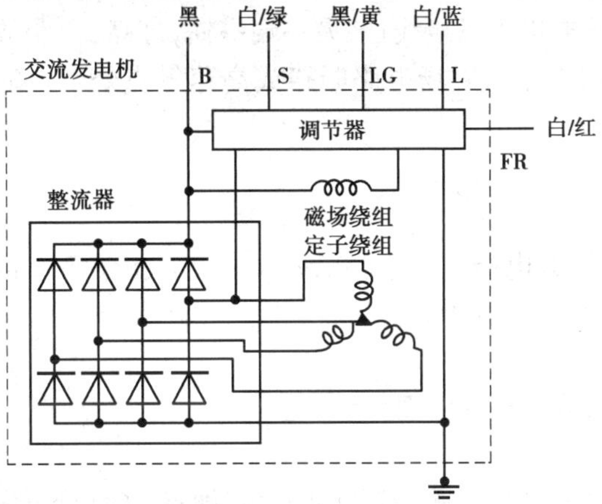

图2.45　电子调节器

B—发电机输出接柱;S、FR—接计算机;L—接充电指示灯;LG—接点火开关

广州本田轿车交流发电机为8管外搭铁型交流发电机,调节器为内装式外搭铁型,由发动机电脑控制。

在汽车电路中有一个负载检测仪,检测电路中总电流负载大小,送信号到电脑,调节器送发电机电压信号到电脑,电脑根据这两个信号,发送电信号到调节器,驱动调节器的控制电路工作,适时地接通和断开励磁绕组电流,从而控制发电机电压。

5)交流发电机调节器的正确使用

①调节器与发电机的电压等级必须一致,否则充电系不能正常工作。

②调节器与发电机的搭铁形式必须一致,当调节器与发电机的搭铁形式不匹配而又急需

使用时,可通过改变发电机磁场绕组的搭铁形式来解决。

③调节器与发电机之间的线路连接必须完全正确,否则充电系不能正常工作,甚至还会损坏调节器。

④调节器必须受点火开关控制。

6)外置调节器电源系统的检测

(1)不充电故障的检测

①故障现象。

发动机高于怠速运转时,电流表指示放电或充电指示灯不熄灭。蓄电池很快亏电。

②故障原因。

a. 发电机:“电枢”或“磁场”接线柱松动或脱落、绝缘损坏或导线接触不良。

b. 驱动皮带松动或沾有油污打滑;集电环绝缘破裂击穿。

c. 发电机电刷在其架内卡滞或磨损过大,弹簧弹力不足或折断,使电刷与滑环接触不良。

d. 发电机定子与转子线圈断路或短路;发电机硅二极管损坏。

e. 调节器的电压过低,调节器第一级触电烧蚀;调节器第二级触电烧蚀。

f. 充电线路断路;充电指示灯连接搭铁或电流表损坏。

③故障诊断与排除方法。

a. 检查发电机转动带松紧度,是否沾有油污而打滑。

b. 用试灯法或万用表检查有关导线的连接情况以及有无断路。

c. 关闭所有用电设备,接通点火开关,观察电流表动态。电流表指示零,则磁场电路有断路故障。用试灯一端接发电机磁场接线柱,另一端搭铁,灯亮,说明故障在发电机的内部磁场电路,灯不亮,说明发电机的外部磁场电路断路或高速触点烧蚀。若电流表指针在 -2 A 左右,说明充电电路有故障。

(2)充电电流过小

①故障现象。

发动机中速以上运转,充电指示灯才能熄灭火电流表指示 5 A 以下。蓄电池经常存电不足。前照灯灯光暗淡;电喇叭声音小。

②故障原因。

a. 发动机转动带过松或沾有油污而打滑。

b. 充电线路接触不良。

c. 发电机电刷与集电环接触不良,集电环脏污烧蚀;定子线圈某相接触不良、短路或断路;转子线圈局部短路;个别二极管损坏。

d. 电压调节器触电脏污或电压调节过低。

③故障诊断与排除方法。

a. 检查发电机转动带松紧度,若转动带磨损严重则应更换。

b. 用试灯检查发电机的发电量。

c. 检查并视情况更换电压调节器。

(3)充电电流过大

①故障现象。

在蓄电池不亏电的情况下,发动机中速以上运转时,电流表指示充电 10 A 以上。蓄电池电解液消耗过快。发电机过热;各种灯泡经常烧坏。

②故障原因。

电压调节器失调或损坏、触电脏污或烧蚀、发电机磁场线圈搭铁或导线接错。

③故障诊断与排除方法。

a. 启动发动机,加速至中速,用万用表检查发电机的输出电压,若电压高于调节电压,应检查磁场线圈是否搭铁。

b. 线圈若良好,应检查或更换调节器。

(4)充电电流不稳

①故障现象。

发动机在中速以上运转,电流表指示充电但指示针左右摆动,或充电指示灯时亮时灭。

②故障原因。

发动机传送带打滑、充电系连接导线接触不良或插接件松动、发电机内部定子或转子线圈某处断路或短路、电刷或集电环故障。

③故障诊断与排除方法。

a. 检查发电机转动带松紧度,必要时调整。

b. 检查紧固各导线连接处或插接件。

c. 检查调节器,必要时调整电压或更换调节器。

[任务实施]

1)准备

①设备:发动机实训台2台、汽车电器试验台2台、蓄电池2只、交流发电机若干台。

②工具:拆装台、拆装工具、万用表、维修工具等。

③授课地点:汽车电器实训室。

2)实施

老师用示教板、多媒体和发动机实训台讲解汽车交流发电机的作用、组成和工作原理。分配学习任务,学生分组实施。

①指出图2.46中启动系统各组成部分的名称,描述交流发电机工作过程及各主要零部件工作情形。

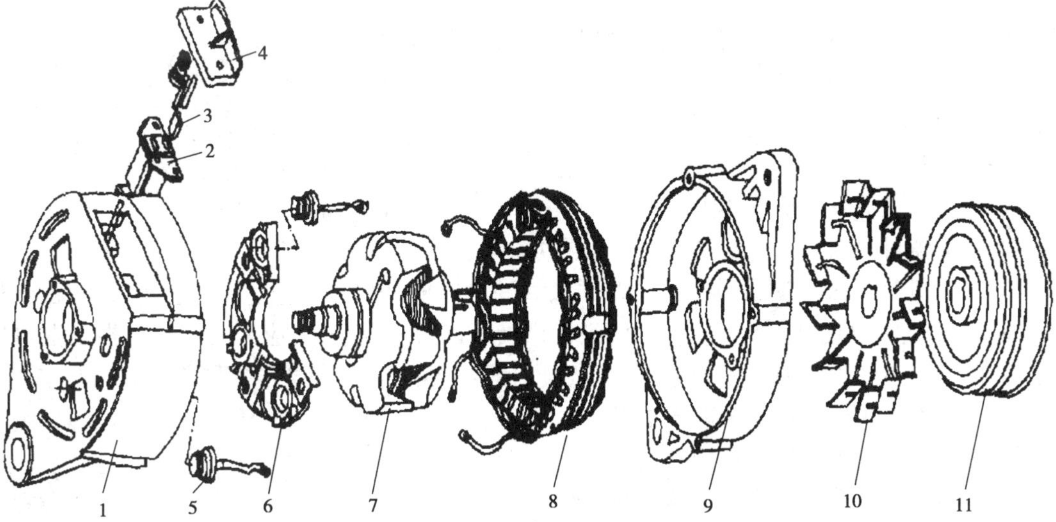

图2.46　交流发电机的结构

部件名称:1. ________ 2. ________ 3. ________ 4. ________ 5. ________ 6. ________
7. ________ 8. ________ 9. ________ 10. ________ 11. ________

交流发电机工作过程描述:

②正确使用拆装工具进行交流发电机的拆卸。

a. 需要的拆装工具:

b. 制订交流发电机解体步骤:

③正确检修发电机各零部件,并把检测结果填写在表2.6中。

表2.6　交流发电机检测表

发电机编(型)号			检测人		
序号	零部件名称	检测工具	检测数据	结果判断	采取措施

④装复发电机,在电气试验台上检测发电机整机性能。

[任务检测]

一、填空题

1. 汽车用交流发电机总体上是由________和________两大部分组成的。

2. 调节器可分为________和________两类。

3. 一般情况下,硅整流发电机上"B+"接线柱为电枢,应与________或________的正极相接;"F"接线柱为磁场,应与________相接;"N"接线柱为________,应与充电指示控制继电器的"N"接线柱相接;"E"或"-"为搭铁,应与电压调节器的搭铁接线柱"E"或车身相接。

4. 交流发电机所采用的励磁方法是________________________________

5. 交流发电机电机转子作用是________________________________

二、判断题

1. 可以使用搭铁"试火"的方法检测发电机故障。　(　　)

2. 发电机传动皮带的张力过松易使皮带打滑造成发电不足。 (　　)

3. 检查发电机绝缘性能时可以使用220 V交流电源或兆欧表。 (　　)

4. 交流发电机中激磁电流越大越好。 (　　)

5. 交流发电机用换向器整流。 (　　)

三、选择题

1. 交流发电机转子的作用是(　　)

A. 发出三相交流电动势　　B. 产生磁场　　C. 变交流为直流

2. 电刷与整流子的接触面积不小于(　　)。

A. 75%　　B. 70%　　C. 65%

3. 硅整流发电机的电刷高度不得小于(　　)

A. 4 mm　　B. 7 mm　　C. 12 mm

4. 发电机中性点输出的电压是发电机输出电压的(　　)。

A. 1/2　　B. 1/3　　C. 1/4

5. 交流发电机中产生磁场的装置是(　　)。

A. 定子　　B. 转子　　C. 整流器

四、问答题

1. 交流发电机的功用是什么？由哪几部分组成？

2. 怎样就车检查交流发电机能否发电？

3. 交流发电机在使用过程中为什么要定期进行维护？

4. 交流发电机调节器如何正确使用？

5. 调节器为什么可以控制交流发电机的输出电压？

[知识拓展]

电子调节器的检测

1)就车检查

电子调节器也可能会出现故障,如发电机电压建立不起来、发电机失控等,可以就车检查。找一个量程为10 A左右的电流表串接在调节器F端子与发电机F极柱之间,启动发动机,如果电流表无指示,多为电子调节器大功率管断路;如果电流表有指标,但在低速时无变化,而在转速升高到900 ~1 000 r/min后,电流随转速的升高而增大,则说明电子调节器大功率管断路, 这时的发电机电压过高;如果电流随转速的升高而减小,表明调节器是好的。

2)可调直流电源的检测

若在车上检查还不能确诊电子调节器是否真的有问题,应用可调直流电源检测电子调节器的方法作进一步检测。如图2.47所示,准备一个输出电压0 ~30 V、电流为3 ~5 A的可调稳压电源及充电指示灯,被测调节器如果是外搭铁的,则按图2.47(a)所示线路连接,如果是内搭铁的,则按图2.47(b)所示线路连接。线路接好后,先接通开关K,然后由0逐渐调高直流电源电压,此时小灯泡的亮度应随电压升高而增强。当电压调高到调节电压值或者略高于调节电压值时,灯泡熄灭,则调节器是好的;若小灯泡始终发亮,则调节器是坏的。在上述检查过程中,若小灯泡始终不亮(灯泡没坏),则调节器也是坏的。

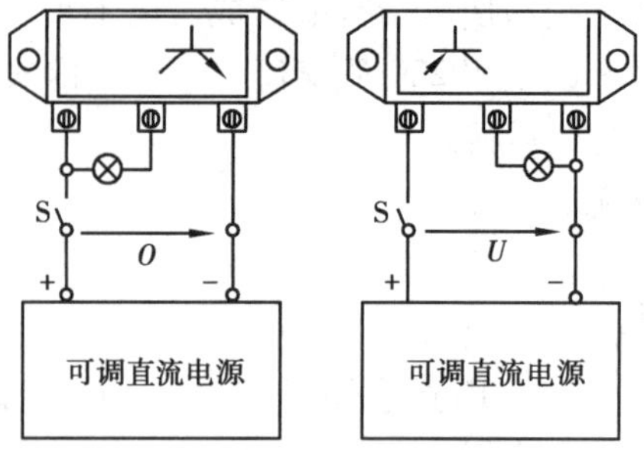

(a)外搭铁电子调节器　(b)内搭铁电子调节器

图 2.47　电子调节器好坏的判断

【评价与反馈】

评价与反馈见表 2.7。

表 2.7　评价与反馈表

班级：　　　　　　　　姓名：　　　　　　　　指导教师：

序号	考核项目	配分	考核内容	配分	考核标准	得分
1	出勤/纪律	5	出勤	2	违规一次不得分	
			行为规范	3	违规一次不得分	
2	安全/防护/环保	20	着装	4	违规一次不得分	
			个人防护	4	违规一次不得分	
			5S	4	违规一次不得分	
			设备使用安全	4	违规一次不得分	
			操作安全	4	违规一次不得分	
3	知识水平	20	知识测验成绩	20	测验成绩的 20% 计	
4	技能考核	40	技能测验成绩	40	测验成绩的 40% 计	
5	学习能力	10	工单填写、计划制订	4	未做不得分	
			组内活动情况	4	酌情扣 1 ~4 分	
			资料查阅和收集	2	未做不得分	
6	任务拓展	5	知识拓展	2	未做不得分	
			技能拓展	3	未做不得分	
7	总分	100				

【教师评估】

教师评估见表 2.8。

表2.8　教师评估表

序号	优点	存在的问题	解决方案
教师签字：			

项目 3

汽车启动系统检测与维修

汽车发动机进入正常的工作循环需借助外力来启动。由于电启动简单可靠、操作方便，便于远距离控制，因此，现代汽车发动机几乎全部采用电启动。启动系统工作状况直接影响汽车的使用性能。作为汽车维修人员必须了解汽车启动系统的组成、特点，掌握汽车启动系统基础元件的检测方法，能根据汽车启动系统电路图进行启动系统故障的诊断与排除。

【工作任务】

任务 3.1　启动机的拆检

任务 3.2　启动机不转故障诊断与排除

任务 3.3　启动机转动无力和空转故障诊断与排除

任务 3.1　启动机的拆检

［任务目标］

目标类型	目标要求
认知目标	了解汽车启动机的作用、构成及工作原理
技能目标	(1)能拆装启动机 (2)会检修启动机主要元器件 (3)会测试启动机整机性能
情感目标	(1)养成主动学习的习惯 (2)培养 5S 意识 (3)遵守纪律，注意安全，保护环境

［任务描述］对汽车启动机进行正确拆卸和装复，并利用仪器设备对启动机的各元件和整机性能进行检测维修。

［知识准备］

汽车发动机在启动机带动下从开始运转到自行怠速运转的过程称为发动机的启动。完成这一过程的系统称为汽车启动系统。其作用就是将电能转化为机械能，带动发动机曲轴旋转，使发动机启动。启动系统的工作状态直接影响汽车的使用性能。

3.1.1　汽车启动系统的组成

汽车启动系统主要由蓄电池、启动机、点火开关和启动电路等组成，如图3.1所示。其中最核心的部件是启动机。

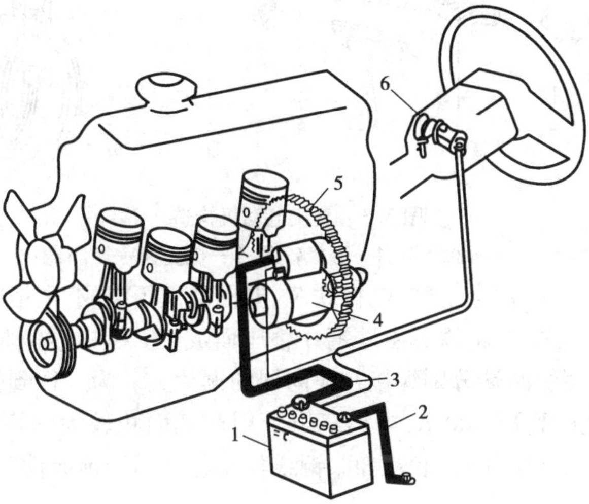

图3.1　启动系统组成

1—蓄电池；2—蓄电池搭火开关铁线；3—蓄电池正极线；4—启动机；5—飞轮齿圈；6—点火开关

3.1.2　启动机的结构与工作原理

典型的启动机由直流电动机、传动机构和控制装置3个部分构成，如图3.2所示。

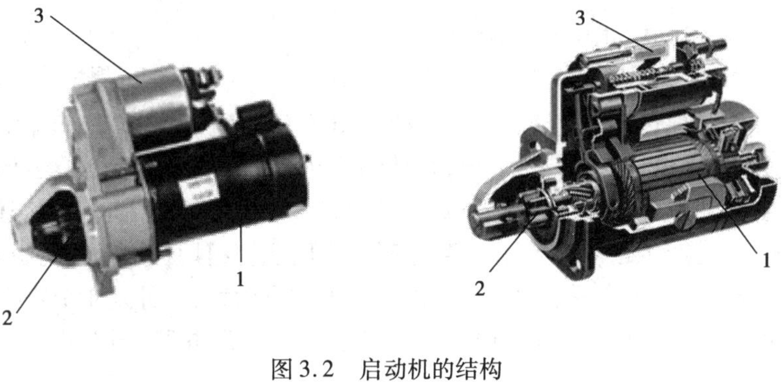

图3.2　启动机的结构

1—控制装置；2—直流电动机；3—传动机构

1)直流电动机

(1)直流电动机的结构

直流电动机主要由电枢、换向器、电刷组件、磁极以及机壳、端盖(轴承)等部件组成,如图3.3所示。

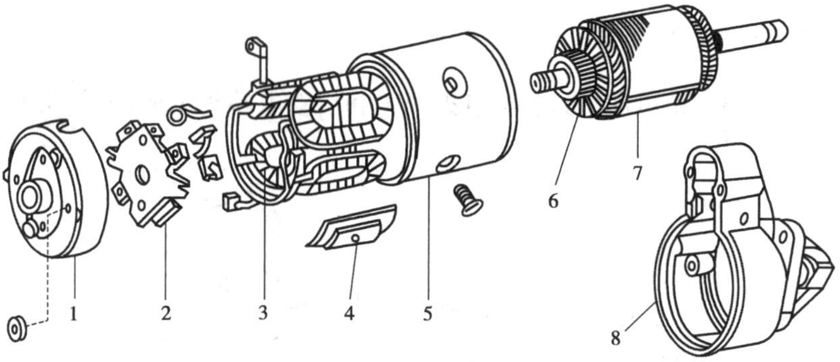

图3.3　直流电动机构造

1—前端盖;2—电刷架;3—励磁绕组;4—磁极铁芯;5—机壳;6—换向器;7—电枢;8—后端盖

①电枢与换向器。电枢由电枢轴、电枢铁芯、电枢绕组等组成,电枢的结构如图3.4所示,它的作用是产生电磁转矩。电枢铁芯由硅钢片叠压而成,压装在电枢轴花键部位上。电枢绕组嵌装在铁芯的槽内,绕组两端分别焊接在换向器的铜片上。为了得到较大的转矩,流经电枢绕组的电流很大,一般为200~600 A,电枢绕组采用横截面积较大的矩形裸铜线绕制。为了防止裸铜线绕组间短路,在铜线与铜线之间、铜线与铁芯之间用绝缘性能较好的绝缘纸隔开。

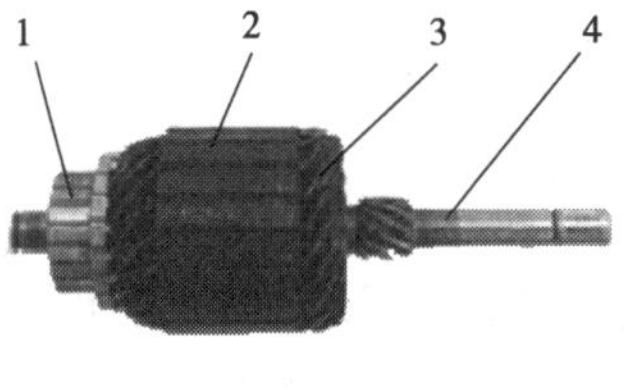

图3.4　电枢与换向器图

1—换向器;2—电枢铁芯;3—电枢绕组;4—电枢轴;

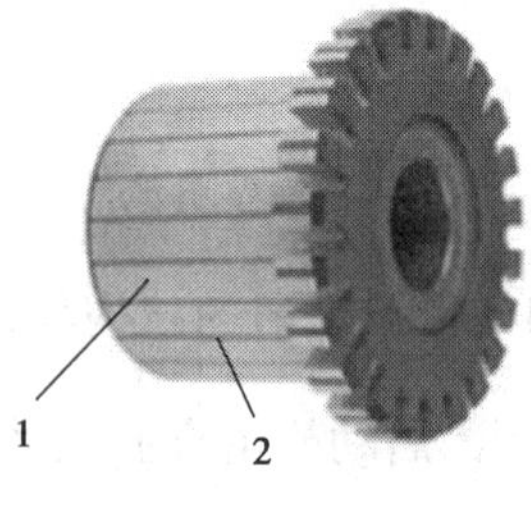

图3.5　换向器

1—铜片;2—云母片

换向器的功能是保证电枢绕组产生的电磁转矩的方向保持不变。换向器由铜片和云母片相互叠压而成,压装在电枢轴的一端,云母片使铜片间、铜片与轴之间均绝缘,如图3.5所示。

②磁极、机壳。磁极由铁芯和励磁绕组构成,并通过螺钉固定在电动机壳体上,如图3.6所示。磁极的作用是产生磁场,一般采用4个磁极。励磁绕组用粗扁铜线绕制而成,工作时通过电刷、换向器与电枢绕组串联。励磁绕组的连接方式有两种:一种是4个绕组串联后再与电枢绕组串联,如图3.7(a)所示;另一种是两个绕组先串联后并联,再与电枢绕组串联,如图3.7(b)所示。

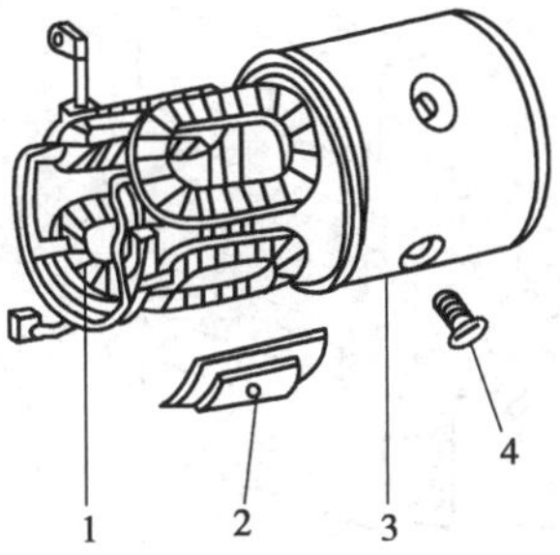

图3.6 启动机磁极及机壳图

1—励磁绕组;2—磁极铁芯;

3—外壳;4—螺钉

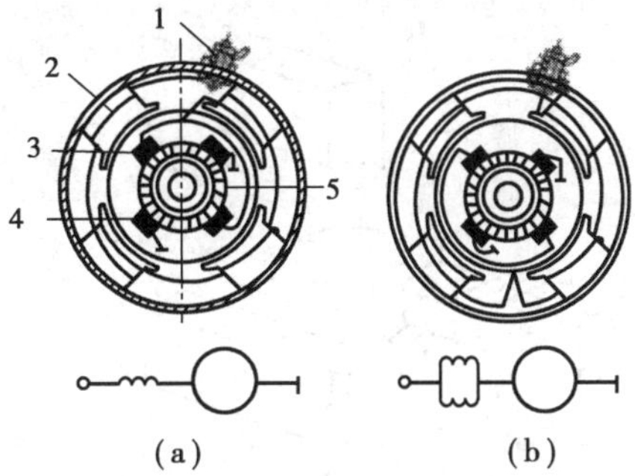

图3.7 磁级绕组的连接方式

1—绝缘接线柱;2—励磁线圈;3—绝缘电刷;

4—搭铁电刷;5—换向器

③电刷组件。电刷组件的功用是将电源电压引入电枢绕组,主要由电刷、电刷架和电刷弹簧组成,如图3.8所示。电刷用铜粉与石墨粉压制而成,有较好的导电性能和耐磨性能。

电刷架固定在电刷端盖上,电刷安放在电刷架内。直接固定在端盖上的电刷架称为搭铁电刷架或负电刷架,安装在负电刷架中的电刷称为负电刷。用绝缘板将电刷架绝缘固定在电刷架盖上的电刷架称为绝缘电刷架或正电刷架,安装在正电刷架上的电刷称为绝缘电刷或正电刷。电刷弹簧压在电刷上,其作用是保证电刷与换向器接触良好,如图3.9所示。

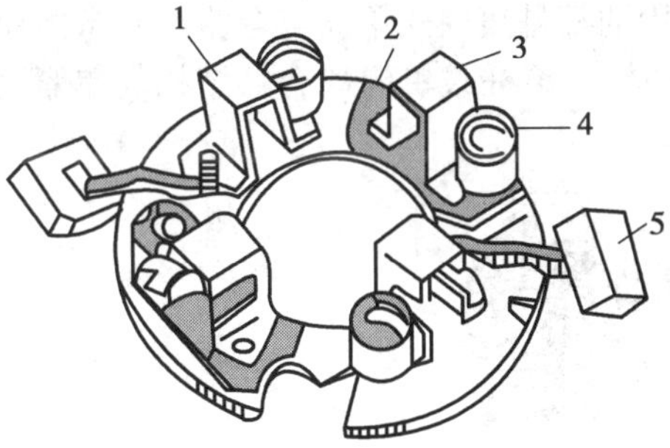

图3.8 电刷组件图

1—搭铁电刷架;2—绝缘垫;3—正极电刷架;

4—电刷弹簧;5—搭铁电刷

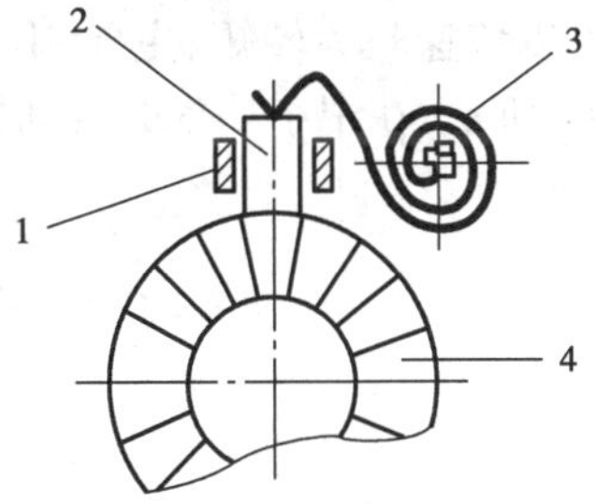

图3.9 电刷安装

1—电刷架;2—电刷;

3—电刷弹簧;4—换向器

④端盖衬套(轴承)。启动机的工作时间很短,一般采用青铜石墨轴承或铁基含油滑动轴承支承电枢轴的转动。由于减速启动机电枢的转速较高,因此往往采用滚柱轴承或滚珠轴承。衬套(轴承)镶嵌在启动机前后端盖中。

(2)直流电动机的工作原理

直流电动机根据通电导体在磁场中受电磁力作用而发生运动,如图3.10所示。换向器的作用,使在N极和S极之间,处于上、下面导体的电流方向保持不变,电磁力形成的转矩方向保持不变,使电枢始终按一定的方向转动。

电枢绕组虽然能按一定的方向转动,但是每当转到垂直位置时,都是依靠惯性转过,转动很不平稳,电磁力产生的电磁转矩也很小。为了增大电磁转矩和提高电动机的平顺性,实际使用的电动机采用了多组电枢绕组和多对磁极。对于结构一定的电动机,其电磁转矩 M 与磁极磁通 Φ、电枢电流 I 成正比,其数学表达式为

$$M = C_m \Phi I$$

式中 C_m——电机结构常数,取决于电动机的结构。

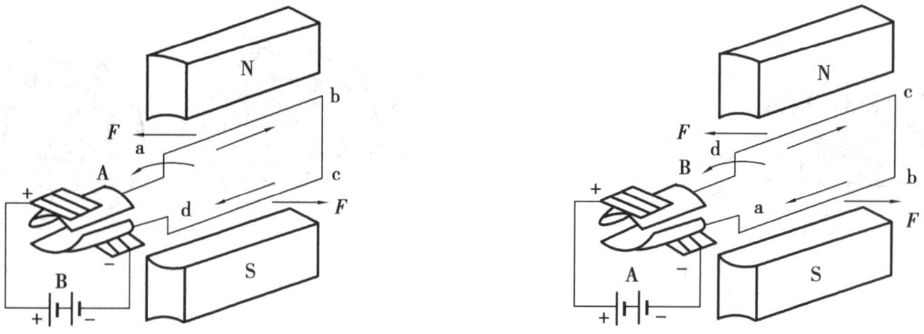

(a)线圈的电流方向为a→b　　(b)线圈的电流方向为d→a

图 3.10　直流电动机工作原理

2)传动机构

启动机的传动机构由单向离合器和拨叉组成。单向离合器的功用是单方向传递力矩,即启动发动机时,将电动机的驱动转矩传递给发动机曲轴(传递动力);当发动机启动后又能自动打滑(切断动力),以免损坏电动机。这是因为发动机飞轮与启动机驱动齿轮之间的传动比为1∶10～1∶15,当发动机启动后如果动力联系不及时切断,飞轮就会带动电枢以8 000～15 000 r/min的转速高速旋转,从而导致电枢绕组从铁芯槽中甩出而损坏电枢。

启动机采用的单向离合器有滚柱式、弹簧式和摩擦片式3种。桑塔纳、捷达、丰田、奥迪等小轿车用中小功率汽油发动机的启动机上广泛采用的都是滚柱式单向离合器。而摩擦片式离合器可以传递较大转矩,主要用于柴油发动机启动机。滚柱式单向离合器结构简单紧凑,如图3.11所示,在中小功率的启动机上被广泛采用。

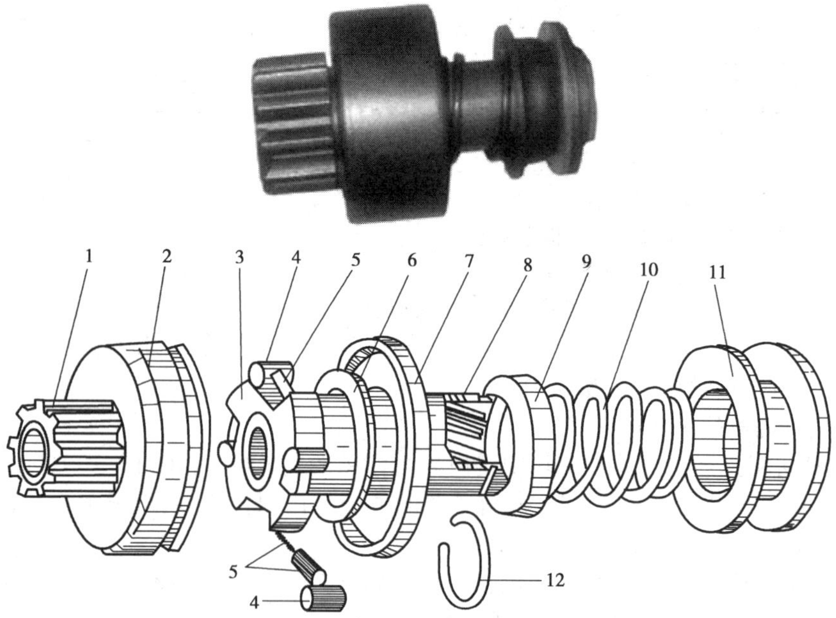

图 3.11　滚柱式单向离合器

1—驱动齿轮;2—离合器外壳;3—十字块;4—滚柱;5—弹簧压帽组件;

6—垫圈;7—护盖;8—传动套;9—弹簧座;10—弹簧;11—拨叉套;12—卡簧

单向离合器外壳2与驱动齿轮1连为一体,离合器外壳和十字块装配后形成4个楔形槽,槽中有4个滚柱4,滚柱的直径大于槽窄端又小于槽宽端,弹簧及压帽5将滚柱推向槽窄端,使得滚柱4与十字块3及外壳2的内表面有较小的摩擦力。十字块3与传动套筒8刚性连接,传动套筒8安装在电枢轴花键部位,使单向离合器总成可以轴向移动和随轴转动。

启动时,拨叉通过拨叉套11推动单向离合器总成作轴向移动,使驱动齿轮啮入飞轮齿圈的同时,电枢轴通过花键带动传动套筒8使十字块3移动,十字块相对于外壳2的转动使滚柱4在小摩擦力的作用下滚向槽窄端而被卡紧,使得外壳2随十字块3一起转动,于是电枢的电磁转矩通过单向离合器传递给了驱动齿轮,如图3.12(a)所示。发动机一旦发动,发动机飞轮带动驱动齿轮旋转,使离合器外壳2的转速高于十字块3,此时,滚柱4滚向槽宽端而打滑,如图3.12(b)所示,从而防止了发动机飞轮带动启动机电枢高速旋转而造成飞散事故。

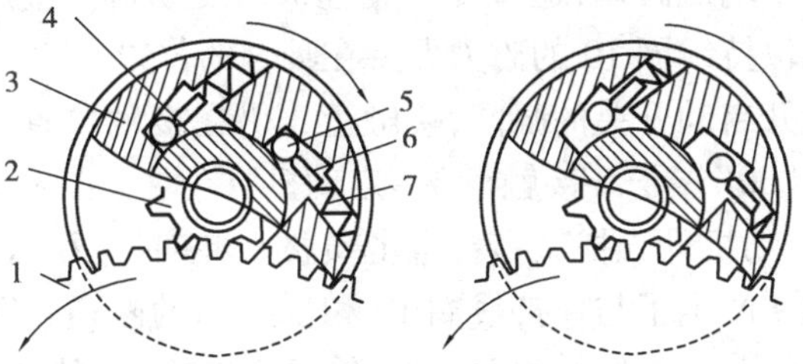

(a)开始启动，动力结合　　(b)启动结束，动力切断

图3.12　滚柱式单向离合器工作原理

1—发动机飞轮;2—驱动齿轮;3—外座圈;4—内座圈;5—滚柱;6—弹簧帽;7—弹簧

滚柱式单向离合器结构简单紧凑,在中小功率的启动机上被广泛采用,如奥迪、捷达、丰田、桑塔纳等。但在传递较大转矩时,滚柱容易变形而卡死。因此,滚柱式单向离合器不适用于较大功率的启动机。

3)控制装置

启动机在工作时电路中会有很大的电流通过,同时在启动时要把电机动力传递给发动机,发动机启动着火后又要及时切断动力传递,为了安全、可靠地操作,对启动机电路的控制,采用了电磁开关。

(1)电磁开关的作用和构造

电磁开关控制启动机驱动齿轮与飞轮的啮合与分离以及电动机电路的通断。电磁开关主要由吸引线圈、保持线圈、活动铁芯、接触盘、触点等组成,如图3.13所示。

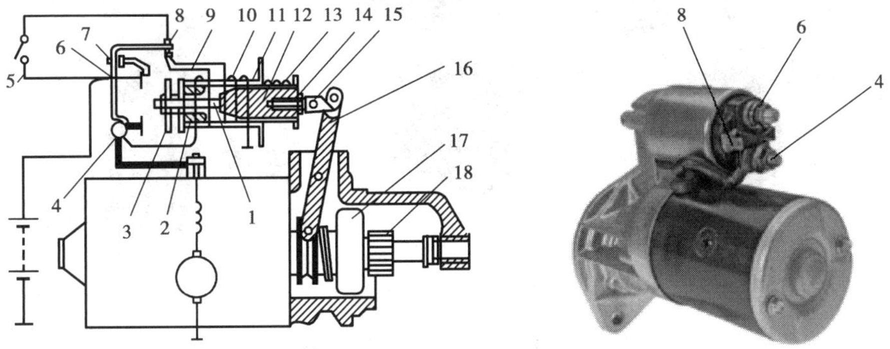

图3.13　启动机控制装置结构图

1—推杆;2—固定铁芯;3—接触盘;4—“C”端子;5—点火开关;6—“30”端子;
7—“15a”端子;8—“50”端子;9—吸引线圈;10—保持线圈;11—电枢轴衬套;12—活动铁芯;
13—复位弹簧;14—调节螺钉;15—挂钩;16—拨叉;17—单向离合器;18—驱动齿轮

(2)电磁开关的工作原理

接通点动开关5,电磁开关通电,其电流通路为:吸拉线圈中电流由蓄电池正极→启动机“30”端子→点动开关5→启动机“50”端子8→吸引线圈9→启动机“C”端子4→启动机磁场和电枢线圈→启动机外壳搭铁→蓄电池负极。保持线圈中电流为蓄电池正极→启动机“30”端子→点动开关5→启动机“50”端子8→保持线圈10→启动机外壳搭铁→蓄电池负极。

此时,通过吸引线圈9和保持线圈10的电流产生的磁力方向相同,在两线圈磁力的共同作用下,使活动铁芯克服弹簧力左移,带动拨叉3将驱动齿轮向右推向飞轮,与此同时,活动铁芯将接触盘3顶向触点4和6。当驱动齿轮与飞轮啮合时,接触盘3将触点4、6接通,使启动机通入启动电流,产生正常电磁转矩,通过传动装置带动发动机。接触盘接通触点时,吸引线圈9被短路,活动铁芯靠保持线圈10的磁力保持在吸合的位置。

发动机启动后,在断开启动开关的瞬间,接触盘3仍在接触位置,此时电磁开关线圈电流为:蓄电池正极→启动机“30”端子→接触盘3→启动机“C”端子4→吸引线圈9→启动机“50”端子8→保持线圈10→启动机外壳搭铁→蓄电池负极。此时,吸引线圈9中通过的电流方向与启动时相反,吸引线圈9产生了与保持线圈10相反方向的磁通,两线圈产生的磁力互相抵消,活动铁芯12在复位弹簧13力的作用下复位,使驱动齿轮18退出。与此同时,接触盘3也回位,切断启动机电路,启动机便停止工作。

3.1.3 启动机的拆装与检修

1)QD1225型启动机解体步骤

QD1225型启动机各组成零件如图3.14所示。其分解步骤见表3.1。

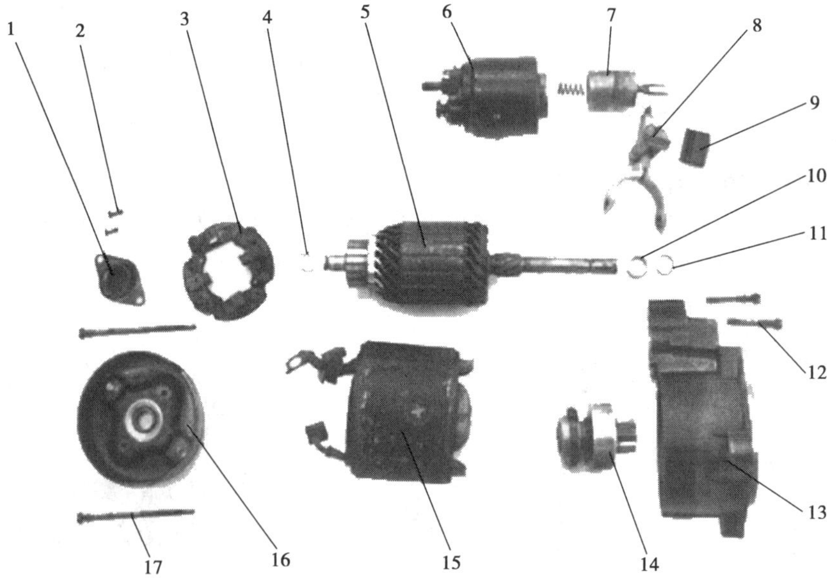

图3.14 QD1225启动机的分解

1—衬套盖帽;2—衬套盖帽固定螺钉;3—电刷架组件;4—限位卡簧;5—电枢总成;6—电磁开关壳体总成;7— 吸拉铁芯及回位弹簧;8—拨叉;9—拨叉限位垫块;10—离合器限位垫圈;11—卡簧;12—电磁开关固定螺栓;13—后端盖;14—单向离合器总成;15—机壳、励磁绕组与铁芯组件;16—前端盖;17—穿心螺栓

表 3.1　QD1225 型启动机解体步骤

操作步骤	操作内容	图　解
1	将启动机外部擦拭干净,并在各结合面上作记号,以便顺利装复启动机	
2	拆下电磁开关 C 接线柱螺母,取下导线端子	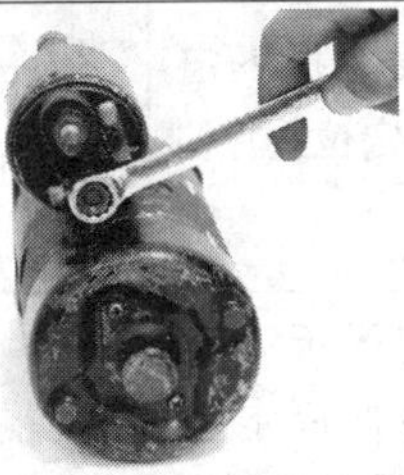
3	从后端盖上拆下电磁开关 3 个固定螺栓,取下电磁开关总成	 
4	拆下两根穿心螺栓,取下启动机后端盖、拨叉定位块	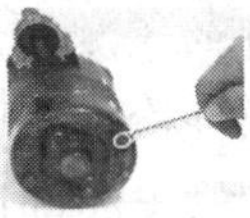 
5	拆下前端盖上的衬套盖帽紧固螺钉,取下衬套盖帽及密封垫	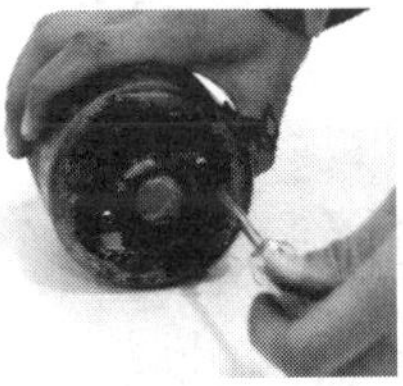
6	取下电枢轴卡片,从壳体中轻轻拔出电枢轴	 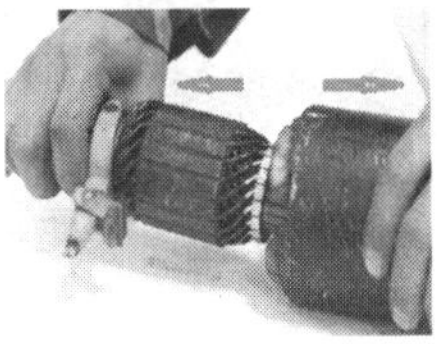
7	分离启动机壳体与后端盖	

续表

操作步骤	操作内容	图　解
8	用尖嘴钳抬起电刷弹簧,拆下电刷架、电刷,分离电刷架与励磁绕组	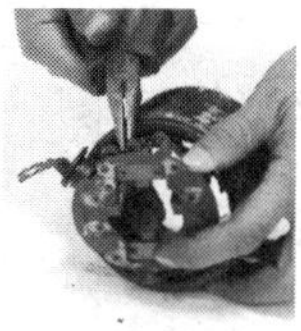
9	从电枢轴上拆下定位锁簧与定位垫片	
10	用冲击起子拆下励磁绕组铁芯固定螺栓,分解励磁绕组、铁芯及壳体(若检测符合要求,尽量不要执行此拆装)	

2)启动机主要零部件的检测与维修(见表3.2)

对拆下的启动机零部件检查前要进行清洁。清洁启动机零部件时,对所有的绝缘零部件,用干净抹布蘸少量汽油擦拭干净即可,不能用清洗剂浸泡。其余零件应用汽油或其他清洗剂洗刷干净。

表3.2　启动机主要零部件的检测与维修

操作步骤	检查内容	图　解	维修措施
1	电枢轴的圆跳动检查,不大于0.1 mm	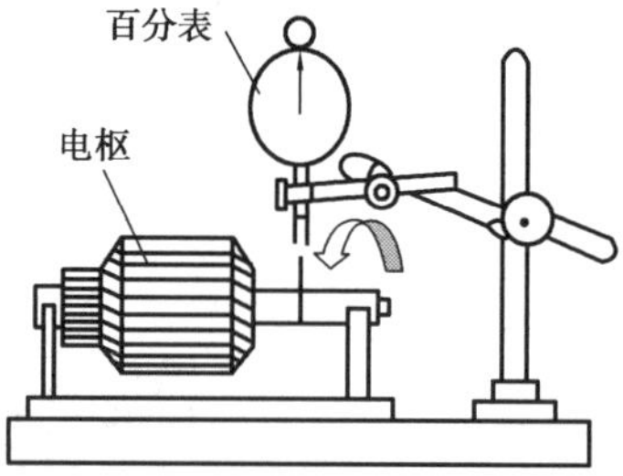	大于0.1 mm,应进行电枢校正
2	换向器的径向圆跳动量检查,最大允许径向圆跳动量为0.05 mm	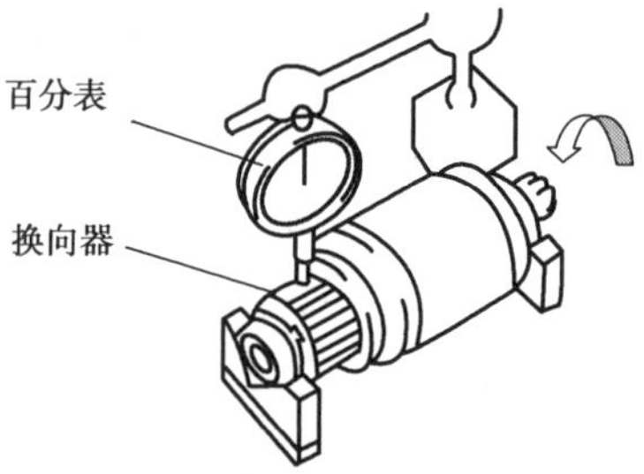	大于规定值,应在车床上车削校正。换向器表面无脏污和烧蚀,如有用0号砂纸清洁或在车床上修整

续表

操作步骤	检查内容	图　解	维修措施
3	用游标卡尺测量换向器的直径,其标准值为36.0 mm,最小直径为35.0 mm		若直径小于最小值,应更换电枢
4	测量凹槽深度,标准凹槽深度为0.6 mm,最小凹槽深度为0.2 mm	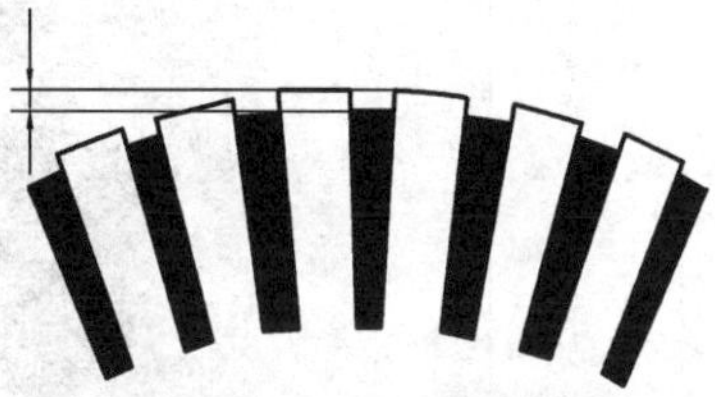	若凹槽深度小于最小值,用锯条剔修到标准。换向器云母片凹槽,应清洁无异物,边缘光滑
5	电枢绕组断路检查,电阻应为0	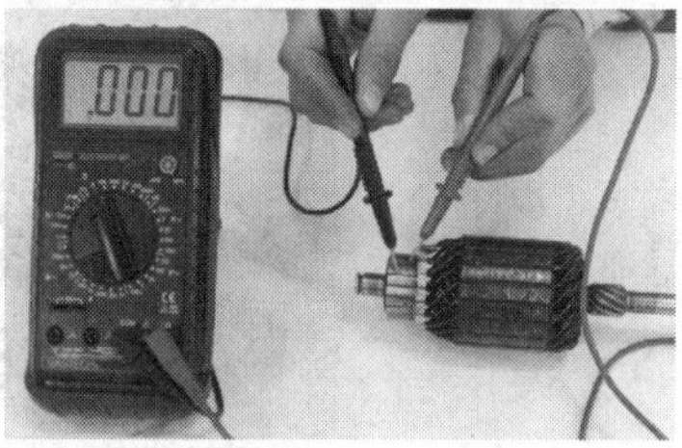	不符合要求,寻找断点或接触不良处焊接或更换电枢轴总成
6	电枢绕组短路检查,电阻应为无穷大	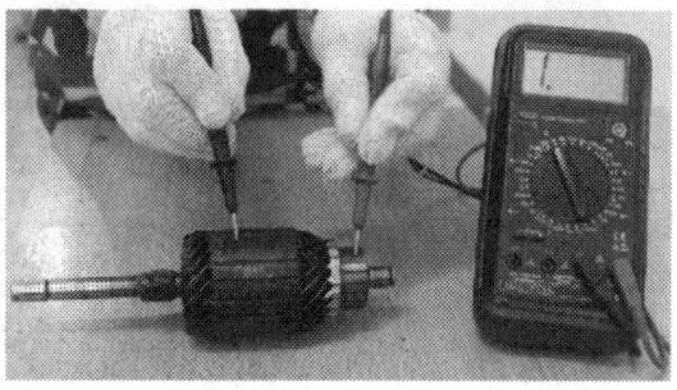	不符合要求,更换电枢轴总成
7	励磁绕组断路检查,电阻应为0	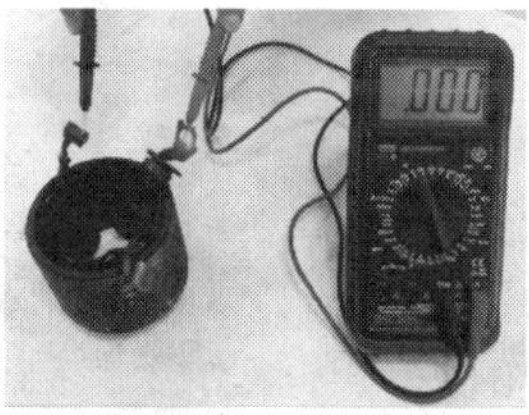	不符合要求,重绕绕组或者更换总成
8	励磁绕组短路检查,电阻应为无穷大	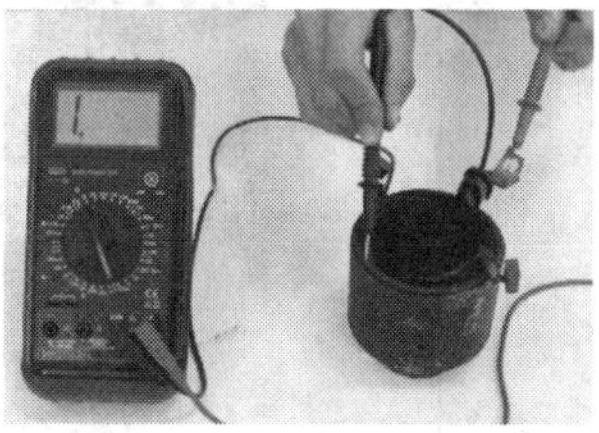	不符合要求,重绕绕组或者更换总成

续表

操作步骤	检查内容	图　解	维修措施
9	检查电刷弹簧弹力，将弹簧拉离电刷的瞬间测得拉力应为 1.5～2.2Kgf		不符合要求，更换新品
10	检查电刷高度，应为 14～18 mm		低于 10 mm，更换新品
11	检查正极电刷架与负极电刷架之间的导通性	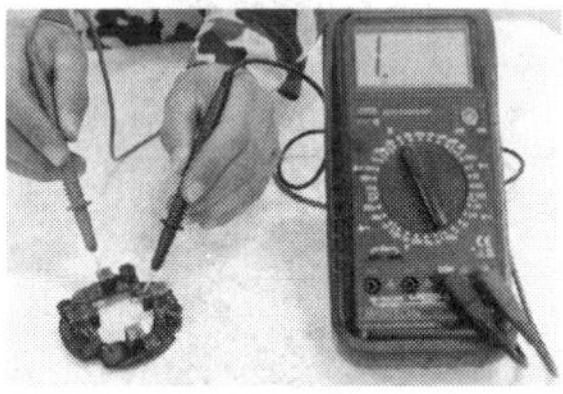	若导通，修理或更换电刷架。电刷架应无歪斜、松旷和变形情况，若有则更换
12	检查单向离合器，正向测得力矩应大于 24～26 N·m，反向转动应灵活无卡滞，驱动齿轮无折齿和严重磨损		不符合要求更换新品
13	检修电磁开关“50”与“C”端子之间的电阻应为0.3～0.5Ω，“50”端子与外壳间的电阻应为1.0～1.5 Ω	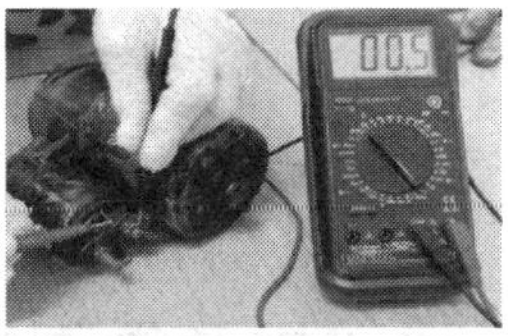 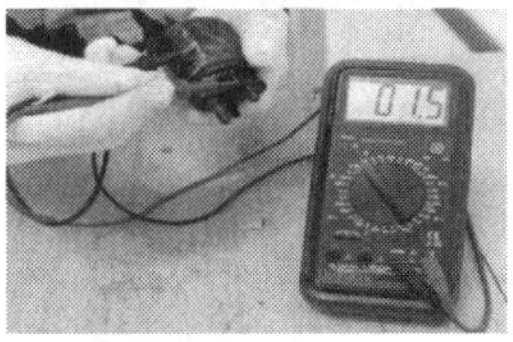	若测量值小于标准值或为无穷大，说明线圈有故障，应予更换

3）启动机的装复

启动机的组装可按启动机分解的相反顺序进行，但应注意：

①安装时，在电枢轴螺旋花键、端盖衬套中应涂上润滑脂。

②不要漏装各紧固螺栓处的弹簧垫，防止装车后振动松脱。

4）电磁开关性能测试

（1）电磁开关牵引性能的测试

如图3.15所示，将装复好的启动机固定在桌虎钳上，拆下启动机端子“C”上的磁场绕组电缆引线端子，用带夹电缆将启动机“C”端子和电磁开关壳体与蓄电池负极连接，用带夹电缆将启动机“50”端子与蓄电池正极连接，此时驱动齿轮应向外移动。如驱动齿轮不动，说明电磁开关有故障，应予修理或更换。

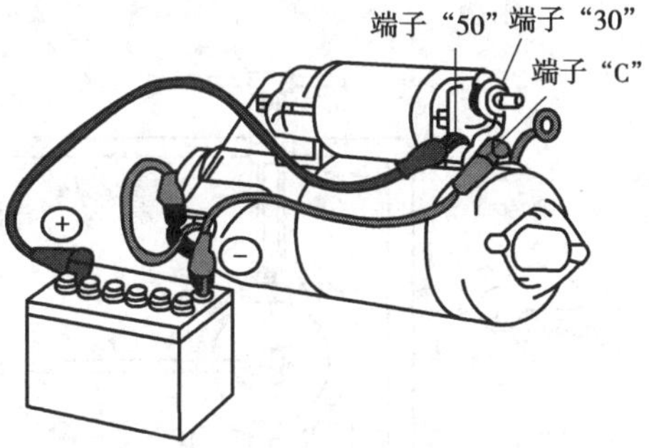

图3.15　电磁开关吸引线圈性能检验

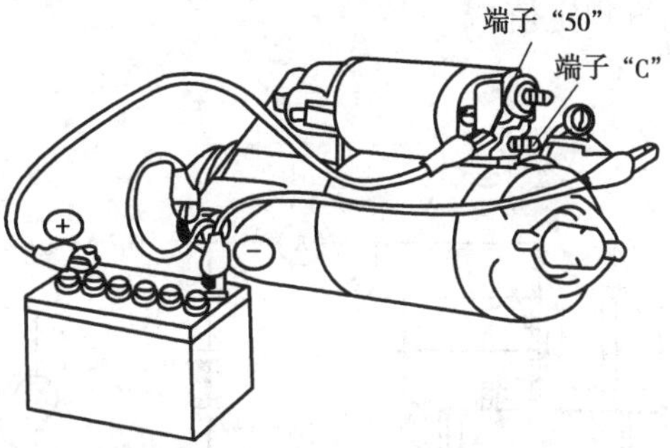

图3.16　电磁开关保持线圈性能检验

（2）电磁开关保持性能的测试

在吸拉试验基础上，当驱动齿轮保持在伸出位置时，拆下电磁开关“C”端子上的电缆夹，如图3.16所示，此时驱动齿轮应保持在伸出位置不动。如驱动齿轮回位，说明保持线圈断路，应予修理。

（3）电磁开关复位性能的测试

在保持动作的基础上，拆下启动机壳体上的电缆夹，如图3.17所示，此时驱动齿轮应迅速回位。如驱动齿轮不能回位，说明回位弹簧失效，应更换弹簧或电磁开关总成。

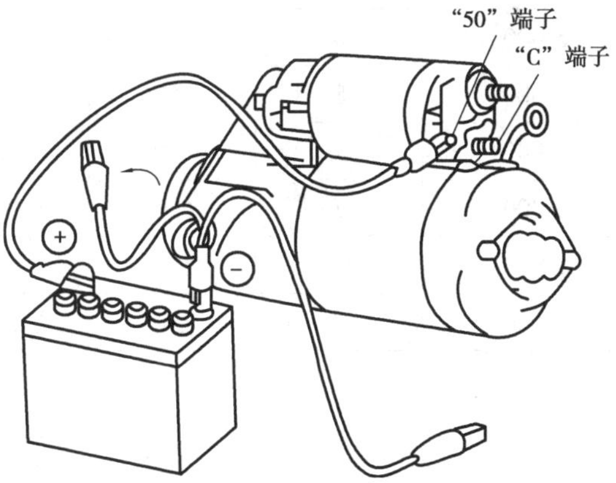

图3.17　复位性能检测

5)启动机的性能测试

(1)空载试验

空载试验测得的数据可以定性反映出启动机装配质量和内部电路故障。将启动机夹紧在汽车电气试验台上,按照如图3.18所示接通启动机电路,启动机应运转均匀,电刷无火花。试验台仪表板上启动电流表、启动电压表和转速表的读数应符合规定值。

要特别注意每次空载试验不应超过1 min,以免启动机过热烧毁绝缘层。

(2)制动试验

在空载试验通过后,通过测量启动机全制动时电流和扭矩来检验启动机电器和机械性能良好与否。通过扭矩测量装置卡紧启动机驱动齿轮,按照如图3.19所示连接电路,通电后迅速记下试验台仪表板上启动电流表、启动扭矩表和启动电压表的读数,其全制动电流和制动转矩应符合规定值。

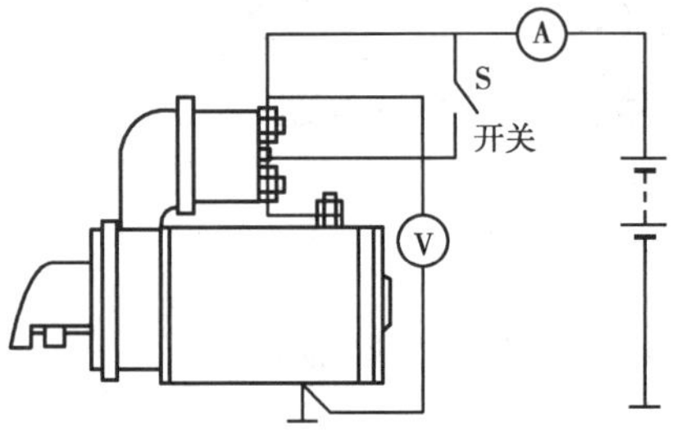

图3.18　启动机空载试验接线图

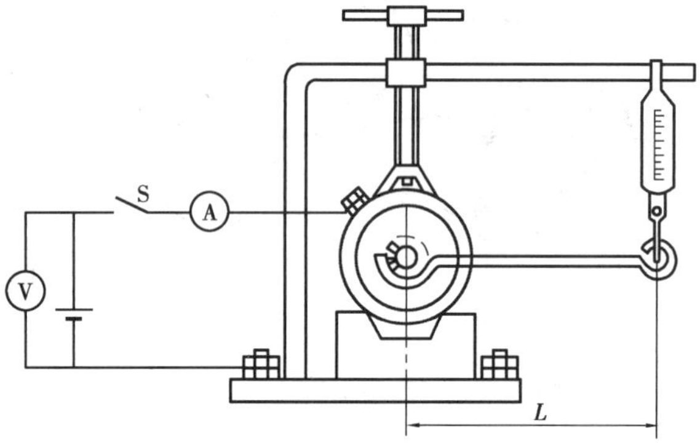

图3.19　启动机制动试验安装接线图

全制动试验要动作迅速,一次试验时间不要超过5 s,以免烧坏电动机及对蓄电池使用寿命造成不利影响。

表3.3　典型启动机的空载特性和全制动特性

型　号	空载特性		全制动特性			适用车型
	电流/A	转速/(r·min^{-1})	电压/V	电流/A	扭矩/(N·m)	
AD124H	90	5 000	8	650	29.4	解放CA1091
QD124F	90	5 000	8	650	29.4	东风EQ1090
QD1225	45	6 000	7	480	13	上海桑塔纳
QD142A	90	5 000	7	650	25	南京依维柯
DW1.4	67	2 900	9.0	160	13	北京切诺基
D6RA37	220	1 000	8	350	85	神龙富康

[任务实施]

1)准备

①设备:发动机实训台2台、汽车电器试验台2台、蓄电池2只,启动机若干台。

②工具:拆装台、拆装工具、万用表、砂布、弹簧秤、抹布等。

③授课地点:汽车电器实训室。

2)实施

①老师用示教板、多媒体和发动机实训台讲解汽车启动系统的作用、组成和工作原理。分配学习任务,学生分组实施。

a. 参照图3.20指出启动系统各组成部分的名称及作用并填写在表3.4中。

表3.4　启动系统名称与作用

序　号	名　称	作　用
1		
2		
3		
4		
5		
6		
7		

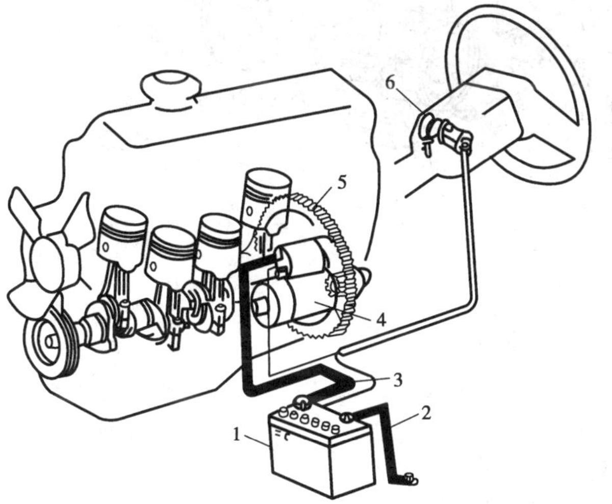

图3.20　启动系统组成图

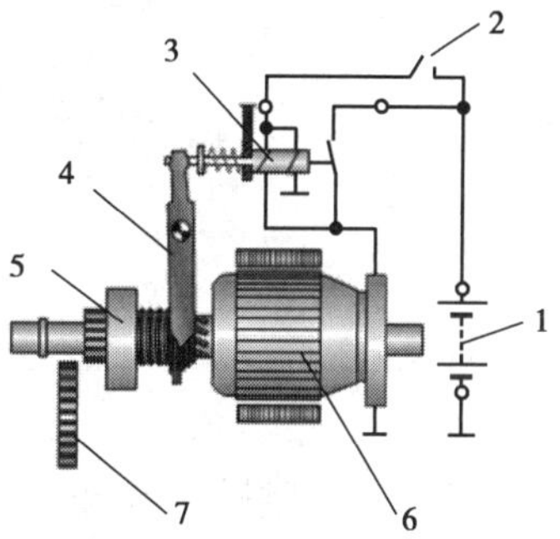

图3.21　启动机工作过程

b. 指出图3.21中启动系统各组成部分的名称,描述启动过程及启动机各主要零部件工作情形。

部件名称:1. ________ 2. ________ 3. ________ 4. ________

5. ________ 6. ________ 7. ________

启动过程描述:

②正确使用拆装工具进行启动机的拆卸。

a. 需要的拆装工具：

b. 制订启动机解体步骤(以 QD1225 为例)：

c. 参照分解的启动机实物指出图 3.22 所示启动机各主要组成零件的名称：

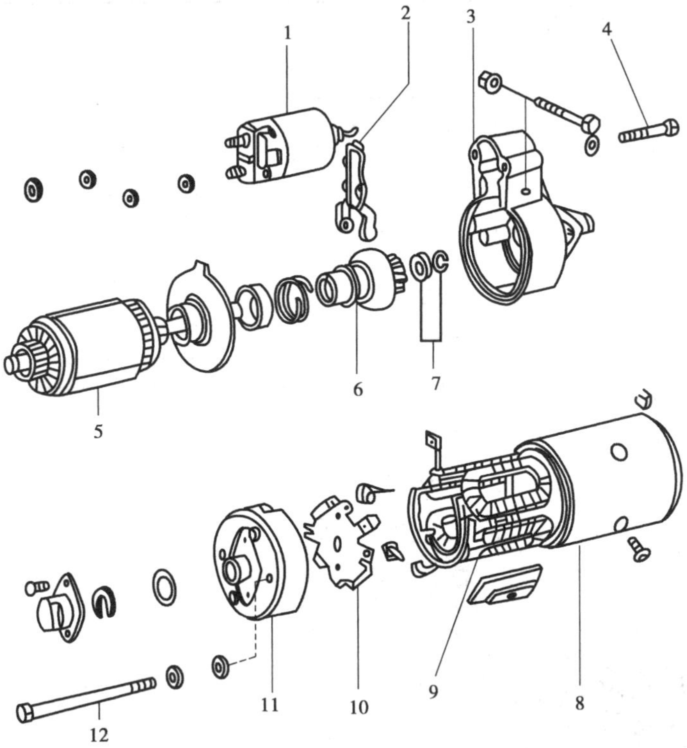

图 3.22　启动机的结构

1. ________ 2. ________ 3. ________ 4. ________ 5. ________ 6. ________

7. ________ 8. ________ 9. ________ 10. ________ 11. ________ 12. ________

③正确检修启动机各零部件，并把检测结果填写在表 3.5。

表 3.5　启动机检测表

启动机编(型)号			检测人		
序号	零部件名称	检测工具	检测数据	结果判断	采取措施

④装复启动机,在电气试验台上检测启动机整机性能。

表 3.6　启动机空载和制动试验表

启动机型号		适用车型		
状态	空载特性		全制动特性		判断结果
	实测值	标准值	实测值	标准值	
电流/A					
电压/V					
扭矩/(N·m)					
转速/($r\cdot min^{-1}$)					
检测人		检测时间			

[知识拓展]

1)汽车启动机的类型

(1)按电动机磁场产生的方式分类

①励磁式启动机:通过向励磁绕组通电产生磁场。一直以来,汽车上的启动机普遍都采用直流串励式电动机,如桑塔纳轿车用 QD1225 型、东风 EQ2120 型汽车用 QD2623 型启动机。

②永磁式启动机:以永久磁铁作磁极产生磁场。由于磁极采用永磁材料支撑,无须磁场绕组,因此电动机结构简化、体积小、质量轻。永磁式启动机是近年来出现的新型启动机,如奥迪 100 型轿车,目前在汽车上使用还比较少。

(2)按传动机构啮合方式分类

①强制啮合式启动机:是指利用电磁力拉动杠杆机构,使驱动齿轮强制啮入飞轮齿圈的启动机。它的主要优点是工作可靠性高,现代汽车广泛采用。

②电枢移动式启动机:是指利用磁极产生的电磁力使电枢产生轴向移动,从而将驱动齿轮啮入飞轮齿圈的启动机。其特点是结构比较复杂,主要用于大功率发动机的汽车,如太脱拉 T138、斯柯达 706R 等汽车启动机。

③同轴移动式启动机:是指利用电磁开关推动电枢轴孔内的啮合推杆移动,使驱动齿轮啮入飞轮齿圈的启动机。其主要用于大功率发动机的汽车,如斯泰尔 SXZ190 型汽车用 QD2745 型启动机和奔驰 Benz2026 型汽车用 KB 型启动机。

④减速启动机:是指在启动机的电枢轴和输出轴之间,设置了齿轮减速装置的启动机。减速启动机的优点是单位质量的输出功率增加,缩小了外部尺寸,便于安装,提高了启动转矩有利于发动机的低温启动,减轻了蓄电池的负担,延长了使用寿命,得到了越来越多的应用。减速启动机又分为 3 种形式:内啮合式、外啮合式和行星齿轮式。内啮合减速启动机如图 3.23 所示,其结构简单,但高速时有振动,会产生噪声。外啮合式减速启动机如图 3.24 所示,其齿轮啮合紧密,通过改变齿轮的传动比,可实现较大的转矩,但结构稍大。行星齿轮式减速启动机如图 3.25 所示,这种启动机工作稳定,噪声小,但机械构造复杂。

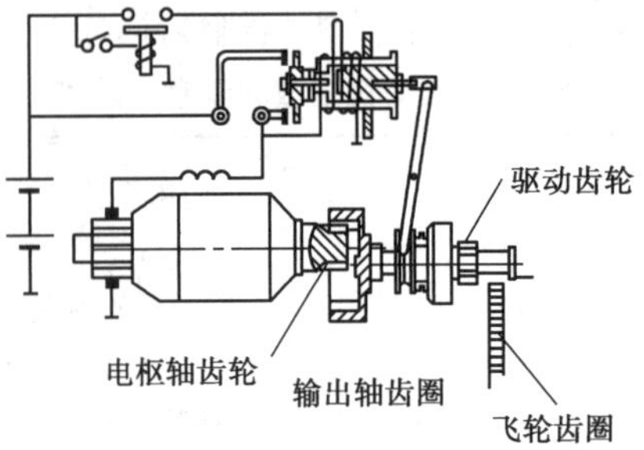

图 3.23　内啮合式减速启动机

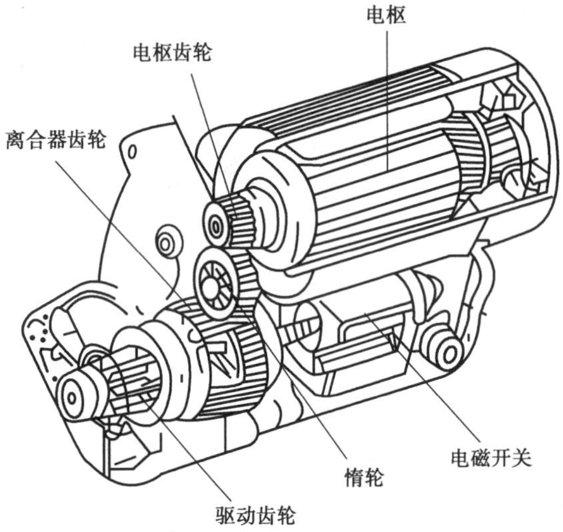

图 3.24　外啮合式减速启动机

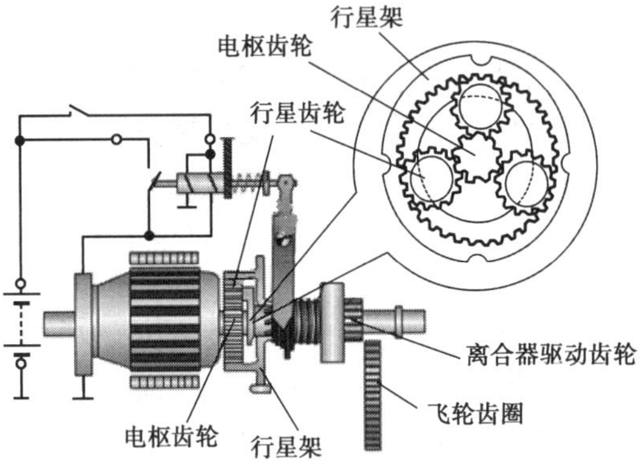

图 3.25　行星齿轮减速启动机

2）启动机型号

根据 QC/T 73—1993《汽车电器设备产品型号编制方法》规定，国产启动机的型号表示如图 3.26 所示。

说明：

①产品代号：QD—启动机；QDJ—减速启动机；QDY—永磁启动机。

②电压等级代号：1 ~ 12 V；2 ~ 24 V。

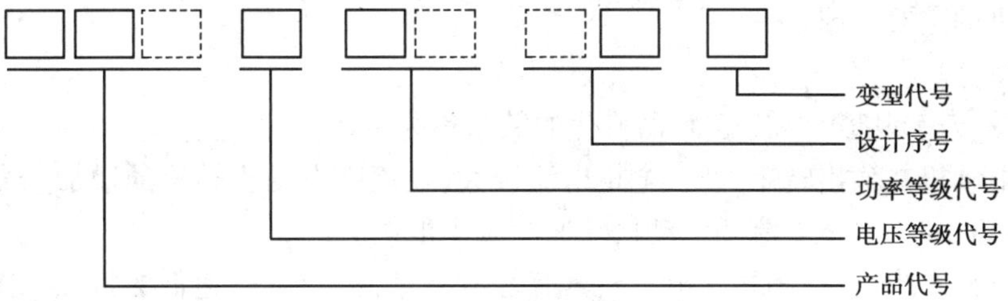

图3.26　国产启动机型号编制规则

③功率等级代号：其含义见表3.7。

表3.7　启动机功率等级代号

代号值	1	2	3	4	5	6	7	8	9
功率/kW	小于1	1～2	2～3	3～4	4～5	5～6	6～7	7～8	8～9

④设计代号：按产品设计先后顺序，以1～2位阿拉伯数字组成。

⑤变型代号：在主要电器参数和基本结构不变的情况下，一般电器参数的变化和某些结构改变称为变型，以汉语拼音大写字母A、B、C等表示。

例如，QD1229表示额定电压为12 V、功率1～2 kW，第29次设计的启动机。

3）启动用直流电动机的工作特性及其影响因素

（1）启动机的工作特性

直流串励式电动机的转矩 M、转速 n 和功率 P 与电流之间的关系，称为直流串励式电动机的工作特性。直流串励式电动机工作特性曲线如图3.27所示，其中曲线 M、n 和 P 分别代表转矩特性、转速特性和功率特性。

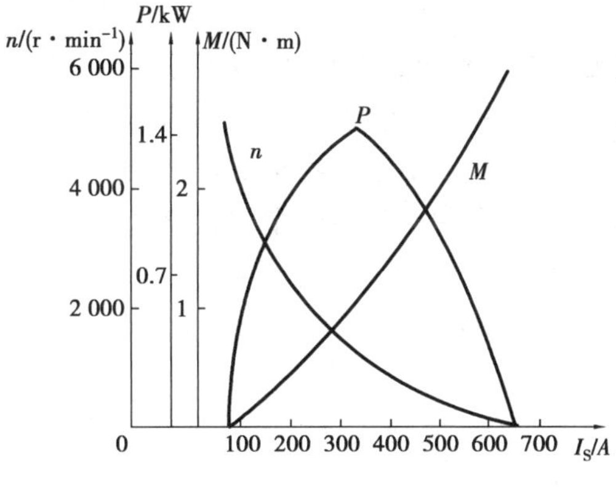

图3.27　直流串励式电动机的工作特性曲线

①转矩特性。

电动机电磁转矩 M 随电枢电流 I_s 变化的关系称为转矩特性。

对于串励式电动机而言，磁通在磁路未饱和时磁通与电流的平方成正比，在磁路饱和时磁通与电流成正比。因此，在启动机启动的瞬间，由于发动机的阻力矩很大，启动机处于完全制动状态。此时电枢转速为零，电枢电流达到最大值。转矩与电枢电流的平方成正比，制动电流所产生的转矩很大，足以克服发动机的阻力矩，使发动机的启动容易。这就是汽车启动机采用串励式电动机的主要原因之一。

②机械特性。

电动机的转速 n 随电磁转矩 M 而变化的关系称为机械特性。

串励式电动机在输出转矩大时,电枢电流较大,电流随电动机转速的增加而急剧下降;反之,在输出转矩小时,电枢电流随电动机转速的减小很快上升。

从机械特性看出,直流串励式电动机具有轻载转速高、重载转速低的特点。重载转速低,可以保证电动机在启动时(重载)不会超出允许的功率而烧毁,使启动安全可靠。这是启动机采用串励式直流电动机的另一原因。但由于其轻载或空载时转速很高,容易造成“飞散”事故,因此,对于功率较大的串励式直流电动机,不允许在轻载或空载下长时间运行。

③功率特性。

串励式启动机的功率可由下式确定:

$$P=\frac{Mn}{9550}$$

式中 M——启动机输出转矩,N · m;

n——启动机的转速,r/min;

P——电动机功率,kW。

启动机在全制动(ns =0)和空载(MS =0)时,其功率均为0,而在 I_S 接近全制动电流一半时其输出功率最大。启动机工作时间短暂,允许以最大功率状态工作,启动机的额定功率一般就是电动机的最大功率或接近于最大功率。

(2)影响启动机功率的因素

①接触电阻和导线电阻。接触电阻包括导线与蓄电池极桩、启动机接线柱以及电动机内电刷与换向器等的接触电阻。接触电阻大、导线截面积小或过长,都会造成较大的电压降而使启动机功率下降。

②蓄电池容量。蓄电池的容量越小,其内阻就越大,启动时加在电动机上的端电压就会越低,供给启动机的电流小,产生的转矩小,会使启动机的功率下降。

③环境温度。当环境温度低时,蓄电池的容量下降,内阻增大,启动机的功率下降就明显。在冬季,对蓄电池适当保温可以提高启动机的功率,改善启动性能。

[任务检测]

一、填空题

1. 汽车启动系统主要由________、________、________和启动电路等组成。

2. 影响启动机功率的因素有________、________、________等。

3. 直流串励式电动机的________、________和________与电流之间的关系,称为直流串励式电动机的工作特性。

4. 启动机由________、________和________三大部分组成。

5. 单向离合器的作用是启动发动机时________,发动机启动后________。

二、判断题

1. 汽油机启动时的转速通常为 50 ~ 70 r/min,柴油机为 100 ~ 200 r/min。 (　　)

2. 启动机由直流电动机和电磁开关两大部分组成。 (　　)

3. “50”接线柱连接到点火开关,“30”接线柱连接到蓄电池正极。（　　）
4. 启动机空载试验能观察单向离合器是否打滑。（　　）
5. 启动机换向器铜片间的云母片应割低 0.5 ~ 0.8 mm。（　　）
6. 单向滚柱式离合器不适合在大功率启动机上使用。（　　）
7. 吸拉线圈和保持线圈的电磁力方向始终是一致的。（　　）
8. 进行启动机的简易试验时,将“30”接线柱上引一根火线触试“50”接线柱是为了使电磁开关吸合,接通主电路。（　　）
9. 换向器的作用是将直流电变成交流电。（　　）

三、选择题

1. 启动系统主要是将(　　)。

A. 机械能转化为化学能　B. 热能转化为电能
C. 机械能转化为电能　D. 电能转化为机械能

2. 启动机电刷的高度一般不得小于(　　)。

A. 4 ~ 6 mm　B. 7 ~ 10 mm　C. 11 ~ 12 mm　D. 13 mm

3. 启动机换向器的作用是(　　)。

A. 整流　B. 使转矩输出稳定
C. 维持电枢定向运转　D. 使启动机反向

4. 永磁式启动机是将(　　)用永久磁铁代替。

A. 电枢绕组　B. 励磁绕组　C. 吸引线圈　D. 保持线圈

5. 启动机性能测试时,测得转速低于正常值而电流大于正常值,可能原因是(　　)。

A. 启动机装配过紧　B. 电刷与换向器接触不良
C. 蓄电池电压不足　D. 接触片烧蚀

四、简答题

1. 汽车启动机由哪几部分组成？各部分作用是什么？

2. 解释下列启动机型号:QD124、QDJ125C。

3. 以 QD1225 启动机为例,写出解体步骤。

【评价与反馈】

评价与反馈见表3.8

表3.8 评价与反馈表

班级： 姓名： 指导教师：

序号	考核项目	配分	考核内容	配分	考核标准	得分
1	出勤/纪律	5	出勤	2	违规一次不得分	
			行为规范	3	违规一次不得分	
2	安全/防护/环保	20	着装	4	违规一次不得分	
			个人防护	4	违规一次不得分	
			5S	4	违规一次不得分	
			设备使用安全	4	违规一次不得分	
			操作安全	4	违规一次不得分	
3	知识水平	20	知识测验成绩	20	测验成绩的20%计	
4	技能考核	40	技能测验成绩	40	测验成绩的40%计	
5	学习能力	10	工单填写、计划制订	4	未做不得分	
			组内活动情况	4	酌情扣1~4分	
			资料查阅和收集	2	未做不得分	
6	任务拓展	5	知识拓展	2	未做不得分	
			技能拓展	3	未做不得分	
7	总分	100				

【教师评估】

教师评估见表3.9。

表3.9 教师评估表

序号	优点	存在的问题	解决方案
教师签字：			

任务3.2　启动机不转故障诊断与排除

［任务目标］

目标类型	目标要求
认知目标	知道汽车启动机的使用维护方法
技能目标	(1)能从车上拆装启动机 (2)能制订故障诊断与排除工作方案 (3)能准确确定故障原因并排除故障
情感目标	(1)养成主动学习的习惯 (2)培养5S意识 (3)遵守纪律,注意安全,保护环境

［任务描述］一台桑塔纳3000轿车,拧动点火开关,无任何启动征兆,初步检查发现启动机不转,利用仪器设备和自己所掌握的启动系统知识进行检测并排除故障。

［知识准备］

1)启动车辆前的准备和检查

①车辆变速杆置空挡位置,拉上驻车制动器,防止意外移动发生事故。

②检查发动机机油、冷却液液面高度,确保发动机启动后不出现因缺润滑油、缺冷却液而导致的事故。

2)启动系统使用注意事项

①启动机每次启动时间不超过5 s,防止长时间大电流放电损坏蓄电池。两次启动应间歇15 s以上,以使蓄电池得以恢复。如果连续两次仍无法启动,应在检查与排除故障的基础上停歇2~5 min以后再行启动。

②在冬季或低温情况下启动时,应对蓄电池采取保温措施或者对发动机采用加热措施,以提高蓄电池性能,减小发动机启动阻力。

③发动机启动后,必须立即放开点火钥匙,切断启动机控制电路,使启动机停止工作。

④启动机在车辆每使用40 000 km时或者一年应进行解体拆检和保养,主要项目包含检查电刷及换向器技术状况、润滑各滑动部位、紧固各连接螺栓螺母等。

3)启动机从车上拆装步骤

启动机拆装步骤见表3.10。

修复好的启动机安装时,启动机与变速器壳体连接的3个螺栓要按照规定力矩拧紧。

4)桑塔纳3000启动系统电路连线图

桑塔纳3000启动系统电路连线如图3.28所示。

表 3.10　启动机拆装步骤

操作步骤	操作内容	图　解	备　注
1	关闭点火开关，拆除蓄电池搭铁线		
2	用举升机将车辆举起		进入车下工作要注意安全防护，一定要锁定举升机
3	拆下空调压缩机固定螺栓，取下空调压缩机	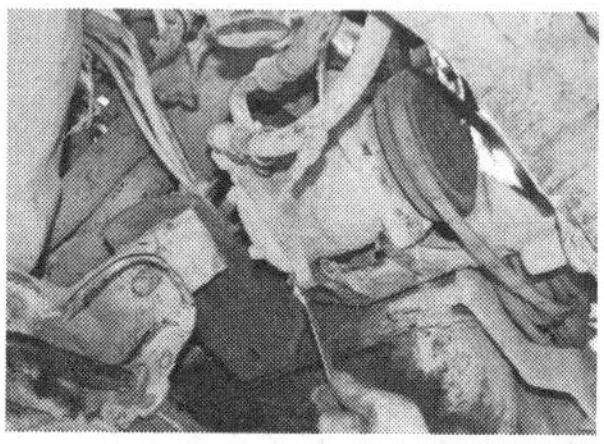	注意不要拆卸管道，用绳索把压缩机吊在车架上，防止损坏管道
4	拔掉启动机"50"接线柱上的导线插头；拧下"30"接线柱上的螺母，取下导线	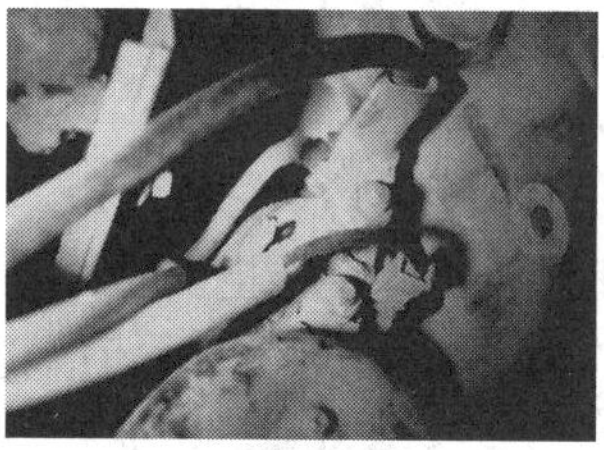	
5	拆下连接启动机与变速器壳体的3个螺栓	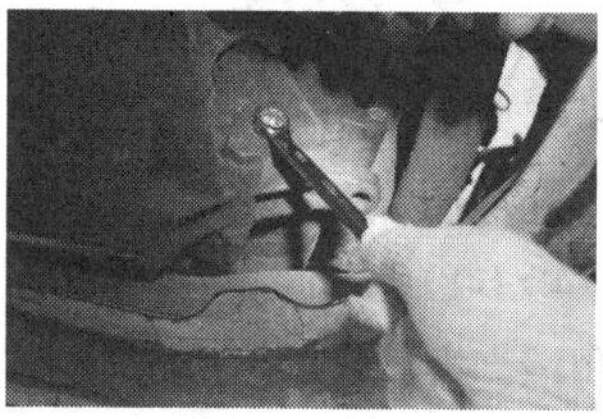	
6	从压缩机安装位置取下启动机		

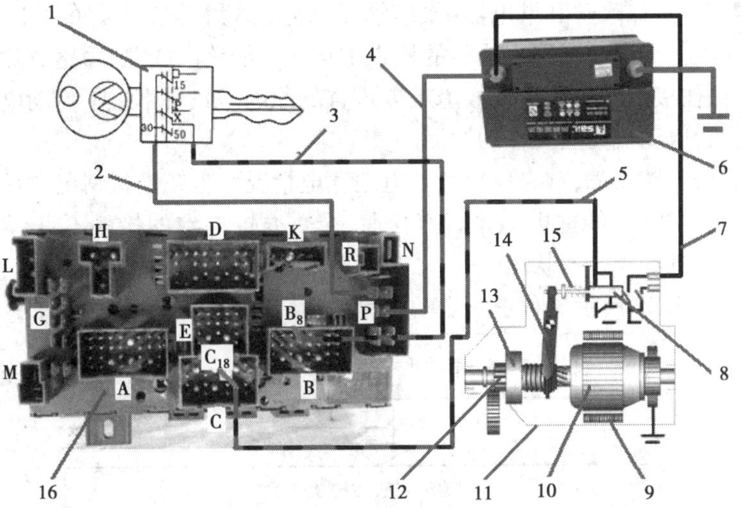

图3.28　桑塔纳3000启动电路线路连接图

1—点火开关;2—红色线;3—红/黑色线;4—红色线;5—蓄电池;6—红/黑色线;7—黑色线;8—电磁开关;9—磁极;10—电枢;11—启动机;12—驱动齿轮;13—单向离合器;14—拨叉;15—回位弹簧;16—中央线路板

桑塔纳3000启动系统电路主要由3个部分组成:

①点火开关电路:用红色导线4从蓄电池6的正极引出,连接到中央接线板16的P6接柱,通过中央线路板内部电路连接到P2接柱,从P2接柱上通过红色导线2引出后连接到点火开关1的“30”接线柱上。

②控制电路:用红黑双色导线3从点火开关1的“50”接线柱引出连接到中央接线板16的B_8结点上,B_8通过中央接线板内部电路与C_{18}相连,用红黑双色线5从C_{18}引出后与启动机电磁开关8的“50”接线柱相连。

③启动机主电路:用黑色电缆从蓄电池正极引出,连接到启动机电磁开关8的“30”接线柱上。启动时通过接触片与“C”接线柱接通,“C”接线柱用电缆与启动电机内励磁绕组相连,励磁绕组与两个正电刷分别串联后,通过换向器与电枢绕组接通,再通过负电刷搭铁。

5)启动机无法运转的原因

通点火开关启动挡位时,启动机不转,是启动系统常见故障现象之一。对点火开关直接控制的启动系统,排除发动机自身机械故障外,造成启动机无法运转的原因主要有:

①蓄电池严重亏电。

②蓄电池正、负极桩上的电缆接头松动或接触不良。

③点火开关内部损坏,无法接通电路。

④启动控制电路短路、断路。

⑤启动机磁力开关触点严重烧蚀。

⑥换向器严重烧蚀而导致电刷与换向器接触不良。

⑦电刷引线断路或绝缘电刷(正电刷)搭铁。

⑧电刷弹簧压力过小或电刷在电刷架中卡死。

⑨磁场绕组或电枢绕组有断路、短路或搭铁故障。

6)启动机无法运转故障的诊断与排除

启动系统的检修应遵循从简到繁、从外到内的基本原则,在汽车电路识读的基础上,认真检查。在保证蓄电池、保险丝和继电器(桑塔纳无)、启动机本身都完好的情况下,启动系统不能正常工作就应该检查启动线路。线路的检查重点在于线路的断路、短路故障,以及线路和部件的连接情况,往往接触不良是造成故障难以排查的原因。只要掌握了启动电路的分析方法,就一定可以查找到启动机无法工作的原因。

对启动机无法运转故障,首先应检查蓄电池存电情况和电缆连接情况,特别是检查蓄电池搭铁电缆与启动机“30”接线柱电缆是否有松脱、严重腐蚀导致的接触不良,再检查开关线路的导通情况和启动机本身技术状况。

一般按照如图3.29所示流程进行启动机无法运转故障检查诊断。

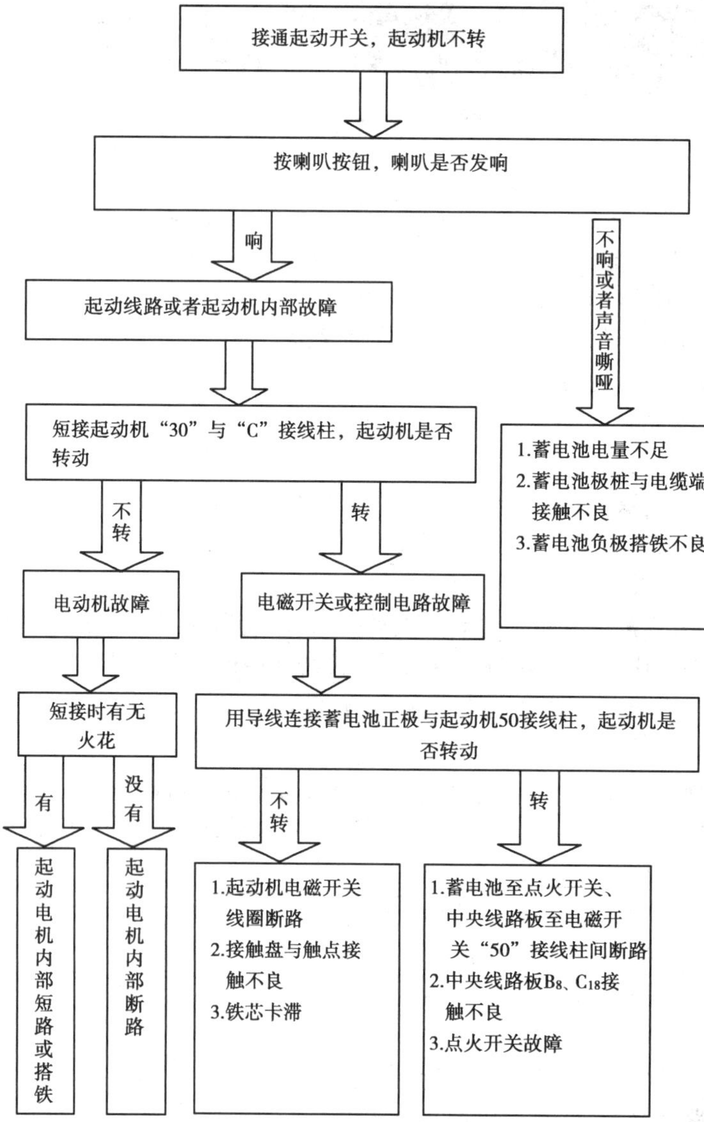

图3.29 启动机不转故障诊断流程

找到故障原因后,对线路松动、脱焊和锈蚀造成的接触不良,要进行紧固和清理;对线路破损造成的断路、短路,要更换线路或对线路进行包扎维护;对启动机故障要进行拆检维修或更换;点火开关造成的故障要更换点火开关总成。

[任务实施]

1)准备

①设备:丰田卡罗拉轿车和桑塔纳3000轿车各1台、汽车发动机实训台2台,汽车电器试验台1台。

②工具:举升机、拆装台、拆装工具、万用表、砂布、弹簧秤、抹布等。

③授课地点:汽车维护实训室。

2)实施

①车辆启动前的准备和检查工作记录。

②参照电路原理图(图3.30桑塔纳3000型轿车交流发电机、蓄电池、启动机、点火开关电路图),叙述启动电路中电流的流向,并用不同颜色描画启动系统电路图(图3.31)。

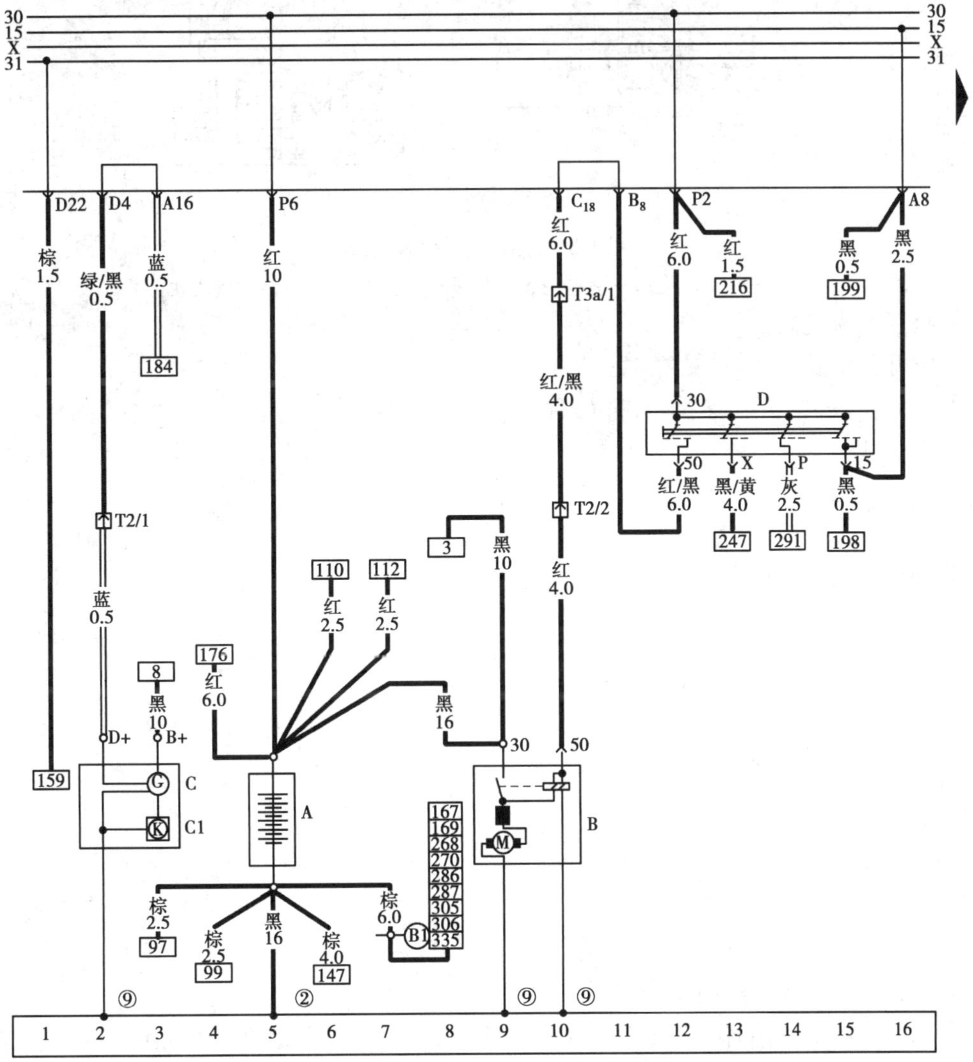

图3.30　桑塔纳3000型轿车交流发电机、蓄电池、启动机、点火开关电路图

A—蓄电池 B—启动机 C—交流发电机 C1—调压器 D—点火开关

T2—发动机线束与发电机线束插头连接(2针,在发动机舱中间支架上)

T3a—发动机线束与前大灯线束插头连接(3 针,在中央线路板后面)

②—接地点(在蓄电池支架上)

⑨—自身接地

B1—接地连接线(在前大灯线束内)

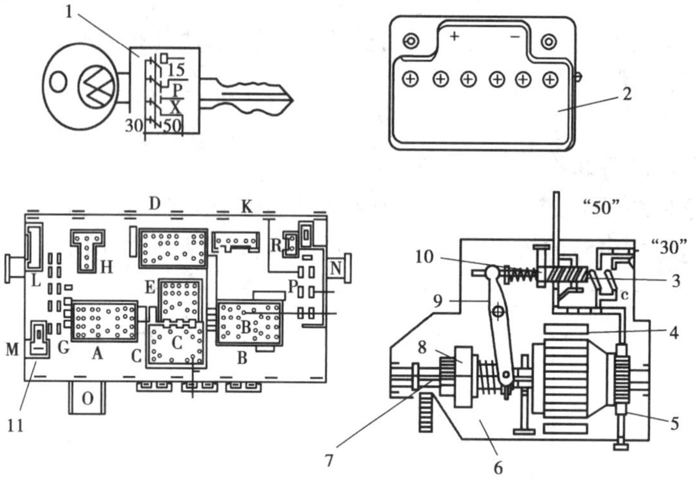

图 3.31　启动电路线路连线图

1—启动开关;2—蓄电池;3—搭铁;4—中央接线板;5—启动机

a. 描述电流流向:

点火开关电路:

启动机控制电路:

启动机主电路:

b. 描画启动系统电路图:

③根据启动机电路连线图(图 3.28)列出启动机不转故障的可能原因及部位、排除的方法。

④根据掌握的启动系统知识,小组讨论制订出启动机不转故障诊断的流程。

⑤启动车辆,记录故障现象:

表3.11　启动机不转故障列表

故障现象	故障部位	故障原因	排除方法
接通点火开关，启动机不转	蓄电池		
	点火开关及线路		
	电磁开关		
	启动机		

⑥利用工具设备，按照诊断流程找出故障点，记录数据，分析原因：

a. 测量蓄电池电压：________ V。

b. 测量启动机接线柱电压：（车上测量时"50"接线柱可在发动机机舱"50"引线插头处测量，"30"接线柱可在发电机B接线柱处测量，想想为什么？）

表3.12　启动机接线柱电压测量

点火开关位置	"50"接线柱/V	"30"接线柱/V	"C"接线柱	判断技术状态
Off				
Start				

c. 测量点火开关各接线柱电压

表3.13　点火开关接线柱测量

点火开关位置	"30"接线柱/V	"15"接线柱/V	"50"接线柱/V
Lock			
Acc			
On			
Start			
结论：			

⑦排除故障。

采取措施：

结果：

［知识拓展］

案例解析：一辆行驶里程 39 万 km 的桑塔纳 2000 轿车，用户电话告知该车出现发动机启动时没有反应的现象。由于该车经常有无法启动的现象，在救援人员没有到达前，客户反复把点火开关打到启动挡，试图启动发动机，结果造成仪表台、发动机舱冒烟。救援人员到达故障车现场，看到问题严重就把车辆拖回修理厂检修。

故障诊断：车辆入厂后检查点火开关，转动时很困难，转到启动挡时启动机无反应；在把点火开关打到启动挡时，用试灯来测量启动机电磁开关的“50”控制线，试灯能点亮，说明有控制电压到启动机电磁开关，但是启动机没有运转，怀疑电磁开关或启动机内部有故障存在。

因为客户反映仪表台里冒烟了，于是拆下转向柱下护板检查点火开关和中央线路板，检查发现点火开关黑色插头至中央线路板红色插头之间线束烧毁，中央线路板蓝色插头至启动机电磁开关接线柱 2 孔黑色插头（红/黑色细导线段）之间线束烧毁。

查阅桑塔纳 2000 启动机的接线图，点火开关在启动挡位置时，“30”火线电流由红色导线送至中央线路板单孔插头 P，经过中央线路板内部电路、红色导线引至点火开关端子“30”，传至点火开关“50”后由红/黑色导线、中央线路板接点、中央线路板内部电路、中央线路板红/黑色导线，最后，通过红色粗线达到启动机电磁开关“50”接线端子上。检查发现烧坏的都是走“50”启动线的细线部分，点火开关供电（红色粗导线）火线完好无损，说明不是线路直接短路引起的线束烧损，应该是线路负荷过大发热导致的启动机电磁开关供电线路（细线部分）烧毁。分析认为可能是启动机电磁开关内部短路产生大电流引起的。于是检查电磁开关，用万用表欧姆挡测量“50”接线柱与电磁开关外壳阻值 1.4 Ω，阻值在正常的范围内。为了进一步证实电磁开关是否有问题，拆下启动机分解电磁开关检查，线圈连接点焊接良好、线圈导线绝缘漆没有破损或被烧蚀的地方，排除了电磁开关内部短路引起的大电流烧毁 “50”启动控制线的可能。

进一步分解检查启动机，电枢轴无弯曲、电刷支架绝缘良好，没有发现短路和烧损的情况。在检查启动机电枢换向器及电刷时发现，正极电刷剩余部分过短，电刷受引线的限制，不能与整流子良好接触，导致启动机无法工作。

故障排除：更换启动机电刷和点火开关，更换烧损的线束，装复完毕后试车，仪表指示正常，发动机启动顺利，经使用一周，回访客户启动机无反应现象没有再出现，故障彻底排除。

故障总结：为什么启动机经常有无法启动现象呢？启动机电刷长期使用磨损，剩余部分过短不能与换向器良好接触而导致的启动无反应现象发生。启动机电刷因振动而能接触良好时，启动机可以正常运转，发动机能顺利启动，没有故障现象。但当启动机电刷因振动导致接触不良情况下，启动时就出现无反应现象，客户反复长时间启动导致车辆启动线束 50 线烧毁。如果客户对启动机定期进行保养或及时更换启动机，就可以避免仪表线束、发动机线束、启动线束烧毁的故障发生。

［任务检测］

一、判断题

1. 蓄电池电力不足是启动机无法转动的原因之一。 （ ）

2. 启动机在主电路被接通时，吸引线圈被短路。 （ ）

3. 启动机启动时“C”接线柱与“30”接线柱之间无电流通过。（　　）

4. 启动车辆前应检查机油和冷却液。（　　）

5. 启动机无法转动是由于蓄电池电量耗完。（　　）

6. 启动机励磁绕组断路一般是焊点脱焊或虚焊造成的。（　　）

二、选择题

1. 启动发动机时，每次时间不得超过（　　），每两次启动间隔时间不得少于（　　）。

A. 10 s　　B. 5 s　　C. 2 min　　D. 15 s

2. 检查启动机无法转动故障时，短接磁力开关“30”“C”接线柱后启动机仍不转动，原因可能是（　　）。

A. 磁力开关损坏　　B. 电刷与换向器接触不良

C. 励磁绕组断路　　D. 吸拉线圈断路

3. 接触盘烧损严重可能导致（　　）。

A. 启动机空转　　B. 启动机不转

C. 启动机运转无力　　D. 以上都有可能

4. 启动发动机时能听到电磁开关的吸合声，但启动机无法转动，不可能的原因有（　　）。

A. 单向离合器打滑　　B. 发动机机械故障

C. 电枢线圈断路　　D. 电枢线圈短路

5. 诊断启动机无法转动故障时，用螺丝刀短接“30”接线柱与“C”接线柱，启动机正常运转，说明（　　）。

A. 蓄电池搭铁不良　　B. 电磁开关损坏

C. 启动电机内部损坏　　D. 单向离合器损坏

三、简答题

简述启动机无法转动故障的诊断步骤。

【评价与反馈】

评价与反馈见表3.14。

表3.14 评价与反馈表

班级： 姓名： 指导教师：

序号	考核项目	配分	考核内容	配分	考核标准	得分
1	出勤/纪律	5	出勤	2	违规一次不得分	
			行为规范	3	违规一次不得分	
2	安全/防护/环保	20	着装	4	违规一次不得分	
			个人防护	4	违规一次不得分	
			5S	4	违规一次不得分	
			设备使用安全	4	违规一次不得分	
			操作安全	4	违规一次不得分	
3	知识水平	20	知识测验成绩	20	测验成绩的20%计	
4	技能考核	40	技能测验成绩	40	测验成绩的40%计	
5	学习能力	10	工单填写、计划制订	4	未做不得分	
			组内活动情况	4	酌情扣1~4分	
			资料查阅和收集	2	未做不得分	
6	任务拓展	5	知识拓展	2	未做不得分	
			技能拓展	3	未做不得分	
7	总分	100				

【教师评估】

教师评估见表3.15。

表3.15 教师评估表

序号	优点	存在的问题	解决方案
教师签字：			

任务3.3 启动机转动无力和空转故障诊断与排除

[任务目标]

目标类型	目标要求
认知目标	了解汽车启动机的使用维护方法
技能目标	(1)能在车上拆装启动机 (2)能制订故障诊断与排除工作方案 (3)能准确确定故障原因并排除故障
情感目标	(1)养成主动学习的习惯 (2)培养5S意识 (3)遵守纪律,注意安全,保护环境

[任务描述]一台桑塔纳3000轿车,冷车下接通点火开关启动挡后,启动机发出“咔嗒”一声响,但不能转动。热车拧动点火开关,启动机缓慢无力,偶尔能启动发动机。初步检查蓄电池电压正常。利用仪器设备和自己所掌握的启动系统知识进行检测并排除故障。

[知识准备]

3.3.1 启动机转动无力故障诊断与排除

启动机转动无力发动机启动时,启动机在大负荷下高速运转需要蓄电池提供大电流。影响大电流迅速送到启动机电机的因素,如蓄电池故障、电缆连接松动、接触盘烧蚀、电枢和励磁线圈短路、换向器与电刷接触不好等,都可能造成启动机转动无力。另外,启动电机本身转动部件安装过紧、电枢支承衬套过度磨损等机械故障也会导致运动阻力过大,启动机转动无力。

(1)启动机转动无力的原因

①蓄电池存电不足或其电缆线与极柱接触不良。

②电磁开关内接触片、“30”接线柱、“C”接线柱触点烧蚀,接触不良。

③换向器表面脏污、电刷磨损严重、电刷弹簧过弱,致使电刷与换向器接触不良。

④励磁线圈或电枢绕组短路。

⑤电枢轴衬套磨损严重,与电枢轴配合松旷,电枢轴弯曲变形,致使电枢与磁极相碰。

(2)启动机转动无力故障的诊断与排除

启动机转动无力的主要原因在于蓄电池电量和启动电机本身。故障诊断流程和方法与启动机不转基本相同。其诊断与排除方法如下:

①按喇叭检查判断蓄电池电量和电缆连接状况,若蓄电池存电量不足或出现连接松动、锈蚀造成的接触不良,应对蓄电池进行充电及检修,并连接好电缆线。

②用起子或导线连接启动机“30”接线柱与“C”接线柱,此时,若启动机转动良好,表明电磁开关接触不良,应检修或更换电磁开关总成。

③用起子或导线连接启动机“30”接线柱与“C”接线柱后,若启动机仍转动无力,表明故障在启动机内部,应对启动机进行解体检修或换用新件。

3.3.2 启动机空转故障诊断与排除

启动机在使用过程中,有时会出现启动机高速运转而未能带动发动机转动的现象,同时还经常伴有齿轮的碰撞声,有时还会出现发动机启动着火后启动机仍然高速旋转无法停止的现象。出现无法停转故障时,应迅速拆除蓄电池搭铁线,以防启动机被烧坏,然后及时进行检修。

(1)造成启动机空转故障的原因

①点火开关不回位。

②电磁开关触点烧结在一起,不能分离。

③电磁开关活动触点回位弹簧过软或折断。

④单向离合器打滑、单向离合器在电枢轴上轴向卡滞。

⑤拨叉变形使驱动齿轮不能移动。

⑥ 启动机驱动齿轮、发动机飞轮齿圈严重磨损或者有折齿。

(2)启动机空转故障诊断与排除

①断开蓄电池搭铁线,检查点火开关,将启动钥匙拧到启动挡(start),然后放松,看能否自动跳回运行挡(run),不符合要求时,应换用新的点火开关。

②若启动时有齿轮撞击声,检查启动机在汽车离合器壳体上固定的3个螺栓是否松动。

③从车上拆下启动机,检查启动机驱动齿轮、发动机飞轮齿圈是否严重磨损或有断齿现象,检查启动机电枢轴安装孔内衬套是否严重磨损(见图3.32),如有,更换单向离合器或启动机总成、飞轮齿圈、衬套。

④用万用表 $R\times1\ \Omega$ 挡检查电磁开关“30”接线柱与“C”接线柱间的电阻值,在未通电情况下接触盘与触点应彻底分离,其电阻值应为无穷大(见图3.33)。若有阻值,应检修接触盘与触点或者更换电磁开关总成。

图3.32 飞轮齿圈衬套检查

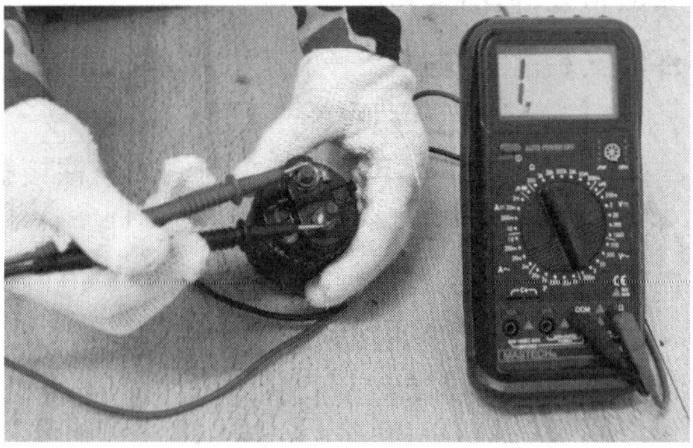

图3.33 电磁开关检查

⑤若无以上现象,分解检查启动机,按照启动机检修方法检查,看单向离合器在电枢轴上运动是否灵活、单向离合器工作是否正常,若打滑或不灵活时,应查明原因,予以排除或更换。检查拨叉是否变形、严重磨损,若有,更换新品或更换启动机总成。

⑥启动机装上发动机时,紧固螺栓一定要按照规定力矩拧紧,否则在车辆运行过程中可能引起启动机松动而影响启动性能。桑塔纳发动机启动机固定螺栓拧紧力矩为20 N·m。

3.3.3　具有空挡启动开关的单继电器控制的启动系统电路

桑塔纳等车辆启动时直接使用点火开关控制启动机上电磁开关的通断。这种控制方式流过点火开关的电流较大，容易烧坏点火开关，造成启动系统故障。在很多车辆上采用了启动继电器控制启动机电磁开关的方式，点火开关只是控制电流较小的启动继电器线圈电路，而由启动继电器触点控制启动机电磁开关线圈中较大电流的通断。如图3.34所示为丰田车系启动系统电路原理图。

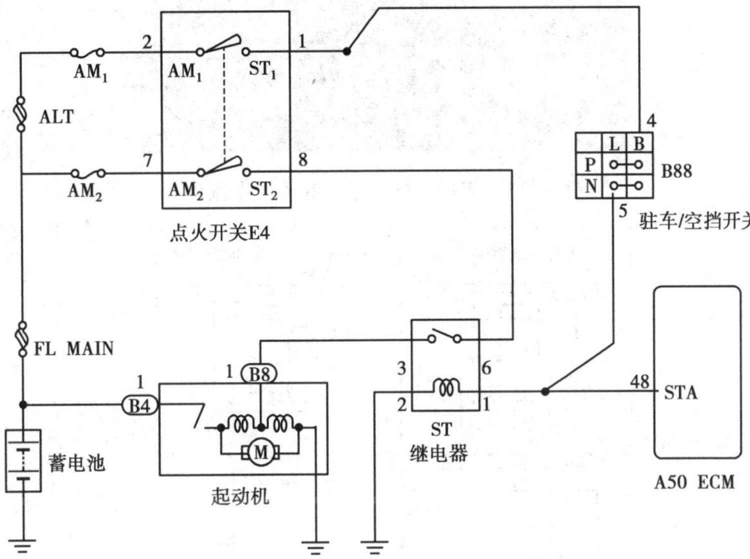

图3.34　丰田车系启动系统原理图

为了防止车辆启动时发生意外，往往在启动电路中还串入一个空挡开关。如图3.34所示，只有挡位处于N(空挡)或者P(停车挡)时，车辆才可启动。对这种启动电路控制方式，在启动系统故障诊断时，要考虑对继电器和空挡开关的检查。

该启动系统的工作过程如下：

①启动车辆前，空挡开关B88必须置于N(空挡)或者P(停车挡)。

②启动时，当点火开关E4转到STAR(启动)位置，开关ST1、ST2同时闭合，继电器ST控制电路电流通过蓄电池→保险丝FL MAIN→保险丝ALT→保险丝AM1→点火开关ST1→空挡开关B88→启动机继电器ST线圈→搭铁，使启动继电器ST线圈通电，启动机继电器触点闭合。同时，启动机电磁开关控制电路通过蓄电池→保险丝FL MAIN→保险丝AM2→点火开关ST2→启动机继电器ST触点→启动机B8接线柱("50"接线柱)→搭铁，推动启动机电磁开关接通B4接线柱("30"接线柱)与"C"接线柱主电路，并推动驱动齿轮与飞轮齿圈啮合。

启动机主电路通过蓄电池→启动机B4接线柱("30"接线柱)→"C"接线柱→启动机励磁绕组→正电刷→电枢绕组→负电刷→搭铁，驱动电机旋转。

发动机启动后，启动开关弹回RUN(位置)，控制电路断电，启动过程结束。

3.3.4　组合继电器控制的启动控制电路

东风EQ1091载货汽车启动系统在控制电路中采用了JD171型组合继电器，如图3.35、图

3.36 所示。该组合继电器由启动继电器和保护继电器两部分组成。其中,启动继电器用来控制启动机电磁开关中吸引线圈和保持线圈中电流的通断,保护继电器使启动电路具有自动保护功能,在发动机启动后自动停止启动机工作,在发动机运转时防止误启动。

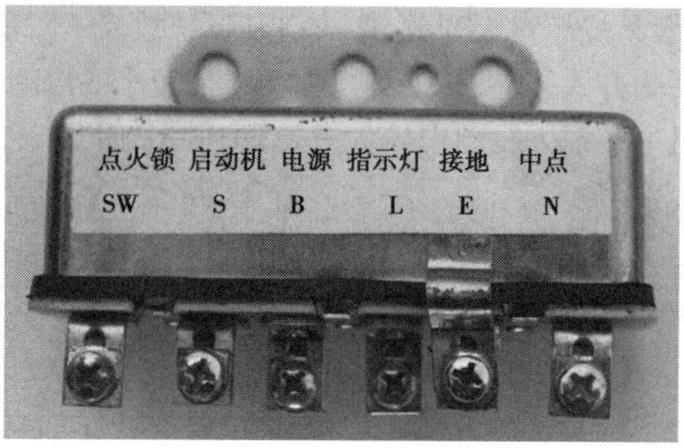

图 3.35 JD171 型组合继电器工作原理

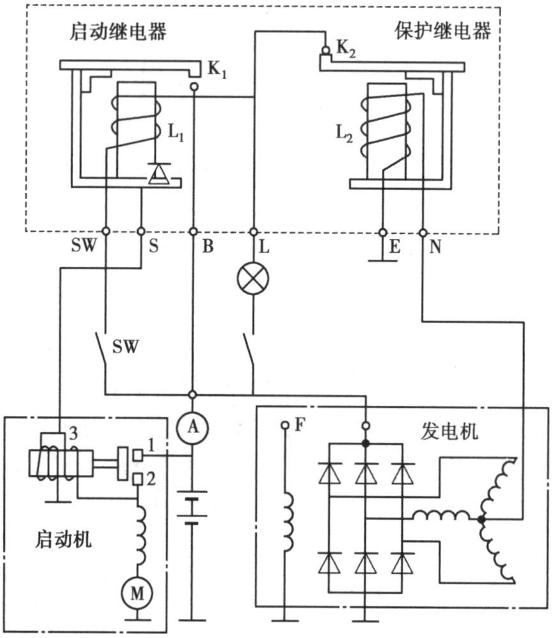

图 3.36 东风 EQ1092F 启动系统 JD171 型组合继电器工作原理

组合继电器控制启动电路工作原理如下:

①启动时,点火开关闭合,控制电路电流回路为:蓄电池正极→电流表→点火开关 SW→继电器线圈 L_1→常闭触点 K_2→搭铁→蓄电池负极。继电器线圈 L_1 通电使常开触点 K_1 闭合,接通了电磁开关电路。启动机电磁开关电路:电池正极→B→启动继电器触点 K_1→S→启动机电磁开关线圈 3→搭铁→蓄电池负极。电磁开关通电后启动机主电路被接通,启动机旋转带动发动机。

②启动后,松开点火开关,线圈 L_1 断电→启动继电器触点 K_1 打开→切断了电磁开关电路→电磁开关复位→启动机停转。

③点火开关失效保护:如果启动后,点火开关因故没断开,这时线圈 L_2 有发电机中性点 N

的电压，使常闭触点 K_2 打开，切断了线圈 L_1 的电路，触点 K_1 断开，使电磁开关断电，启动机自动停止。

④误启动保护：若发动机运转时误启动，线圈 L_2 总有发电机中性点电压，保护继电器触点 K_2 处于打开状态，线圈 L_1 不能形成电流回路，电磁开关不动作，启动机不工作。

［任务实施］

1）准备

①设备：丰田卡罗拉和桑塔纳3000汽车各1辆、汽车发动机实训台2台，汽车电器试验台1台、启动机若干台。

②工具：举升机、拆装台、拆装工具、万用表、砂布、弹簧秤、抹布等。

③授课地点：汽车维护实训室。

2）实施

①车辆启动前的准备工作：

②参照电路原理图（图3.37东风EQ1092F型载重汽车电路原理图），叙述启动过程中电流的流向，并用不同颜色描画启动系统电路图（图3.38）。

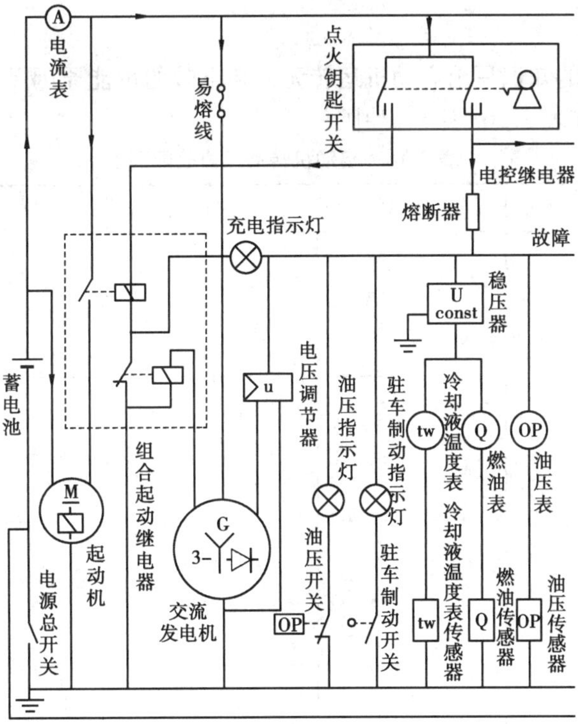

图3.37　东风EQ1092F型载重汽车电路原理图

控制电路电流流向：

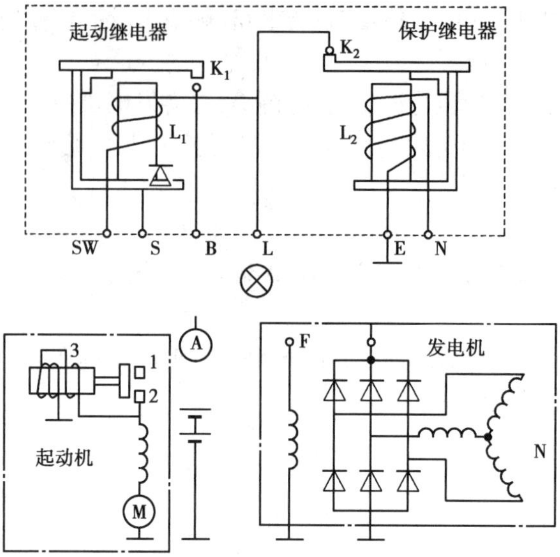

图 3.38　组合继电器启动控制电路线路连线图

启动机主电路流向：

③根据你所掌握的知识写出启动机运转无力和空转的可能原因及故障发生的部位、故障排除的方法，分别填在表 3.16、表 3.17 中。

表 3.16　启动机转动无力故障列表

故障现象	故障部位	故障原因	排除方法
启动机转动无力			

表3.17　启动机空转故障列表

故障现象	故障部位	故障原因	排除方法
启动机空转			

④根据你掌握的启动系统知识,小组讨论制定出启动机转动无力、启动机空转故障诊断的流程。

a.启动机转动无力故障诊断流程:

b.启动机空转故障诊断流程:

⑤启动车辆,记录故障现象:

⑥利用工具设备,按照诊断流程找出故障点,记录数据,分析原因:

a.测量蓄电池电压:________V。

b.测量启动机接线柱电压:

表3.18　启动机接线柱电压测量

点火开关位置	"50"接线柱(V)	"30"接线柱(V)	判断技术状态
Off			
Start			

c.拆检启动机,记录各检测结果:

表3.19　启动机检测记录表

零件	技术状态	处理办法
电磁开关		
电动机		
单向离合器		

⑦排除故障方法,装复后启动情况记录:

[知识拓展]

故障案例1:启动机转动无力

一辆桑塔纳轿车安装QD-1225型启动机,当点火开关拧到启动挡时,能听到"嗒嗒嗒"的声音,但启动机运转无力,发动机很难启动。

故障诊断:用万用表测试,蓄电池技术状况良好,且其火线、搭铁线及发动机与车架间的搭铁线均无松动、氧化腐蚀、绝缘不良等情况。测试启动机电压降时,万用表读数达 7.8 V,初步判断是启动机内部有问题。将启动机分解检查,磁场线圈接触牢固,电磁开关工作可靠,轴承松紧度合适,电枢轴无弯曲,电刷弹簧压力正常,电刷与换向器接触面积符合要求,基本排除了机械阻力的可能。针对启动机工作不久温度即过高的情况,进一步测试发现,电枢线圈与换向器接触点电阻多次测量数值不一且变化较大,经仔细观察,该点采用的是挤压方式连接,因其接点挤压不紧,致使电枢线圈与换向器接触不良。

故障排除:用 75 W 的电烙铁,采用锡焊将接点焊牢,清除接点之间多余的焊锡后装复试验,启动机转动有力,发动机能顺利启动。

故障案例 2:启动机空转

一辆行驶了 18 万 km 的桑塔纳轿车,启动时启动机空转,并伴随“咔咔”的响声,而发动机不转。若多次启动点火开关,偶尔听不到“咔咔”声,则此次启动必定成功。

故障诊断:据故障现象推测,启动机元器件如单向离合器打滑、电刷磨短、电枢轴衬套磨损、驱动齿轮折断以及飞轮齿圈断齿等故障,均可能使启动机处于时好时坏的工作状态。要想查清启动机故障,需将其拆下解体逐个排查。

启动机被解体后,先后检查单向离合器、电刷、电枢轴衬套、驱动齿轮及飞轮齿圈。除了电枢轴衬套被磨得铮亮外,其他均正常。用卡尺测量电枢轴衬套,发现原本是圆柱形的电枢轴衬套,已磨成了圆锥形,大头锥径 ϕ14.06 mm;小头锥径 ϕ13.58 mm;电枢轴衬套内孔也被磨成了圆锥形,电枢轴衬套外圆小头磨损最严重,壁厚仅剩 0.5 mm,大头壁厚 1.1 mm。在驱动齿轮与飞轮齿圈刚刚接触的瞬间,驱动齿轮受到吸引线圈的作用,一直试图进入飞轮齿圈与之啮合。电枢轴衬套被磨成圆锥形,导致电枢轴在转动时轴心线轨迹呈枣核状,驱动齿轮难以与飞轮齿圈啮合,因此,启动时两齿互相撞击产生“咔咔”响声。

故障排除:更换新电枢轴衬套后,试车一次成功。反复启动,故障没有再现。

[任务检测]

一、判断题

1. 启动机换向器表面脏污会引起启动机运转无力。 (　　)

2. 启动机在主电路被接通时,保持线圈被短路。 (　　)

3. “50”接线柱连接到点火开关,“30”接线柱连接到蓄电池正极。 (　　)

4 启动机空载试验能观察单向离合器是否打滑。 (　　)

5. 单向滚柱式离合器不适合在大功率启动机上使用。 (　　)

6. 启动机励磁绕组断路一般是焊点脱焊或虚焊造成的。 (　　)

7. 进行启动机的简易试验时,将“30”接线柱上引一根火线触试“50”接线柱是为了使电磁开关吸合,接通主电路。 (　　)

二、选择题

1. 引起启动机转动无力的原因有(　　)。

A. 接触片烧蚀　　B. 蓄电池亏电　　C. 蓄电池搭铁不良　　D. 以上都是

2. 启动机高速空转的原因是(　　)。

A. 蓄电池电压过高　　B. 单向离合器拨叉折断

C. 磁力开关损坏　　D. 电刷短路

3. 飞轮齿圈严重磨损导致(　　)。

A. 启动机空转　　B. 启动机不转　　C. 启动机转动无力　　D. 以上都有

4. 如果滚柱式单向离合器中的滚柱破损或严重磨损,将出现(　　)。

A. 启动机不能转动

B. 启动机空转,发动机不转

C. 烧毁电动机

5. 一辆轿车启动失败,启动机转速缓慢,启动过程中蓄电池负极接线柱处出现火花,故障原因可能是(　　)。

A. 蓄电池损坏　　B. 启动机装配过紧

C. 蓄电池负极电缆连接松动、接触不良　　D. 发动机转动阻力过大

6. 启动发动机时,车辆应挂入(　　)挡。

A. 空　　B. 倒　　C. Ⅰ　　D. Ⅱ

三、简答题

1. 汽车启动机启动时空转的原因主要有哪些?

2. 启动继电器的作用是什么?

四、电路分析

如图3.39所示,分析东风1091型汽车启动继电器工作过程。

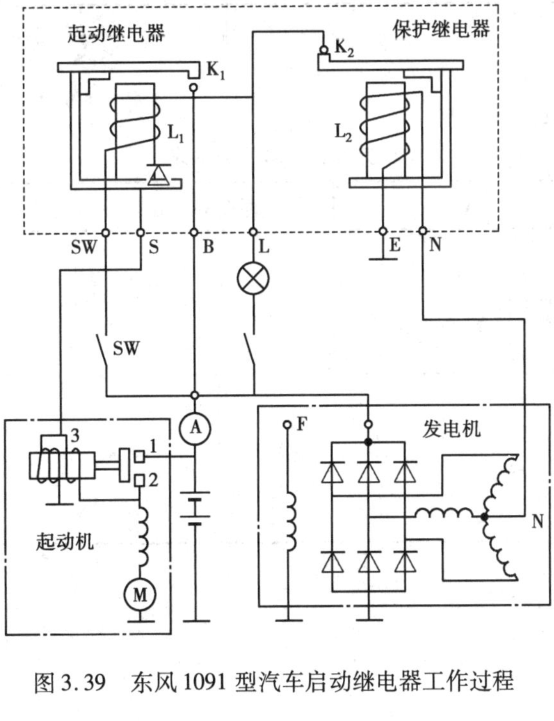

图3.39　东风1091型汽车启动继电器工作过程

【评价与反馈】

评价与反馈见表3.20。

表3.20 评价与反馈表

班级： 姓名： 指导教师：

序号	考核项目	配分	考核内容	配分	考核标准	得分
1	出勤/纪律	5	出勤	2	违规一次不得分	
			行为规范	3	违规一次不得分	
2	安全/防护/环保	20	着装	4	违规一次不得分	
			个人防护	4	违规一次不得分	
			5S	4	违规一次不得分	
			设备使用安全	4	违规一次不得分	
			操作安全	4	违规一次不得分	
3	知识水平	20	知识测验成绩	20	测验成绩的20%计	
4	技能考核	40	技能测验成绩	40	测验成绩的40%计	
5	学习能力	10	工单填写、计划制订	4	未做不得分	
			组内活动情况	4	酌情扣1~4分	
			资料查阅和收集	2	未做不得分	
6	任务拓展	5	知识拓展	2	未做不得分	
			技能拓展	3	未做不得分	
7	总分	100				

【教师评估】

教师评估见表3.21。

表3.21 教师评估表

序号	优点	存在的问题	解决方案
教师签字：			

项目 4
汽车点火系检测与维修

发动机启动时有故障，多数情况为点火系或燃油供给系故障，为了完成点火系的检测与维修任务，必须掌握点火系的组成及工作原理；掌握点火系相关元件的性能检测方法；掌握使用工具、仪器检测点火正时是否准确及点火正时的调整步骤；掌握点火系常见故障的诊断及排除方法等知识。

【工作任务】

任务 4.1　传统点火系的检测与故障诊断

任务 4.2　电子点火系的检测与故障诊断

任务 4.3　微机控制点火系的检测与故障诊断

任务 4.1　传统点火系的检测与故障诊断

【任务目标】

目标类型	目标要求
认知目标	了解传统点火系的组成及工作原理
技能目标	(1)能对传统点火系的基础元件进行性能检测 (2)能对传统点火系常见故障进行诊断和排除
情感目标	(1)养成主动学习的习惯 (2)培养 5S 意识 (3)遵守纪律，注意安全，保护环境

【任务描述】掌握传统点火系的组成及工作原理；利用仪器设备对传统点火系的相关元件进行性能检测；掌握传统点火系常见故障的诊断和排除方法。

【知识准备】

发动机点火系的作用是将汽车电源供给的低压电转变为高压电，并按照发动机的做功顺序与点火时间的要求适时、准确地配送给各缸的火花塞，在其间隙处产生点火花，点燃气缸内的可燃混合气,使汽油发动机实现做功。

发动机点火系统按其组成和产生高压电方式的不同,可分为传统点火系、电子点火系和微机控制点火系 3 种类型。

4.1.1 传统点火系的组成及工作原理

1)传统点火系的组成

传统点火系主要由电源(蓄电池和发电机)、点火开关、点火线圈、电容器、断电器、配电器、高压阻尼电阻和高压导线等组成,如图 4.1 所示。

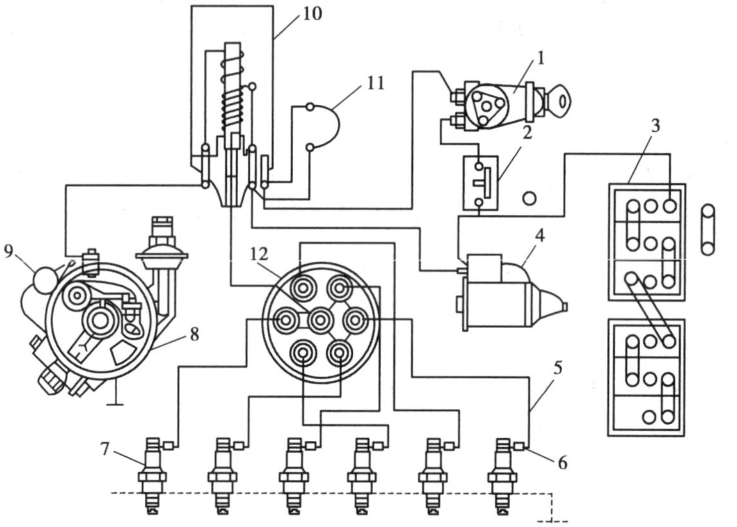

图 4.1 传统点火系组成示意图

1—点火开关;2—电流表;3—蓄电池;4—启动机;5—高压导线;6—阻尼电阻;7—火花塞;8—断电器;9—电容器;10—点火线圈;11—附加电阻;12—配电器

2)传统点火系的工作原理

传统点火系利用电磁感应原理,把来自蓄电池或发电机的低电压经点火线圈转变为 15 ~ 30 kV 的高电压,由分电器按一定的规律配送到各缸火花塞,击穿火花塞的电极间隙点燃混合气,如图 4.2 所示。

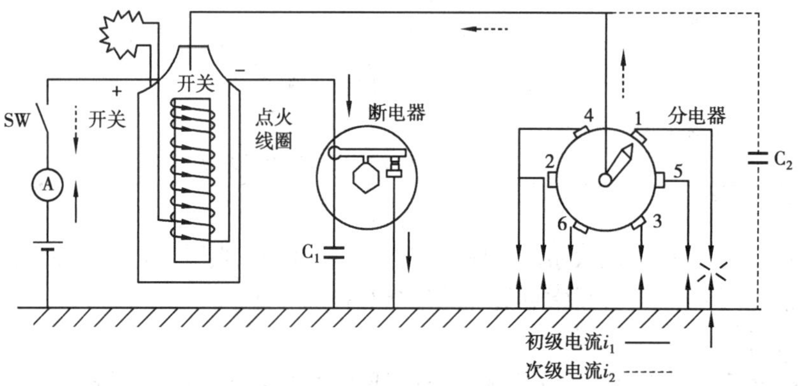

图 4.2 传统点火系工作原理示意图

4.1.2　传统点火系元件的性能检测

1)点火线圈的性能检测

(1)点火线圈的构造

点火线圈是将蓄电池或发电机输出的低压电转变为高压电的升压变压器,它由一次绕组、二次绕组和铁芯等组成。按其磁路的形式分为开磁路点火线圈和闭磁路点火线圈两种,目前使用较为广泛的是闭磁路点火线圈。

①开磁路点火线圈。

开磁路点火线圈的结构如图4.3所示。

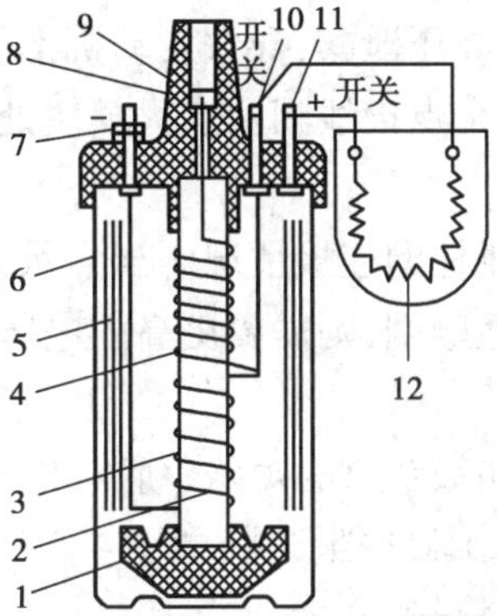

图4.3　开磁路点火线圈

1—绝缘瓷杯;2—铁芯;3—一次绕组;4—二次绕组;5—导磁钢片;6—外壳;
7—“-”端子;8—胶木盖;9—高压插孔;10—“+”端子;11—电源开关端子;12—附加电阻

开磁路点火线圈一般可分为二柱式和三柱式两种,其内部构造完全相同,主要包括铁芯、次级绕组、初级绕组、绝缘座、胶木盖、导磁钢套、外壳及填充物。

②闭磁路点火线圈。

近年来在汽车的电子点火系中,采用了能量转换效率较高的闭磁路点火线圈,如图4.4所示。

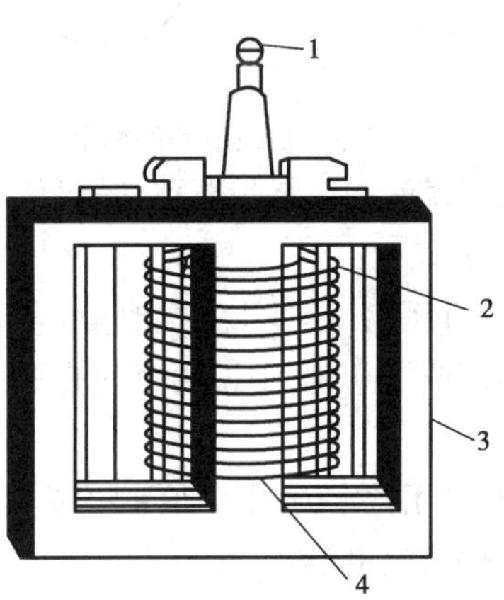

图4.4　闭磁路点火线圈

1—中央高压线接线柱;2—次级绕组;3—铁芯;4—初级绕组

与传统点火线圈相比，其铁芯为一带有小气隙的“口”或“曰”字的形状，一次绕组在铁芯产生的磁通通过铁芯形成闭合的磁路，减少了漏磁损失，转换效率较高，可达75%。此外，闭磁路点火线圈还具有体积小、质量轻、对无线电的干扰小等优点。

(2)点火线圈的常规检查

如果高压线端部没有强烈的蓝色火花并且跳火声很小，说明点火线圈跳火性能不良，应对其进行以下检查：

①检查点火线圈是否有裂纹。

②点火线圈盖的凸台内是否有漏电现象。

③检查点火线圈壳体是否漏油，如果漏油，则点火线圈内部会直接接触空气，这样内部会产生凝缩现象，线圈内的凝缩引起高压泄露，导致发动机不能点火。

④在无分电气系统中，检查各个点火线圈及点火模块处的导线接头是否牢固；检查接线端子是否有烧蚀现象。

⑤检查点火线圈初级绕组接线柱的连接情况。当点火线圈极性正确时，使火花塞发火所需的电压较低。如果点火线圈极性颠倒，则需要更高的电压才能触发火花塞产生火花。

(3)点火线圈的电阻检测

①初级绕组电阻值的检测。初级绕组的短路、断路、搭铁和过热都会引起点火系不能正常工作。初级绕组电阻用万用表 $R\times1$ kΩ 挡测量，如图4.5所示。

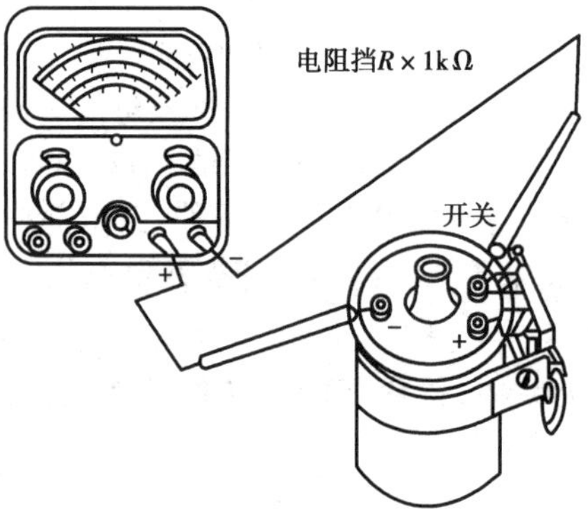

图4.5　初级线圈的测量

若万用表指示阻值无穷大，则说明初级绕组断路；若阻值小于标准值，则说明匝间有短路；其正常阻值为1.2～1.7 kΩ。

②次级绕组电阻值检测。用万用表 $R\times1$ kΩ 挡测量，若万用表指示阻值无穷大，则说明次级绕组断路；若阻值小于标准值或为0时，则说明匝间有短路；其正常阻值为2.4～3.5 kΩ，如图4.6所示。

③点火线圈绝缘电阻的检测。用数字万用表20M挡测量，点火线圈任一端与外壳间的电阻均应为无穷大，否则存在漏电故障应更换。

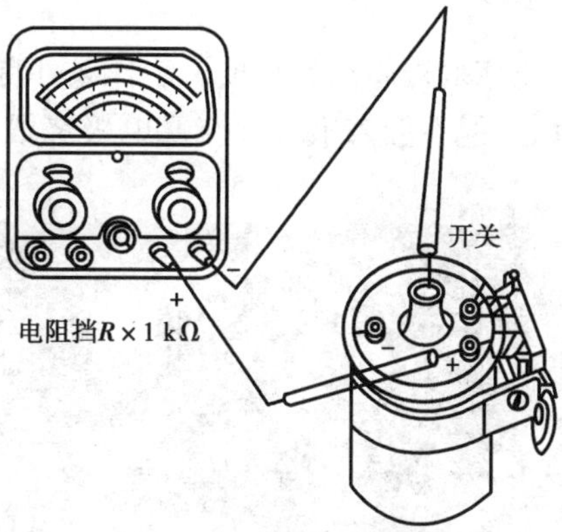

图4.6　次级线圈的测量

2)火花塞的性能检测

(1)火花塞的构造

火花塞主要由接触头、瓷绝缘体、中心电极、侧电极和壳体等部分组成,如图4.7所示。火花塞电极间隙一般为0.6~0.7 mm,电子点火间隙可增大至1.0~1.2 mm。火花塞与汽缸盖座孔之间应保证密封,密封方式有平面密封和锥面密封两种。平面密封时,在火花塞与座孔之间应加装铜包石棉垫圈,锥面密封是靠火花塞壳体的锥形面与汽缸盖之间相应的锥形面进行密封。

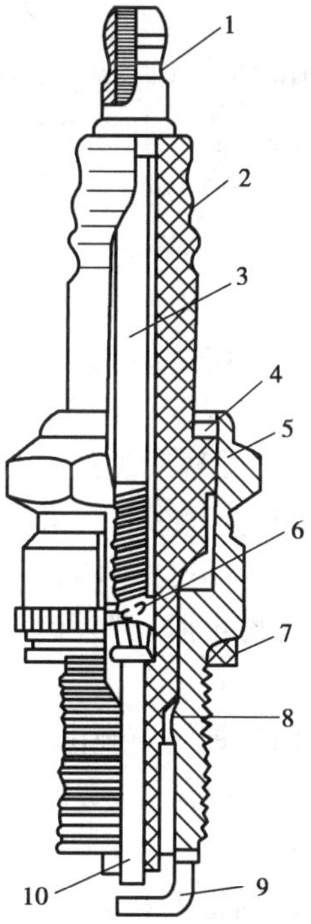

图4.7　火花塞的构造

1—接线螺母;2—绝缘体;3—金属杆;4—内垫圈;5—壳体;6—导体玻璃

7—密封垫圈;8—内垫圈;9—侧电极;10—中心电极

(2)火花塞外观检测

检查火花塞上的积碳和火花塞电极腐蚀的程度。工作条件良好时在火花塞上面也会有少量积碳,一般呈深褐色或者灰色。但不应该出现火花塞电极烧毁的迹象,否则应给予更换,如图4.8所示。

图4.8　火花塞外观检测

火花塞的外观检测包括以下4个方面:

a. 火花塞是否有油污或积碳。

b. 火花塞电极间隙是否正常。

c. 火花塞绝缘体是否出现裂纹。

d. 电机是否有熔化或电极端部被削现象。

(3)火花塞点火电压的检测

火花塞的点火电压直接影响发动机的工作状况,点火电压的高低与很多因素有关,如火花塞或次级电路的状况、发动机温度、可燃混合气状况及气缸压缩压力等。点火电压可以用示波器测试次级电路波形时获取,波形中的最高线就是火花塞的点火电压。在测试和检测火花塞的点火电压时,要求如下:

①所有气缸的点火线高度应一致。

②点火电压的大小应该为7~13 kV。

③各个气缸火花塞的点火电压之间的差值不超过3 kV。

(4)火花塞间隙的检测

火花塞间隙太宽,可能会引起缺火;间隙太窄,可能会引起怠速不稳,并导致电极过早被烧蚀。正常的电极间隙可查阅相关车辆维修手册,可采用简易工具和专用工具进行火花塞间隙的调整。

专用工具间隙规由板规和弯座组成,如图4.9所示,板规可以调整火花塞间隙,板规上面是一个铁沾,用来压住火花塞侧电极,弯座固定火花塞壳体,并将侧电极压向板规,从而设置间隙。

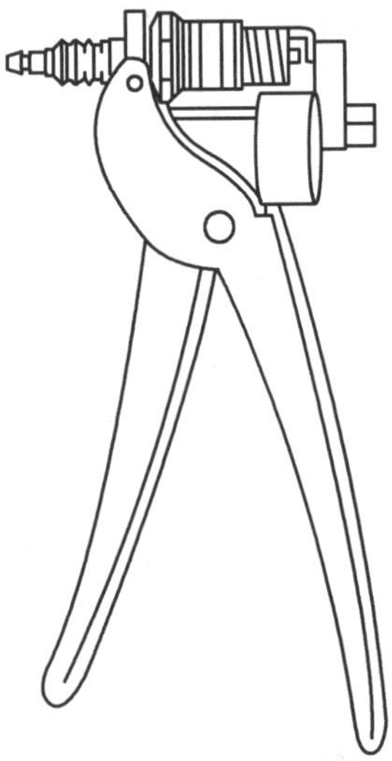

图4.9　专用工具间隙规

锥形调整工具是一种简易工具,主要由几个尺寸不同的锥形钢片组成,如图4.10所示,板规上方的刻度表明任一给定位置处的厚度。当板规在电极间滑动时,间隙大小等于板规的厚度,板规停止滑动。当需要调整间隙时,可采用调整槽弯曲侧电极,不同车型标准间隙略有不同,一般为0.9~1.1 mm。

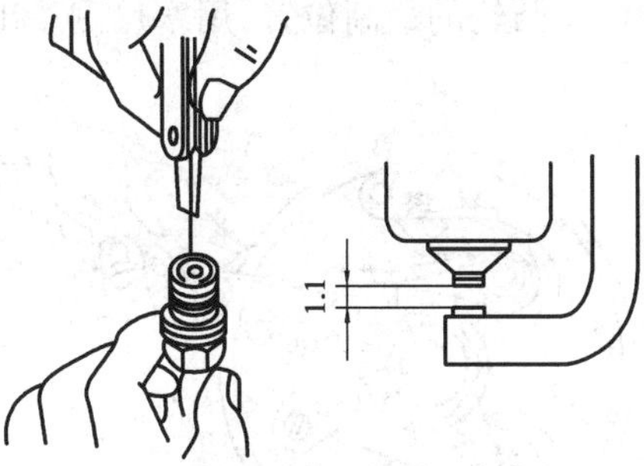

图4.10　锥形调整工具

3)分电器的性能检测

(1)分电器盖绝缘性的检测

取下分电器盖悬空,拔下连接在6个火花塞上的分缸高压线,距离气缸盖4～6 mm,如图4.11所示。将点火开关转到启动挡,观察跳火情况,若某根分缸高压线跳火,说明该分缸高压线插孔和中央高压线插孔之间有裂缝或破眼而窜电,应换用新件。若6根分缸高压线皆不跳火,说明分电器盖中央插孔和6个分缸高压线插孔之间皆不窜电。

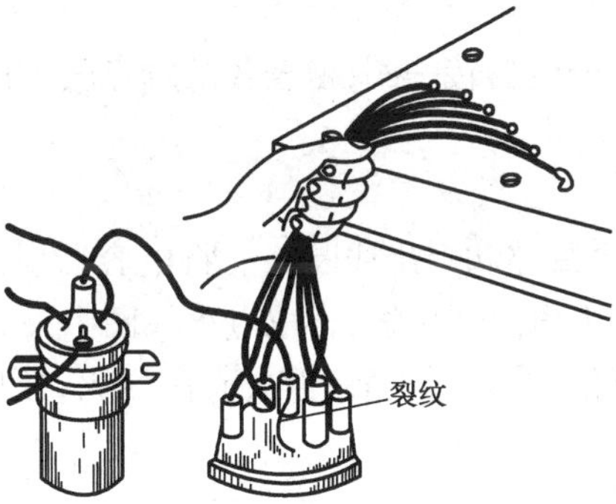

图4.11　分电器盖绝缘性检测

(2)分火头绝缘性的检测

将中央高压线对准分火头并距离4～6 mm,如图4.12所示。将点火开关转到启动挡,观察跳火情况。若有跳火,说明分火头绝缘不良,应予以更换。

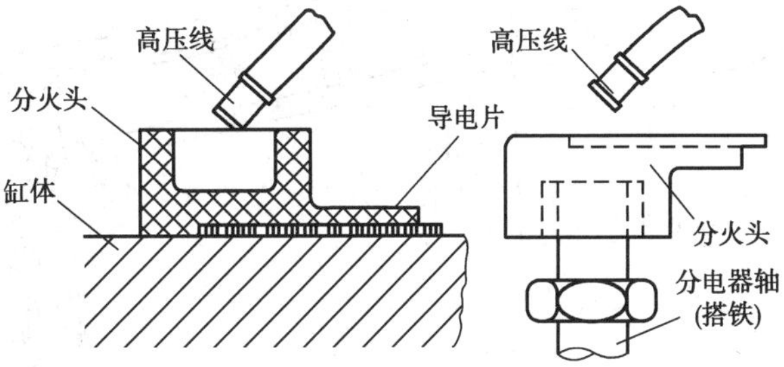

图4.12　分火头绝缘性检测

(3)断电器触点间隙的检测与调整

断电器触点间隙一般为0.35～0.45 mm,检测方法如图4.13所示。检测国产车断电器触点间隙时,应先将断电臂顶块位于凸轮的最高位置,用塞尺测量出两触点间的间隙大小。

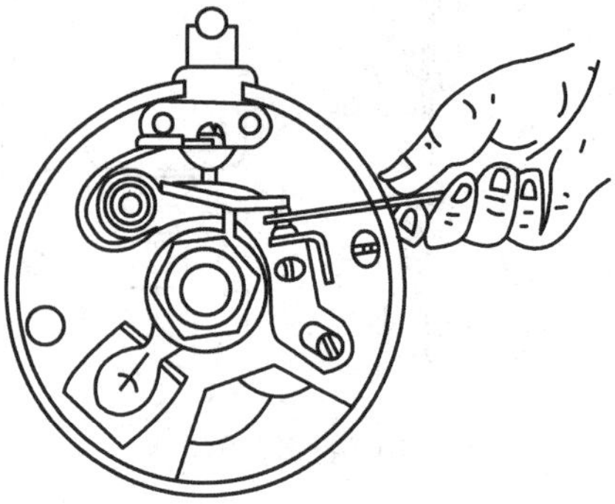

图 4.13　触点间隙的检测与调整

断电器触点间隙的调整一般有两种方法:

第一种方法:旋松静触点支架的固定螺钉,转动偏心螺钉,检查触点间隙,使之符合要求,再把固定螺钉锁紧。

第二种方法:旋松静触点支架的固定螺钉,用螺钉旋具拨动静触点支架,改变触点间隙直至符合要求。

触点间隙调整好后,应将分电器转一圈,检查各缸触点间隙的均匀性,调整部位如图 4.13 所示。

4)电容器的性能检测

电容器的常见故障是击穿短路和引出线断路。将电容器引出线拆下,取点火线圈中央高压线跳火,如图 4.14 所示,接上电容器引线,再取点火线圈中央高压线跳火。前者火花应比后者弱,若两次跳火强度一致,说明电容器失效;拆去有高压火,接回无高压火,说明电容器已击穿短路。

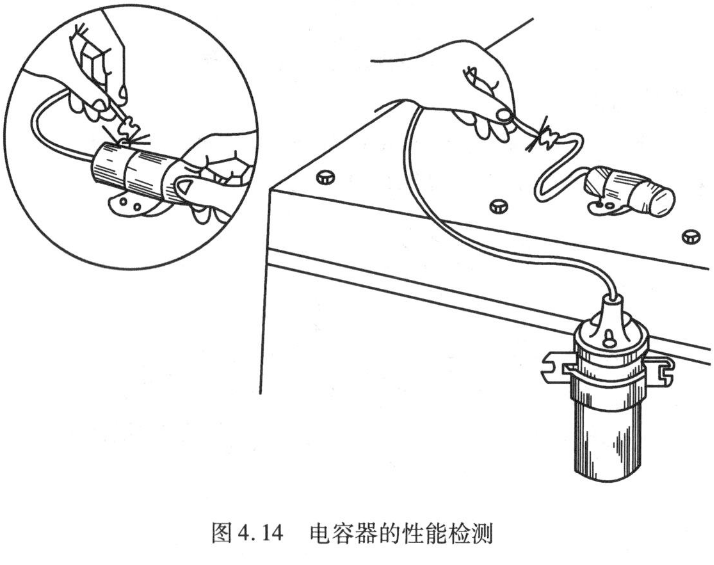

图 4.14　电容器的性能检测

5)高压线的性能检测

(1)外观检测

对于高压线的检测,首先要看高压导线两端子是否被腐蚀,导线整体是否损坏或变形。如果存在上述现象则会使点火能力下降。当点火能力不足时,会造成发动机怠速不稳、加速不良、排放超标等故障。进行目测,如发现上述问题,则更换高压线。

(2)高压线电阻的检测

进行电阻的测量时,要将高压线取下,如图4.15所示,用万用表电阻挡进行测量。将两表笔分别接每条高压线的两端测量电阻。在一般情况下,电阻不大于25 kΩ,具体数值要查阅相关维修手册进行判断。如不符合要求,要进行更换。

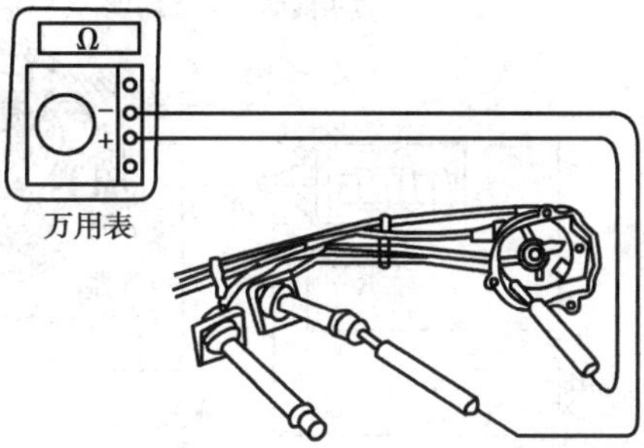

图4.15　高压线阻值的检测

4.1.3　传统点火系的故障诊断与排除

传统点火系的常见故障有:无点火火花、缺火或火花弱等故障而导致发动机不能启动、发动机运转不正常等。

以发动机不能启动或突然熄火为例,说明故障的具体诊断步骤。

(1)故障现象

①启动时,发动机运转后,无着车征兆。

②启动时,发动机运转后,有着车征兆但不能启动。

③发动机随启动机停转而熄火。

(2)故障部位及原因

①蓄电池电压过低或接线不良。

②点火系低压电路故障。

③点火系高压电路故障。

(3)故障诊断与排除方法

①检查蓄电池供电是否正常。用按喇叭、开前照灯的方法检查蓄电池的电压是否正常。若喇叭声响亮,灯光强,表明蓄电池正常,可进行下一步检查。否则可能是蓄电池放电过多,电压过低,需对蓄电池进行充电。

②判断点火系的故障在高压电路或低压电路。拔出点火线圈中央高压线距离缸体4～6 mm,接通点火开关至启动挡位置,观察跳火情况。

a.火花强,表示低压电路和点火线圈良好,故障在配电器或火花塞高压电路中,也可能是点火不准时。

b. 无火花或火花弱，表示低压电路有短路、断路或点火线圈、中央高压线有故障或容电器损坏。

③低压电路的故障判断。

a. 低压电路断路。原因有电路断路或断电器触点不能闭合。检测电路连续两点间是否断路可采用电路通断检测仪进行；检测某一点是否有电压可采用万用表电压挡。

采用万用表电压挡检测时，先接通点火开关，转动发动机，确保断电器触点处于闭合状态，将万用表负表笔搭铁，用万用表正表笔逐点测试如图 4.16 所示中的 2 ~ 12 点的电压。若被测试点有电压，表明电源至被测试点的电路正常；若被测试点无电压，则表明电源至被测试点的电路中存在断路故障，断路部位处于测试中有电压与无电压间的一段电路。

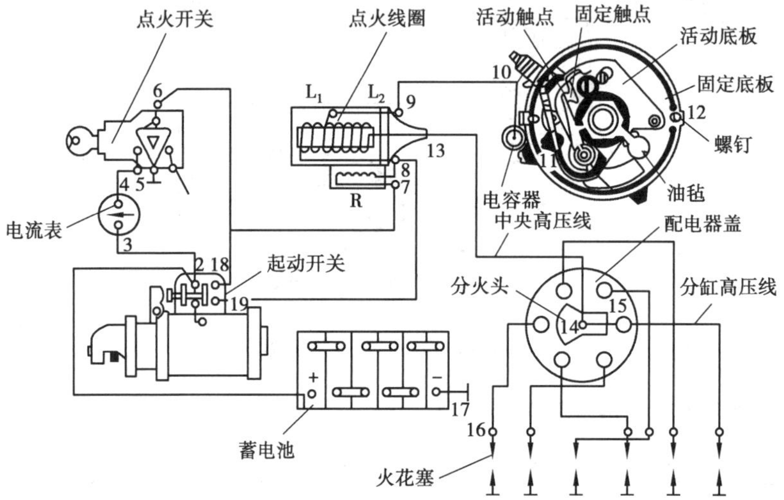

图 4.16　传统点火系故障诊断原理图

b. 低压电路短路。原因有电路搭铁或断电器触点不能打开。诊断低压电路短路时，先拆下分电器盖，并进行以下检查：拆下如图 4.17 中 10 接线柱和 1 接线柱上的导线，用万用表电阻挡逐点测试 2 ~ 10 点与搭铁之间的电阻值。若被测试点电阻值为 1 Ω，则表明被测试点的电路正常；若被测试点电阻值为 0，则表明被测试点的电路中存在短路故障，短路部位处于测试中电阻值为 1 Ω 与电阻值为 0 之间的一段电路。

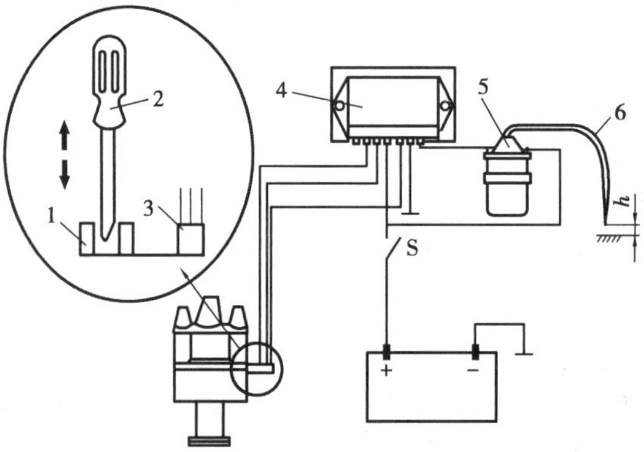

图 4.17　高压电路故障诊断原理图

1—霍尔发生器；2—螺钉旋具；3—线束插接器；4—点火控制器；5—点火线圈；6—高压线

④高压电路的故障判断。

如图4.17所示,为高压电路故障诊断原理图,如果低压电路良好,则可拔下分电器盖上的中央高压线距离缸体4~6 mm,再启动发动机并对缸体做跳火试验。若无火花,则为点火线圈高压次级绕组断路或中央高压导线断路。

在中央高压导线对缸体跳火良好的前提下,分别拔下火花塞上各分缸高压线并对缸体跳火。如火花强,表明点火正时或火花塞故障;若均无火花或火花较弱,表明分火头或分电器盖绝缘损坏;若某一分缸无火花或火花弱,则表明该分缸高压线不良,或分缸高压线所对应的分电器盖侧电极污损。

[任务实施]

1)实施内容

点火系及各组件的认知。

2)实施目的

①了解各种点火系的构成和各组件的安装位置。

②实车掌握点火系的线路连接。

③掌握点火系各组件的拆装方法。

3)设备器材

(1)设备

实训车辆3台、汽车电器试验台3台、发动机3台、发动机拆装工序指导书。

(2)工具

拆装台、拆装工具、万用表、抹布等。

4)实操内容

(1)点火系各组件识别及安装位置观察

如图4.18所示,为点火系各组件在汽车上的位置,请就车识别点火系各组件并确认各组件的实际安装位置。

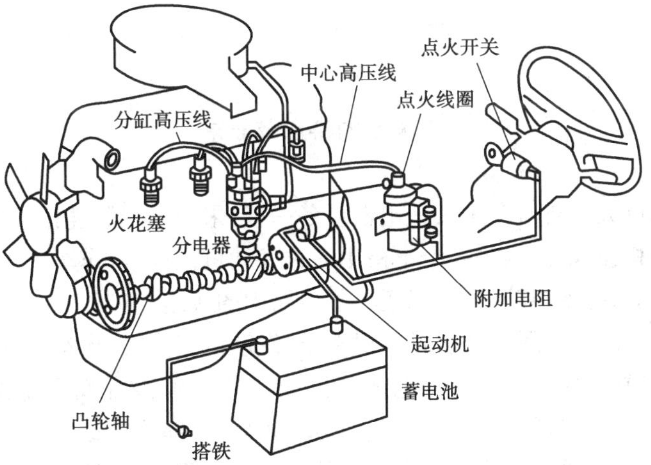

图4.18　点火系各组件在汽车上的位置

(2)火花塞的正确拆装

请参照发动机拆装工序指导书对火花塞进行正确拆装。

拆卸火花塞时必须做到以下几点:

①利用高压线钳子,从每个火花塞上拆下高压线。正确的操作方法是抓住绝缘套,不要拉线,并慢慢地拧下来。

②使用火花塞套筒和棘轮,将每个火花塞拧松两圈。

③采用压缩空气吹走火花塞座处的灰尘。

④拆下火花塞,确保垫圈也一起被拆下。

实操提示:为了节省拆装时间,防止混乱,应用胶带纸给每条火花塞电缆及火花塞进行标号。

安装火花塞时必须做到以下几点:

①用干净的布擦掉火花塞座处的灰尘及油泥。

②确保装有衬垫的火花塞的衬垫状况良好,如果继续使用原来的火花塞,则要安装一个新的衬垫。

③火花塞间隙不合适时,需调整火花塞间隙。

④使用扭力扳手拧紧火花塞,力矩大小可以参照表4.1,或依据厂家说明书的具体要求进行拧紧力矩。

表4.1　火花塞的拧紧力矩(单位 N·m)

火花塞类型	铸铁气缸盖	铝制气缸盖
14 mm 衬垫	34~40	20~30
14 mm 锥形座	9.5~20	9.5~20
18 mm 锥形座	20~27	20~27

[知识拓展]

点火系的特点及要求

1. 点火系的特点

汽车发动机的点火系与汽车上其他电器设备一样,采用单线制连接,即电源的一个电极用导线与各用电设备相连,电源的另一个电极则通过发动机机体、汽车车架和车身等金属构件与各用电设备相连,称为搭铁,其性质相当于一般电路中的接地。

热的金属表面比冷的金属表面容易发射电子,发动机工作时,火花塞的中心电极温度比侧电极温度高,电子容易从中心电极向侧电极发射,使火花塞间隙处离子化程度高,火花塞间隙容易被击穿,击穿电压可降低15%~20%。点火线圈的内部连接或外部接线,均应保证点火瞬间火花塞中心电极为负极,即火花塞电流应从火花塞的侧电极流向中心电极。

2. 点火系的要求

(1)能产生足以击穿火花塞两电极间隙的电压

使火花塞电极被击穿而产生火花时所需要的电压称为火花塞的击穿电压。火花塞击穿电压的大小与电极之间的距离(火花塞间隙)、气缸内的压力与温度、电极的温度以及发动机的工作状况等因素有关。

(2)电火花应具有足够的能量

发动机正常工作时,需要1~5 mJ的火花能量。但在混合气过浓或是过稀时,如发动机启动、怠速或节气门急剧打开工况,则需要较高的火花能量。高能电子点火系一般应具有80~100 mJ的火花能量,启动时应产生高于100 mJ的火花能量。

(3)点火时刻应与发动机的工作状况相适应

首先,发动机的点火时刻应满足发动机工作循环的要求,其次,可燃混合气在发动机的气缸内从开始点火到完全燃烧需要一定的时间,要使发动机产生最大的功率,就应该适当地提前一个角度。这样当活塞到达上止点时,混合气已经接近充分燃烧,发动机才能发出最大功率。

[任务检测]

一、填空题

1. 传统点火系主要由________、________、________、________、________和________组成。

2. 传统点火系利用________原理,把来自蓄电池或发电机的________经点火线圈转变为________的高电压,由分电器按一定的规律配送到________,击穿火花塞的________点燃混合气。

3. 点火线圈由________、________和________等组成。按其磁路的形式分为________点火线圈和________点火线圈两种。

二、判断题

1. 发动机负荷减小时,点火提前角应减小。　　(　　)

2. 传统点火系统不包含断电器和配电器。　　(　　)

3. 闭磁路点火线圈的能量转换效率较高。　　(　　)

三、选择题

1. 检测汽车电子控制元件时要使用数字式万用表,是因为数字式万用表(　　)。

A. 具有高阻抗　　B. 具有低阻抗　　C. 测量精确　　D. 使用方便

2. 断电器触点间隙应为(　　)mm。

A. 0.25~0.35　　B. 0.35~0.45　　C. 0.45~0.55　　D. 0.70~1.10

3. 在进行传统点火系统的故障诊断时,如果发现在转动曲轴时,电流表指示放电3~5 A,但不摆动,发动机也不启动,根据这种现象,甲认为故障发生在点火线圈开关接线柱到启动机电磁开关这段电路中,乙认为故障发生在点火开关到点火线圈“+”开关接线柱这段电路中。你认为(　　)。

A. 甲对　　B. 乙对　　C. 甲乙都对　　D. 甲乙都不对

四、简答题

1. 简述传统点火系的组成及工作原理。

2. 简述传统点火系的常见故障。

3. 简述点火线圈的性能检测方法。

【评价与反馈】

评价与反馈见表4.2。

表4.2　评价与反馈表

班级：　　　　　　　　姓名：　　　　　　　　指导教师：

序号	考核项目	配分	考核内容	配分	考核标准	得分
1	出勤/纪律	5	出勤	2	违规一次不得分	
			行为规范	3	违规一次不得分	
2	安全/防护/环保	20	着装	4	违规一次不得分	
			个人防护	4	违规一次不得分	
			5S	4	违规一次不得分	
			设备使用安全	4	违规一次不得分	
			操作安全	4	违规一次不得分	
3	知识水平	20	知识测验成绩	20	测验成绩的20%计	
4	技能考核	40	技能测验成绩	40	测验成绩的40%计	
5	学习能力	10	工单填写、计划制订	4	未做不得分	
			组内活动情况	4	酌情扣1~4分	
			资料查阅和收集	2	未做不得分	
6	任务拓展	5	知识拓展	2	未做不得分	
			技能拓展	3	未做不得分	
7	总分	100				

【教师评估】

教师评估见表4.3。

表4.3　教师评估表

序号	优点	存在的问题	解决方案
教师签字：			

任务4.2　电子点火系的检测与故障诊断

[任务目标]

目标类型	目标要求
认知目标	了解电子点火系的组成及工作原理
技能目标	(1)能对电子点火系的基础元件进行性能检测 (2)能对电子点火系常见故障进行诊断和排除
情感目标	(1)养成主动学习的习惯 (2)培养5S意识 (3)遵守纪律,注意安全,保护环境

[任务描述]掌握电子点火系的组成及工作原理;利用仪器设备对电子点火系的相关元件进行性能检测;掌握电子点火系常见故障的诊断和排除方法。

[知识准备]

电子点火系又称为半导体点火系或晶体管点火系,汽车上使用的电子点火系主要分为有触点式电子点火系和无触点式电子点火系两大类。有触点式电子点火系用减小触点电流的方法,减小触点火花,改善点火性能,它是一种半导体辅助点火装置。无触点式电子点火系利用传感器代替断电器触点,产生点火信号,控制点火线圈的通断和点火系统的工作,可以克服与触点相关的一切缺陷,有触点式电子点火系已趋于淘汰,目前国内外汽车广泛应用的电子点火系均指无触点式电子点火系。

无触点电子点火系按点火信号发生器产生点火信号的原理不同,可分为磁感应式(磁脉冲式)、霍尔效应式、光电式、电磁振荡式4种类型。其中,磁感应式和霍尔效应式电子点火系的应用较为广泛。

4.2.1　无触点式电子点火系的组成和工作原理

1)无触点式电子点火系的组成

如图4.19所示,无触点式电子点火系主要由脉冲信号发生器、点火控制器、点火线圈、分电器、火花塞等组成。

点火信号发生器取代了原来断电器中的凸轮,用来判定活塞在气缸中所处的位置,并将非电量的活塞位置信号转变成为脉冲电信号输送到点火控制器,从而保证火花塞在恰当的时刻点火。电子点火控制器取代了原来断电器中的触点,用来根据点火信号发生器送来的脉冲电信号,控制点火线圈一次电路的通断。

2)无触点式电子点火系的工作原理

无触点式电子点火系与传统点火系一样均采用点火线圈储能和升压。它是利用互感原理,先由点火线圈将低压电源转化为高压电源,再由配电器分配给各缸火花塞。其工作原理如图4.20所示。

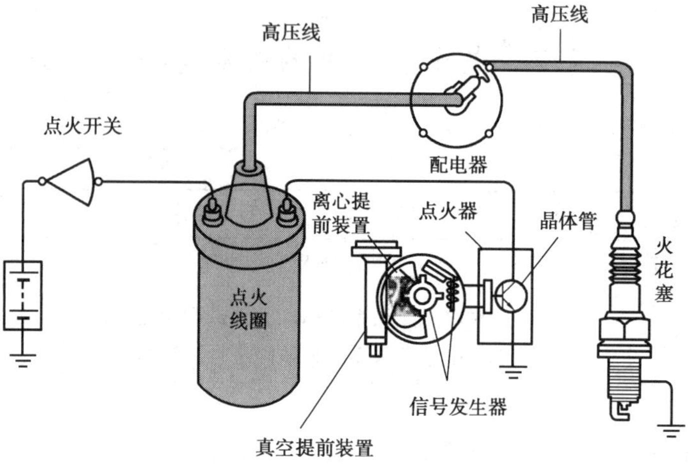

图 4.19　无触点式电子点火系的组成

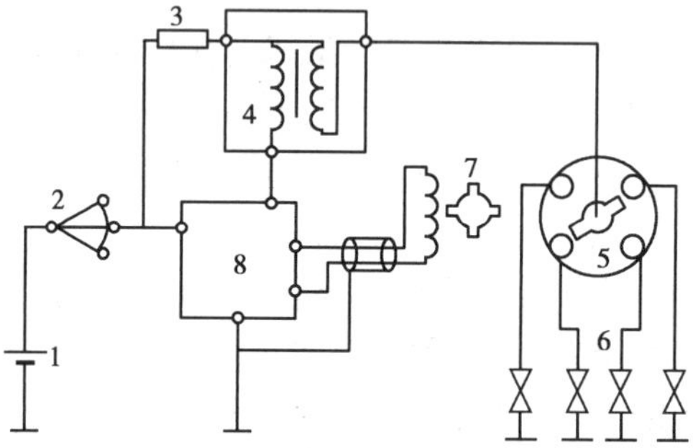

图 4.20　无触点式电子点火系的工作原理

1—电源;2—点火开关;3—附加电阻;4—点火线圈;

5—配电器;6—火花塞;7—脉冲信号发生器;8—点火控制器

发动机工作时,信号发生器的转子在配气凸轮的驱动下旋转,信号发生器内部就会产生信号电压,并输入点火控制器控制大功率三极管导通和截止。点火线圈就不断产生高压电并由配电器按点火顺序分配到各缸火花塞产生点火花点燃混合气,保证发动机正常工作。

当 SW 接通,VT 导通时,有初级电流流过;当三极管 VT 截止时,初级电流突然被切断,铁芯中的磁通量迅速变化,在初级绕组 W1 和次级绕组 W2 中都会感应产生电动势。由于次级绕组扎数多,因此,能够感应产生足够击穿火花塞间隙的高压电,一般可为 20 000 ~ 25 000 V。

4.2.2　磁感应式电子点火系的检修

1)磁感应式点火信号发生器的检查

磁感应式点火信号发生器的常见故障有信号感应线圈短路、断路;转子轴磨损偏摆或定子转动,使转子与定子间的间隙不当等。

①检查转子凸齿与定子铁芯或凸齿之间的间隙,检查参数见表 4.1。

②检查感应线圈的电阻,并与标准值比较。电阻值若为无穷大,则断路;电阻值若较小,则为匝间短路。过大或过小都需要更换。

表4.4　磁感应式点火信号发生器检测参数

汽车品牌	间隙/mm	感应线圈电阻/Ω
日产	0.3～0.5	140～180
本田	0.3～0.5	600～800
丰田	0.2～0.4	140～180
三菱	0.3～0.5	500～700
标致	0.2～0.25	900～1 200
克莱斯勒	0.2～0.25	920～1 120
解放 CA1091	0.2～0.25	600～800

2)点火控制器的检查

以丰田车点火控制器为例,可按下述方法进行检查。

①松开分电器上的线路插接。

②接通点火开关,采用一个1.5 V的干电池,将正、负极分别接点火控制器的两输入线,如图4.21所示,用万用表测量点火线圈"－"接线柱与搭铁之间的电压。两次测量的结果应分别为1 ～2 V和12 V,否则说明点火控制器有故障。

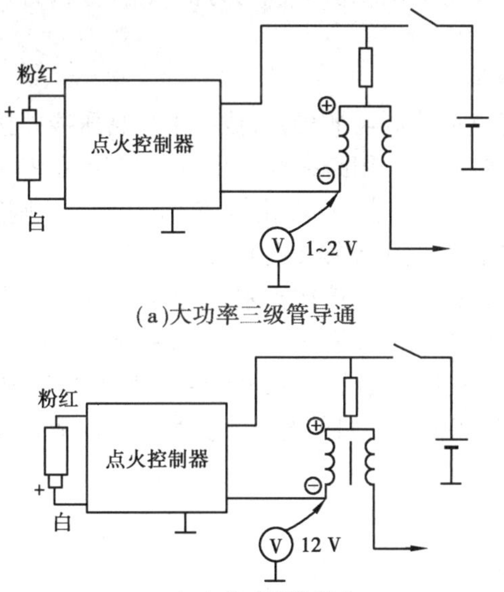

(a)大功率三级管导通

(b)大功率三级管截止

图4.21　大功率三级管的导通和截止

4.2.3　霍尔效应式电子点火系的检修

1)霍尔信号发生器输出电压的检测

关闭点火开关,打开分电器盖,拔出分电器盖上的中央高压线并搭铁,将电压表的两触针接在插接件信号输出线(0)和接地线(－)接线柱上,如图4.22所示。按发动机转动方向转动曲轴,同时观察电压表上的读数,其值一般在0～9 V变化。当分电器触发叶轮的叶片在空间隙时，其电压值为2～9 V；当分电器触发叶轮的叶片不在空间隙时，其电压值为0.3～0.4 V。若电压值不在0～9 V变化，则应更换霍尔信号发生器。

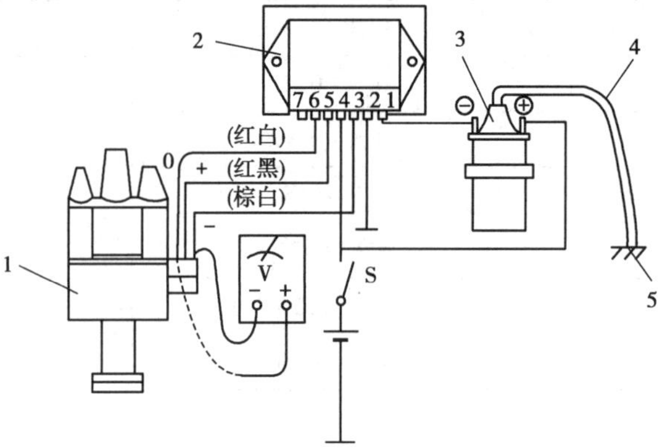

图4.22 霍尔信号发生器输出电压的检查

1—分电器；2—点火器；3—点火线圈；4—中央高压导线；5—发动机体

2）点火控制器的检查

（1）确认点火器电源电路是否正常

关闭点火开关，拔下点火器的插接件，利用万用表测量线束插头的4和2接线柱之间电压。接通点火开关，电压表测得的电压值应该约为蓄电池电压，否则应找出电源断路的故障并给予排除。

（2）确认点火器工作性能

关闭点火开关，连接好点火控制器插接件，拔出中央高压线并接上火花塞，搁在汽缸盖上；拔下分电器霍尔信号发生器插接件，用跨接线引出霍尔信号线；打开点火开关，将跨接线引出的霍尔信号线"搭铁""断开"连续变化，火花塞应该不断跳火，否则应更换点火控制器。

（3）确认点火器向霍尔信号发生器输出的电压值是否正常

关闭点火开关，将电压表的两触针接在霍尔信号发生器线束插头（＋）和（－）接线柱上，接通点火开关，电压表测得的电压值应为5～11 V，如果低于5 V或为0，再用同样的方法对点火器插接件中的接线柱5和3进行测试，如果电压值为5 V以上，则说明点火器与信号发生器之间的线束有断路故障，应予以排除；如果电压值仍为5 V以下，则应更换点火器。

［任务实施］

1）实施内容

点火系各组件的性能检测。

2）实施目的

①掌握分电器点火角的检测方法。

②掌握点火线圈初级电压和次级电压的检测方法。

③掌握电容器容量的检测方法。

3）设备器材

①设备。汽车电器试验台、蓄电池、分电器、点火线圈、电容器。

②工具。拆装台、拆装工具、万用表、抹布等。

4）实操内容

（1）分电器技术状况的检测（图4.23）

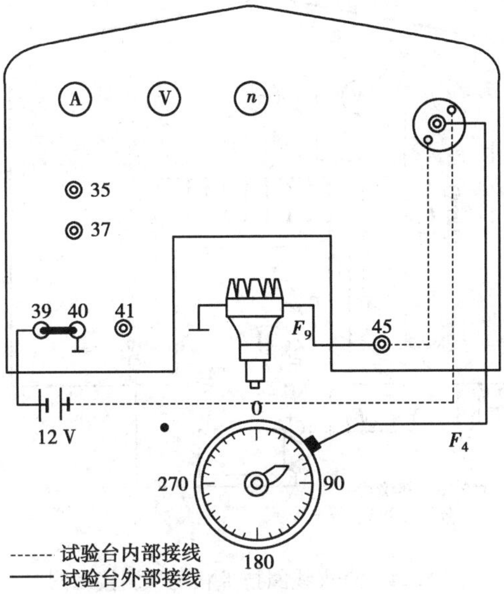

图4.23 分电器技术状况检测接线图

①接好试验线路，并将点火线圈的中央高压线接到刻度盘上。

②将转速表量程开关相应拨至低速挡位置，电动机转换开关拨向"低速"位置。缓慢顺时针转动调速电动机调速手轮，使调速电动机内的检视孔内的箭头向右偏移，电动机开始转动，转速逐渐升高。

③使转速升至250~300 r/min并保持稳定，转动刻度盘，使某一火花对准"0"度，记录其余火花之间间隔角度，填入表4.5，分析火花均匀程度。

表4.5 分电器点火角记录表

角度 / 项目	60°	90°	120°	180°	240°	270°	300°
实测角度							
点火误差							
误差分析							

④试验结束，逆时针转动调速手轮，并观察电动机检视孔内箭头向左偏移至"0"位，同时将调速电动机转换开关旋至停止挡位。

(2)点火线圈技术状况的检测(图4.24)

①接好试验线路，将点火线圈的中央高压线接到三针放电装置上。

②将转速表量程开关拨至高速挡位置，电动机转换开关拨向"高速"位置。缓慢顺时针转动调速电动机调速手轮，使调速电动机内的检视孔内的箭头向右偏移，电动机开始转动，转速逐渐升高。

③使转速升至1 500 r/min并保持稳定，调整三针放电装置的调整旋轮，使其间隙逐步增大，直至能够维持连续放电，由三针放电装置上的刻度读出最大连续放电间隙，记录数据并填入表4.6中。

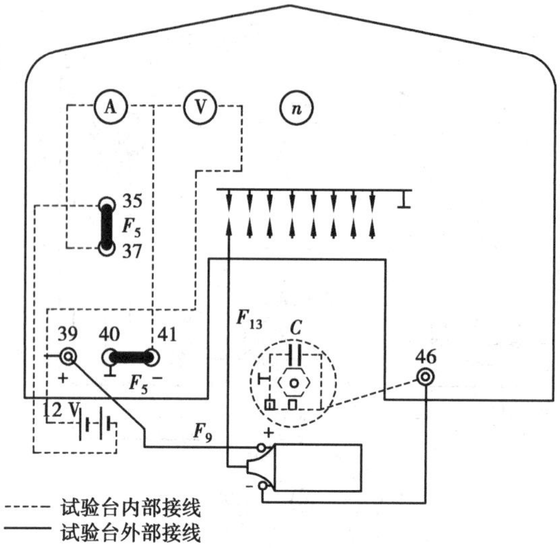

图 4.24　点火线圈技术状况检测接线图

表 4.6　点火线圈检测记录表

	三针放电器间隙/mm	点火线圈次级电压/kV
第一次		
第二次		

④试验结束,逆时针转动调速手轮,并观察电动机检视孔内箭头向左偏移至“0”位,同时将调速电动机转换开关旋至停止挡位。

(3)电容器技术状况的检测(图 4.25)

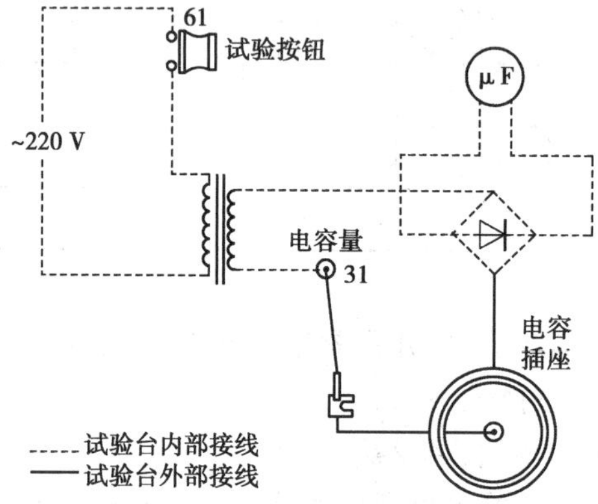

图 4.25　电容器容量检测接线图

①将被测试电容器插入电容插座,并用专用检测线将电容器引出线与试验台上的 31 插座孔连接。

②闭合电容器检测开关 61,电容量指示表显示电容器容量值,记录数据并填入表4.7中。

表4.7　电容器检测记录表

电容量/F		绝缘情况检测
标准值	测量值	
0.15 ~ 0.25		

【知识拓展】

点火正时的检测与调整

点火正时是指正确的点火时间,一般用点火提前角表示。从点火开始到活塞到达上止点为止,在这段时间内,曲轴转过的角度称为点火提前角。点火提前角对发动机的动力性、经济性和排放性有很大影响。最佳点火提前角并非定值,而应随转速负荷和汽油辛烷值的改变而变化。

点火正时的检测可以通过路试,也可以用正时灯或点火测试仪。现介绍使用正时灯检查点火正时的方法。正时灯由闪光灯、传感器、整形装置、延时触发装置和显示装置构成,如图4.26所示。

1.点火正时的检测

①启动发动机,预热至正常工作温度。

②预热后,检查怠速是否在规定范围内。

③将正时灯的红色线和黑色线分别连接在蓄电池正极和负极上,传感器信号线连接在第一缸分高压线上,如图4.27所示。

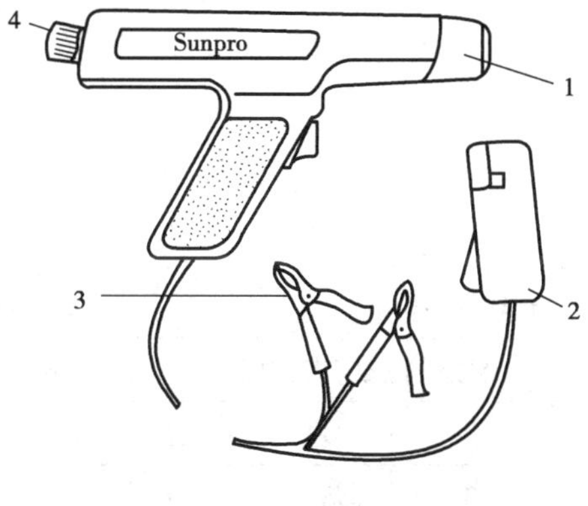

图4.26　正时灯

1—闪光灯;2—点火脉冲传感器;3—电源夹;4—电位计旋钮

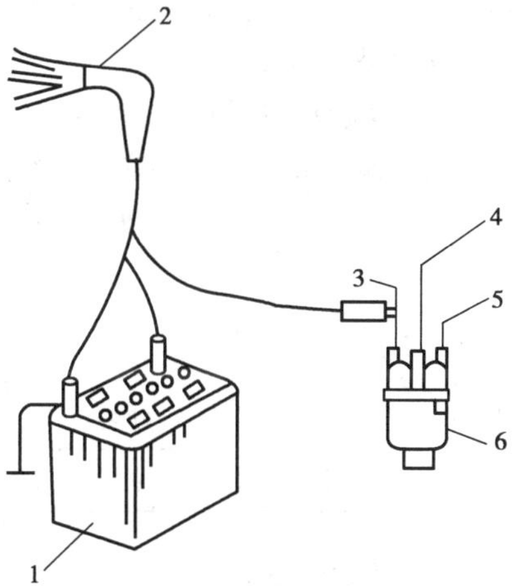

图4.27　点火正时的检测

1—蓄电池;2—点火正时灯;3—第一缸分高压线;4—中央高压线;5—分缸高压线;6—分电器

④使发动机在规定的转速内运转,将正时灯对准规定的正时记号。若指针出现在正时记号的前方,表明点火过早;若出现在正时记号之后,则表明点火过迟。

2.点火正时的调整

当点火正时不准确时,应松开分电器壳体固定螺栓,将分电器轴按顺时针或逆时针方向转动少许,直至调整好点火正时。

［任务检测］

一、填空题

1. 电子点火系统又称为________系统，汽车上使用的电子点火系主要分为________点火系和________点火系两大类。

2. 无触点电子点火系中，按点火信号发生器产生点火信号的原理不同，可分为________、________、________、________四种类型。

3. 电子点火系的常见故障有________、________、________和________等。

二、判断题

1. 在将传统点火系改换成电子点火系后，应将火花塞的间隙适当调小。 (　　)

2. 电子点火系常用的信号发生器有霍尔效应式、磁脉冲式和光电感应式等。 (　　)

3. 有触点式电子点火系用减小触点电流的方法，减小触点火花，改善点火性能。 (　　)

三、选择题

1. 点火系的电容击穿会造成触点(　　)。

A. 火花弱　　B. 无火　　C. 触点烧蚀　　D. 低压开路

2. 当发动机启动不着火时，下列说法哪个是错误的(　　)。

A. 可能是蓄电池容量低　　B. 可能是无高压电

C. 可能是不来油　　D. 可能是发电机有故障

3. 在检查点火器好坏时，甲认为可在点火器的信号输入端输入模拟的点火信号，检查点火器的大功率三极管的通断情况的方法来确定点火器的好坏，乙认为只要总高压线无火，就说明点火器已经损坏。你认为(　　)。

A. 甲对　　B. 乙对　　C. 甲乙都对　　D. 甲乙都不对

四、简答题

1. 简述无触点电子点火系的组成及工作原理。

2. 简述电子点火系常见故障和排除方法。

3. 简述霍尔信号发生器的性能检测方法。

【评价与反馈】

评价与反馈见表4.8。

表4.8　评价与反馈表

班级：　　　　　　姓名：　　　　　　指导教师：

序号	考核项目	配分	考核内容	配分	考核标准	得分
1	出勤/纪律	5	出勤	2	违规一次不得分	
			行为规范	3	违规一次不得分	
2	安全/防护/环保	20	着装	4	违规一次不得分	
			个人防护	4	违规一次不得分	
			5S	4	违规一次不得分	
			设备使用安全	4	违规一次不得分	
			操作安全	4	违规一次不得分	

续表

序号	考核项目	配分	考核内容	配分	考核标准	得分
3	知识水平	20	知识测验成绩	20	测验成绩的20%计	
4	技能考核	40	技能测验成绩	40	测验成绩的40%计	
5	学习能力	10	工单填写、计划制订	4	未做不得分	
			组内活动情况	4	酌情扣1~4分	
			资料查阅和收集	2	未做不得分	
6	任务拓展	5	知识拓展	2	未做不得分	
			技能拓展	3	未做不得分	
7	总分	100				

【教师评估】

教师评估见表4.9。

表4.9　教师评估表

序号	优点	存在的问题	解决方案
教师签字：			

任务4.3　微机控制点火系的检测与故障诊断

［任务目标］

目标类型	目标要求
认知目标	了解微机控制点火系的组成及工作原理
技能目标	(1)能对微机控制点火系的基础元件进行性能检测 (2)能对微机控制点火系常见故障进行诊断和排除
情感目标	(1)养成主动学习的习惯 (2)培养5S意识 (3)遵守纪律，注意安全，保护环境

［任务描述］掌握微机控制点火系的组成及工作原理；利用仪器设备对微机控制点火系的相关元件进行性能检测；掌握微机控制点火系常见故障的诊断和排除方法。

[知识准备]

微机控制点火系废除了真空和离心式点火提前装置,点火提前角由微机控制,将点火提前到发动机刚好不至于产生爆燃的范围。微机控制点火系的控制功能包括点火提前角控制、通电时间控制和爆燃控制 3 个方面,以保证发动机在各种工况下,都可获得最佳的动力性、经济性、排放性及工作稳定性。

微机控制点火系按照有无分电器分类,可分为有分电器微机控制点火系和无分电器微机控制点火系两种类型。目前有分电器微机控制点火系趋于淘汰,无分电器微机控制点火系应用较为广泛。

4.3.1 无分电器微机控制点火系的组成及工作原理

1)无分电器微机控制点火系的组成

无分电器微机控制点火系主要由电源(蓄电池和发电机)、点火开关、传感器、电控单元、执行器(点火线圈、点火控制器、火花塞)等组成,如图 4.28 所示。

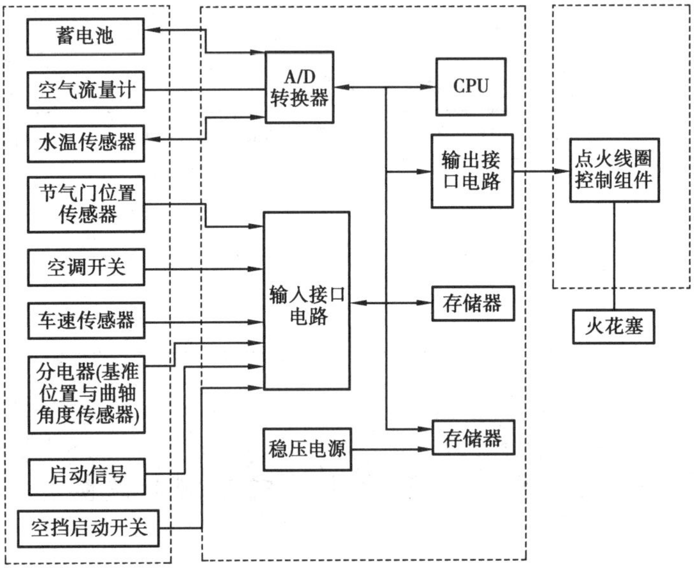

图 4.28 无分电器微机控制点火系的组成

传感器主要有曲轴位置传感器、绝对压力传感器、冷却液温度传感器、进气温度传感器、氧传感器、节气门位置传感器、车速传感器、爆燃传感器等。

2)无分电器微机控制点火系的工作原理

如图 4.29 所示,发动机运行时,ECU 不断地采集发动机的转速、负荷、冷却水温度、进气温度等信号,根据存储器中存储的有关程序与数据,确定该工况下最佳点火提前角和一次电路的最佳导通角,并以此向点火控制模块发出控制指令。

点火控制模块根据 ECU 的点火指令,控制点火线圈一次电路的导通和截止。当电路导通时,有电流从点火线圈中的一次线圈通过,点火线圈此时将点火能量以磁场的形式储存起来。当一次线圈中的电流被切断时,二次线圈中将产生很高的感应电动势(15 ~ 20 kV),经电子式配电送至工作气缸的火花塞,点火能量被瞬间释放,并迅速点燃气缸内的可燃混合气,发动机完成做功过程。

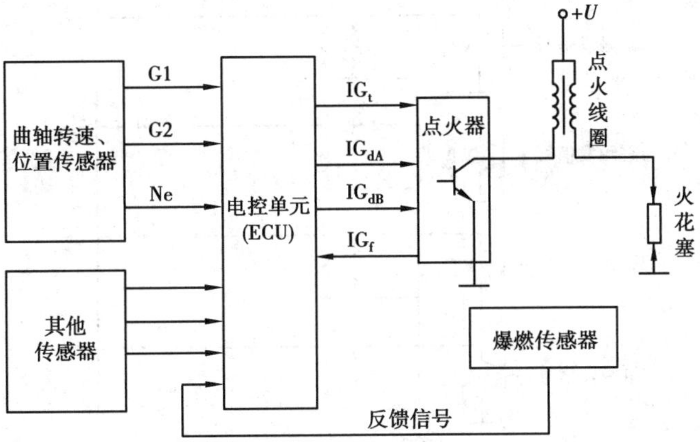

图4.29　无分电器微机控制点火系的工作原理

此外,在带有爆燃传感器的点火提前角闭环控制系统中,ECU还可根据爆燃传感器的输入信号来判断发动机的爆燃程度,并将点火提前角控制在轻微爆燃的范围内,使发动机能够获得较高的燃烧效率。

3)高压配电方式

(1)同时点火方式

同时点火方式是指两个气缸合用一个点火线圈,即一个点火线圈有两个高压输出端,分别与火花塞相连,负责对两个气缸点火,如图4.30所示,同时点火方式又分为点火线圈配电方式和二极管配电方式两种。

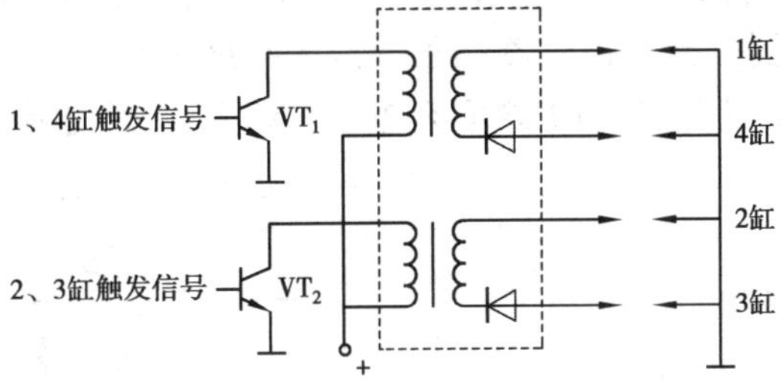

(a)点火线圈配电方式

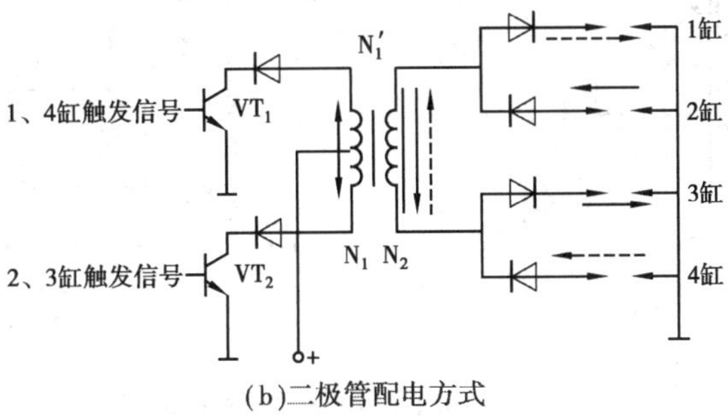

(b)二极管配电方式

图4.30　同时点火方式

(2)独立点火方式

独立点火方式是指每个气缸的火花塞配用一个点火线圈,单独对本缸进行点火,如图4.31所示。

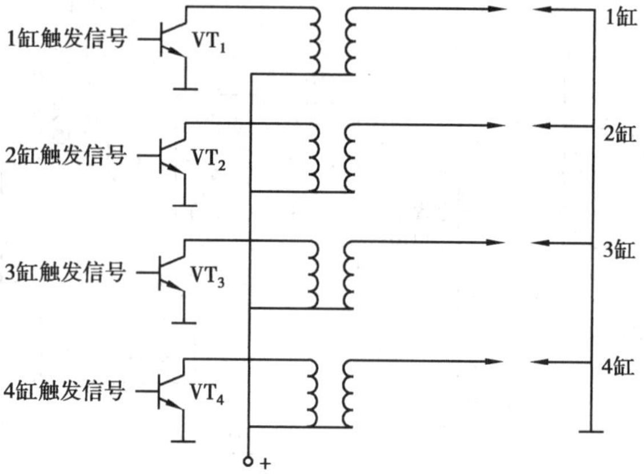

图4.31　独立点火方式

4.3.2　微机控制点火系重要传感器的检测

1)磁感应式曲轴位置传感器的检测

(1)曲轴位置传感器的电阻检测

对于磁感应式曲轴位置传感器的电阻检测,就是检测其传感器线圈的电阻。桑塔纳2000GSI AJR发动机的磁感应式曲轴位置传感器结构与电路图如图4.32所示。其曲轴位置传感器的电阻检测方法如下:断开点火开关,拔出传感器的导线连接器,检测图4.32(b)中传感器连接器端子2与3之间信号线圈电阻,450~1 000 Ω属于正常。若阻值为无穷大,说明信号线圈断路,应更换传感器。检测传感器端子2或3与屏蔽线端子1之间电阻时,应为无穷大。如阻值不是无穷大则说明2、3与1之间有短接的地方,此时也需要更换传感器。

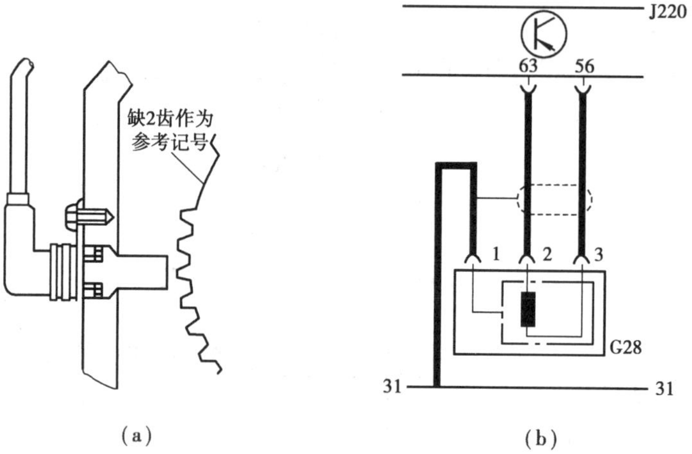

图4.32　磁感应式曲轴位置传感器结构与电路图

(2)线束导通性检测

使用万用表检测传感器与ECU之间的线束连通情况。AJR发动机曲轴位置传感器检测方法如下:分别检测传感器线束连接器端子1与控制单元线束插孔31、传感器线束连接器端子2与控制单元线束插孔63、传感器线束连接器端子3与控制单元线束插孔56之间的电阻值,其电阻值最大不能超过1.5 Ω。如果为无穷大则说明导线断路;如果阻值大于1.5 Ω,则说明两端线路中有接触不良处,此两种情况都需要修理或更换线束。

(3)转速轮与曲轴位置传感器磁头间隙检测

转速轮上的凸齿与曲轴位置传感器磁头间的间隙应在规定值内,对于AJR发动机曲轴位置传感器来说标准间隙为0.2~0.4 mm,过大或过小都会对信号产生造成影响,从而影响点火与供油的控制,需要按规定进行调整。

2)霍尔效应式凸轮轴位置传感器的检测

(1)传感器电源电压的检测

断开点火开关,拔下霍尔传感器插座上的线束插头,用万用表的红、黑表笔分别连接插头端子1与3,如图4.33所示,接好后接通点火开关,测得电压标准值应为5 V左右。如果电压值为0,说明线束断路、短路或ECU有故障。断开点火开关,进一步检测导线是否存在短路或断路。

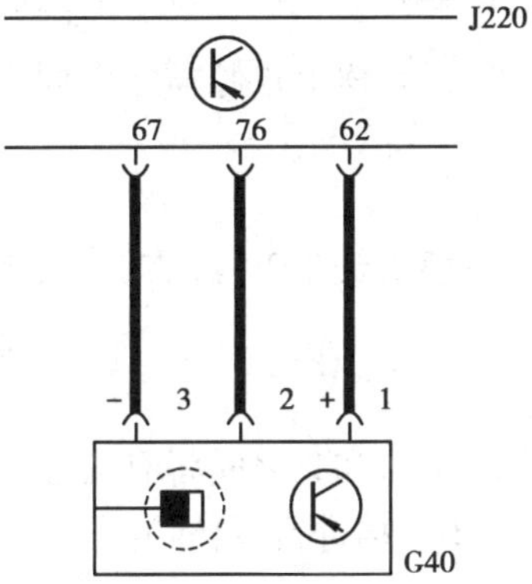

图4.33　霍尔效应式凸轮轴位置传感器电路

(2)线束导线有无断路故障的检测

在断开点火开关的情况下,拔下ECU线束插头,使用万用表的电阻挡,两只表笔分别连接传感器插头端子1与ECU插头端子62、传感器插头端子2与ECU插头端子76、传感器插头端子3与ECU插头端子67,测得各导线的电阻值应不超过1.5 Ω。如阻值过大或为无穷大,说明线束与端子接触不良或导线断路,应修理或更换线束。

(3)线束导线有无短路故障的检测

在点火开关断开的情况下,拔下ECU线束插头,使用万用表的电阻挡,一只表笔连接传感器插头端子1,另一只表笔连接传感器插头端子2和3,测得的电阻值应为无穷大。如阻值不是无穷大,说明线束导线短路, 应修理或更换线束。

(4)故障部位的简易区分

线束导线有无短路或断路故障,且传感器电源电压在4.5 V以上,此时故障诊断仪仍能读出霍尔式凸轮轴位置传感器故障码,说明霍尔式凸轮轴位置传感器有故障,应修理或更换传感器。如线束导线无短路或断路故障,但传感器碘盐电压为0,说明ECU有故障,应予更换。

3)爆燃传感器的检测

桑塔纳2000GSI采用的压电式爆燃传感器接线插座上有3根引线,分别为2根信号线和1根屏蔽线,如图4.34所示。

（1）电阻检测

用万用表测量传感器端子与传感器壳体之间的电阻，应为无穷大，否则说明传感器内部短路，应更换。桑塔纳2000GSI AJR 发动机爆燃传感器的3个端子，端子1为信号线正极，端子2为信号线负极，端子3为屏蔽线。其控制电路如图4.35所示。

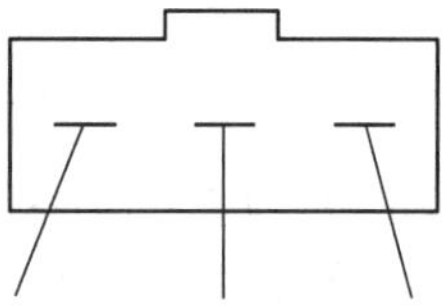

图4.34　桑塔纳2000GSI发动机爆燃传感器端子

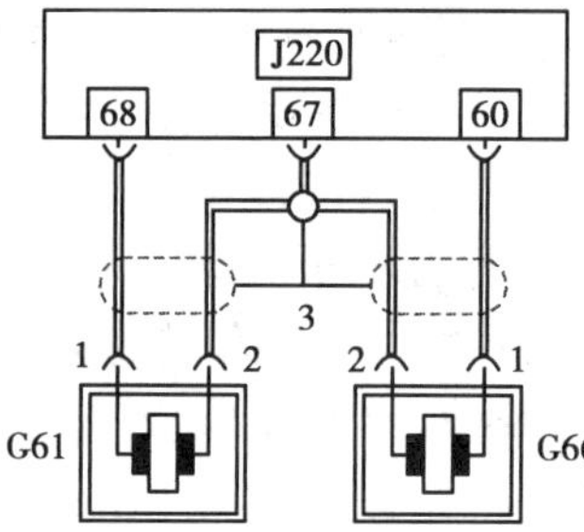

图4.35　桑塔纳2000GSI发动机爆燃传感器控制电路

①检测传感器电阻。断开点火开关，拔下传感器线束插头，传感器端子1与2、1与3、2与3之间电阻均应大于1 Ω。

②检测线束电阻

断开点火开关，拔下传感器线束插头和ECU线束插头，两插头各端子间导线电阻均应小于0.5 Ω。

（2）电压检测

当人为敲击传感器表面时，在端子1和2之间将有信号产生，直接反映在万用表上是有电压出现，时高时低，可使用万用表的2 V挡进行单体检测。

（3）示波器检测

当振动或敲缸发生时，可使用示波器进行检测。振动或敲缸越大，波形峰值就越大。当高过一定值时，表明发动机出现了爆燃。爆燃传感器通常设计成可测量5～15 kHz的频率范围。

4.3.3　微机控制点火系的故障诊断与排除

1）微机控制点火系的故障诊断方法

微机控制点火系的故障原因除了点火控制器、点火线圈、配电器、高压线、火花塞发生故障外，还包括各种传感器及其线路连接异常或电控单元及其线路连接异常。大多数微机控制点火系的发动机都设有故障自诊断系统，即发动机ECU具有自诊断功能。当发动机不能启动或工作异常，怀疑是点火系统故障时，应首先利用发动机ECU的自诊断功能进行诊断和检查，必要时再进行人工诊断，最后通过人工检查查明故障部位和原因。

（1）利用发动机ECU的自诊断功能进行诊断

①按规定步骤读取故障码。可以就车调取故障码，也可以借助于解码器等一些检测设备，解码器以及各按键功能如图4.36所示。不同的车型，系统故障码的读取方法不同，应以相关的维修手册为准。

②根据故障代码，确定故障具体部位、原因，并予以排除。维修人员读出故障码后，可根据故障代码表查出故障的含义、类别以及故障范围。在一般情况下，故障代码只代表了故障类型及大致范围，不能具体指明故障的全部原因。因此，必须以此为依据借助于示波器等仪器设备

进行具体、全面的检查,找出故障并予以排除。

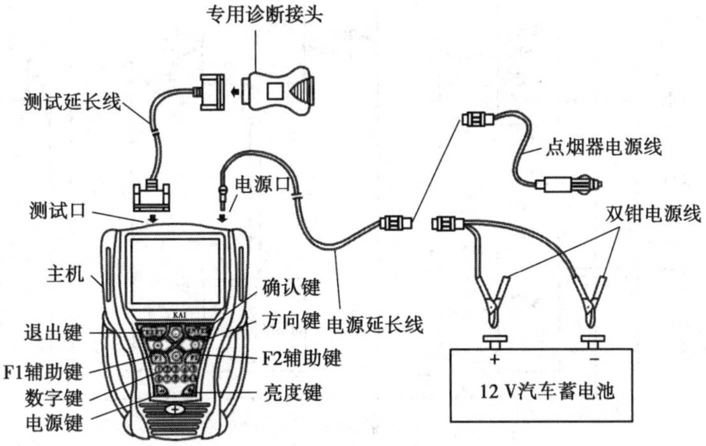

图4.36　解码器以及各按键功能

③进行路试检查,确定故障彻底排除。故障全部修理完毕后,应进行路试检查。路试中,发动机检查指示灯应指示正常;启动发动机后,发动机检查指示灯熄灭,此时说明故障已经彻底排除。若启动发动机后,发动机检查指示灯不熄灭,则说明电子控制系统还存在故障,需继续修理。

④清除故障代码。在故障彻底排除且发动机检查指示灯指示正常后,应及时消除故障代码,此时可借助解码器对故障代码进行清除。

(2)人工诊断

当微机控制点火系有故障或自诊断系统显示点火系故障需要人工诊断时,首先从分电器上取下中央高压线,接上一个新火花塞转动曲轴,根据火花塞的跳火是否正常进行检查和诊断。在进行微机控制点火系的故障诊断与排除时,应该在普通电子点火系故障诊断的基础上,增加传感器的检测与控制信号传输电路的检测。对于某些间歇性故障,可以采用模拟方法进行诊断,如振动法、加热法、电器全部接通法、道路试验法等。

2)微机控制点火系的故障诊断

以桑塔纳2000GSI AJR发动机微机控制点火系为例,如图4.37所示为桑塔纳2000GSI AJR发动机微机控制点火系工作原理图,经检查分析,确定是点火系的故障导致发动机不能启动。该故障诊断与排除的具体步骤如下:

对该点火系进行全面检查时,一般按由易到难的顺序,沿点火线路进行分段检查。

(1)检查线路接头

检查各部分线路接头有无松动、断路、短路现象。

(2)检查点火线圈搭铁电路

拔下点火线圈插头,如图4.38所示,用发光二极管连接蓄电池正极和插头端子4,发光二极管应发亮;否则,应检查插头端子4与搭铁点之间的线路是否断路。

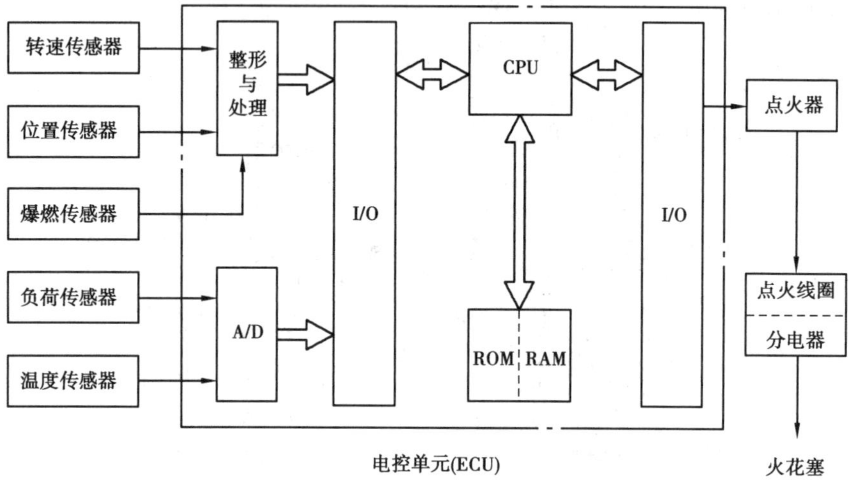

图 4.37　桑塔纳 AJR 发动机微机控制点火系工作原理图

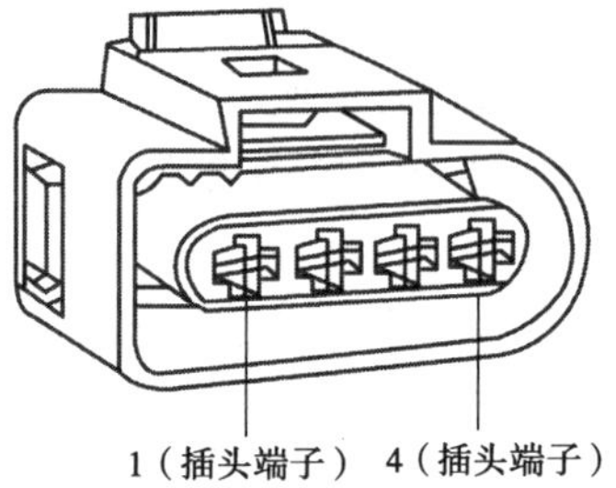

图 4.38　点火线圈插头

(3)检查点火线圈供电电压

拔下点火线圈插头,连接插头 2 端子与发动机搭铁点,发光二极管应发亮;否则,应检查插头 2 端子与电源线 15 脚之间线路是否接触不良或断路。

(4)检查点火线圈工作情况

拔下 4 个喷油器的导线插头和点火线圈上的插头,接通点火开关,用发光二极管连接插头 1 端子和发动机搭铁点,运转发动机数秒,发光二极管应发亮;否则,应检查点火线圈插头 1、3 端子与 ECU 的 71、78 引脚之间线路有无断路或短路。如果线路无故障,则应更换一个 ECU 再进行检查。

(5)传感器等点火系统组件的检测

当传感器组件发生故障时,应在蓄电池电压、燃油泵继电器和熔断丝都正常的情况下进行检测,用高阻抗数字式万用表,表内阻不小于 10 kΩ。如果检测组件电压不正常,应进行线路维修。其方法是:断开点火开关,从 ECU 上拔下接线插头和所要测量组件的插头,检测连接线路的电阻。检测时,为了避免损坏电子元件,要注意万用表量程必须符合测量条件,其测量项目应查阅有关维修手册。如果被检测线路正常,而被检测组件电压或电阻值不正常,则故障在被检测组件或 ECU。

[任务实施]

1)实施内容

霍尔传感器的检查

2)实施目的

①掌握霍尔信号传感器的结构及工作原理。

②掌握万用表的使用要领。

3)设备器材

(1)设备

汽车电器试验台、蓄电池、霍尔信号传感器、桑塔纳轿车电子点火线路。

(2)工具

拆装台、拆装工具、万用表、砂布、抹布等。

4)实操内容

霍尔信号传感器的检查如图4.39所示。

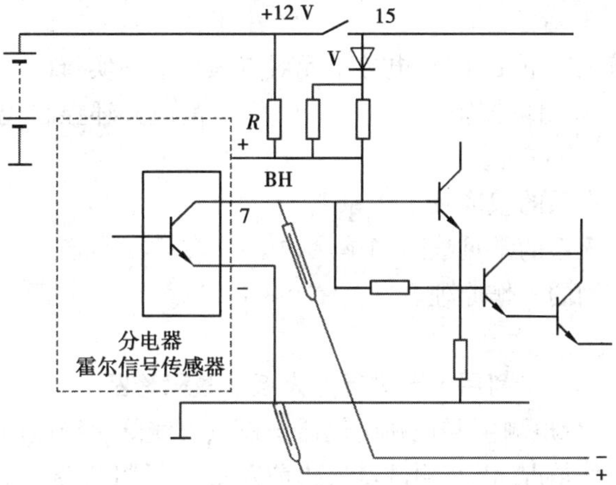

图4.39　霍尔信号传感器的检测

①测出放大器端子15和点BH之间的电阻值并记录。

②按该阻值的大小选择一个相应大小的电阻R,串接于蓄电池正极(12 V)与分电器端子"+"之间,为信号发生器霍尔集成电路提供一定值的电源电压。

③将万用表的负表笔接分电器端子"7"、正表笔接分电器端子"—"端,测量电阻值并记录。

④霍尔信号发生器的故障确认。

诊断方法:用手转动配电器轴,观察万用表指示,电阻值若随分电器转动在0与无穷大之间交替变化,说明霍尔信号发生器良好;若电阻值始终在0或无穷大处不动,则说明信号发生器有故障。

[任务检测]

一、填空题

1.微机控制点火系统的控制功能包括________控制、________控制和________控制三个方面,以保证发动机在各种工况下,都可获得最佳的动力性、经济性、排放性及工作稳定性。

2.微机控制点火系按照有无分电器分类,可分为________点火系统和________点火系统两种类型。

3.在微机控制的点火系中,发动机工作时的点火提前角由________、________和________三部分组成。

二、判断题

1.微机控制点火系废除了真空和离心式点火提前装置,点火提前角由微机控制,将点火提前到发动机刚好不致于产生爆燃的范围。　(　　)

2.无分电器微机控制点火系主要由电源(蓄电池和发电机)、点火开关、传感器、电控单元、执行器(点火线圈、点火控制器、火花塞)等组成。　(　　)

3.点火控制器的作用是控制点火线圈初级绕组中电流的通断。　(　　)

三、选择题

1. ECU 根据(　　)信号对点火提前角实行反馈控制。

A. 水温传感器　　B. 曲轴位置传感器　　C. 爆燃传感器　　D. 车速传感器

2. 采用电控点火系统时,发动机实际点火提前角与理想点火提前角关系为(　　)

A. 大于　　B. 等于　　C. 小于　　D. 接近于

3. 当发动机在怠速工况下工作时,电控单元对点火提前角实行(　　)。

A. 开环控制　　B. 闭环控制　　C. 温度高时开环控制、温度低时闭环控制

四、简答题

1. 简述微机控制点火系的组成及工作原理。

2. 简述微机控制点火系的常见故障和排除方法。

3. 简述爆震反馈控制的工作原理。

[知识拓展]

利用仪器进行点火系的故障诊断

目前,对点火系统进行检测主要是利用仪器分析点火线圈次级电压波形和初级电压波形,进而判断点火系统的工作情况,以及测试点火提前角等。所用仪器一般是汽车专用示波器或发动机综合性能分析仪。

点火线圈相当于一个变压器,在初级线圈周期性通电和断电的过程中,初、次级线圈都因电流变化而感应电动势,而初、次级电压随时间变化的规律也是相似的。因为次级电压对发动机正常工作至关重要,所以重点分析次级电压的波形。

1. 次级电压标准波形分析

次级电压的标准波形如图 4.40 所示。

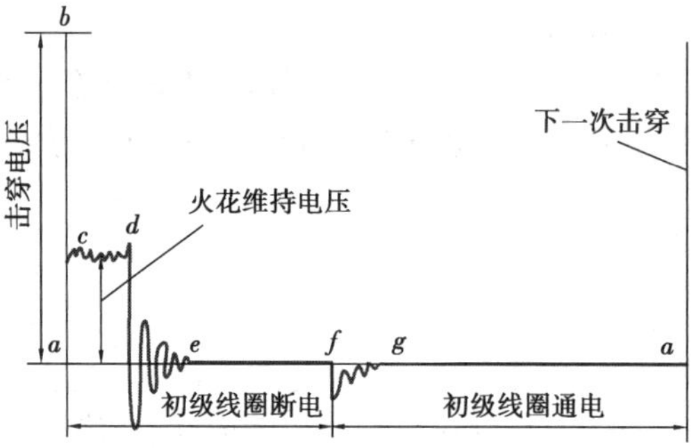

图 4.40　次级电压标准波形

次级电压标准波形图为单缸直列波标准波形图,它反映了一个气缸点火工作的情况,波形上各点的意义如下:

①*a* 点:断电器触点断开或电子点火器输出断开,点火线圈初级电路突然断电,导致次级电压急剧上升。

②*ab* 段:火花塞击穿电压。传统点火系击穿电压为 15 ~ 20 kV,电子点火系击穿电压为18 ~ 30 kV。

③*cd* 段:火花塞电极间混合气被击穿之后,维持火花放电所需电压,一般为几千伏。这段波形称为"火花线"。火花线应具有一定的高度和宽度,它反映了点火能量的大小,也是保证可靠点火的重要条件。

④*de* 段：火花消失，点火线圈中剩余磁场能量在线路中维持一段衰减震荡。

⑤*f* 点：断电器触点闭合或电子点火器输出导通，使点火线圈初级电路有电流通过，初级电流开始增加，引起次级电压突然增大。

⑥*fg* 段：因初级电流接通而回路电压出现衰减震荡，震荡消失后，电压恢复为零。

2. 次级电压的故障波形分析

所测波形曲线与标准波形有差异，说明点火系出现故障，可以通过分析次级电压的波形来判断点火系统的故障。

如图4.41所示为一些常见的故障波形，这些故障波形分析如下：

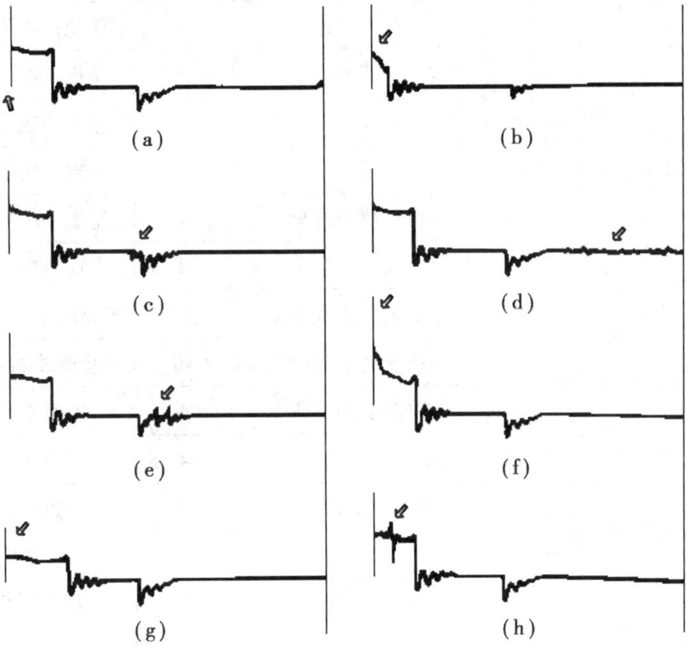

图4.41　次级电压故障波形

①如图4.41(a)所示，断电高压产生之前出现小的多余波形，说明断电器触点接触面不平，在完全断开之前有瞬间分离现象，引起电压抖动。

②如图4.41(b)所示，火花线变短，很快熄灭，说明点火系统储能不足，可能是供电电压偏低或初级电路导线接触不良造成。

③如图4.41(c)所示，第二次振荡波形之前出现小的杂波，可能是由断电器触点接触面不平，在完全闭合之前有不良接触所致。

④如图4.41(d)所示，在触点闭合阶段，存在多余的小的杂波，可能是初级电路断电器触点搭铁不良或各连接点接触不良，引起小的电压波动。

⑤如图4.41(e)所示，第二次振荡波形存在严重的杂波，通常是断电器触点臂弹簧弹力，使触点闭合瞬间引起弹跳所致。

⑥如图4.41(f)所示，击穿电压过高，且火花线较为陡峭，可能是火花塞间隙太大或次级电路开路等引起。火花塞间隙越大，所需击穿电压越高。

⑦如图4.41(g)所示，击穿电压和火花线都太低，且火花线变长，可能是火花塞间隙太小或积碳严重所致。在这种情况下，击穿电压就会很低，而火花放电时间则较长。

⑧如图4.41(h)所示,火花线中出现干扰“毛刺”,可能是分电器盖或分火头松动。在发动机高速运转时,因分电器的振动会使火花塞上的电压不稳定而出现抖动。

【评价与反馈】

评价与反馈见表4.10。

表4.10 评价与反馈表

班级: 姓名: 指导教师:

序号	考核项目	配分	考核内容	配分	考核标准	得分
1	出勤/纪律	5	出勤	2	违规一次不得分	
			行为规范	3	违规一次不得分	
2	安全/防护/环保	20	着装	4	违规一次不得分	
			个人防护	4	违规一次不得分	
			5S	4	违规一次不得分	
			设备使用安全	4	违规一次不得分	
			操作安全	4	违规一次不得分	
3	知识水平	20	知识测验成绩	20	测验成绩的20%计	
4	技能考核	40	技能测验成绩	40	测验成绩的40%计	
5	学习能力	10	工单填写、计划制订	4	未做不得分	
			组内活动情况	4	酌情扣1~4分	
			资料查阅和收集	2	未做不得分	
6	任务拓展	5	知识拓展	2	未做不得分	
			技能拓展	3	未做不得分	
7	总分	100				

【教师评估】

教师评估见表4.11。

表4.11 教师评估表

序号	优点	存在的问题	解决方案
教师签字:			

项目 5

汽车照明与信号系统检测与维修

【工作任务】

任务 5.1　汽车照明与信号系统的认知

任务 5.2　汽车照明系统的故障检测与排除

任务 5.3　汽车信号系统的故障检测与排除

任务 5.1　汽车照明与信号系统的认知

[任务目标]

目标类型	目标要求
认知目标	知道前照灯的作用、类型、结构、原理、特性;了解信号灯及控制线路的作用、结构、原理、特性
技能目标	能正确读识前照灯电路;正确读识信号灯及控制线路;会使用工具检测及排除故障
情感目标	(1)养成主动学习的习惯 (2)培养 5S 意识

[任务描述]对汽车照明与信号系统的结构与原理分析认知。

[知识准备]

汽车装有各种照明、信号、仪表和报警装置。汽车灯具按其用途可分为照明灯、信号灯和指示灯。例如,前照灯(俗称大灯)用于夜间照明,转向信号灯用于向其他车辆和行人发出转弯信号,尾灯及示宽灯则指示自己车辆的存在和位置。

汽车灯具按其安装位置可分为外部灯具和内部灯具。常见的外部灯具有前照灯、雾灯、转向灯、示宽灯、倒车灯等;常见的内部灯具有仪表灯、阅读灯、行李舱灯、驾驶人脚部照明灯和迎宾灯等。

5.1.1 汽车照明系统的组成

为了保证汽车行驶的安全性,减少交通事故和机械事故的发生,汽车都装有多种照明设备和灯光信号装置,俗称灯系,它已成为汽车不可缺少的一部分,汽车灯系按其安装位置分为内部灯具和外部灯具两部分。主要包括:

①前照灯:俗称大灯,装在汽车头部的两侧,用于夜间或光线昏暗路面上汽车行驶时的照明,有两灯制和四灯制之分。

②雾灯:安装在车头和车尾,位置比前照灯稍低。装于车头的雾灯称为前雾灯,车尾的雾灯称为后雾灯。雾灯的光色为黄色或橙色(黄色光波较长,透雾性能好)。雾灯用于在有雾、下雪、暴雨或尘埃等恶劣条件下改善道路照明情况。

③示宽灯与尾灯:这两种灯都是低强度灯,用于夜间给其他车辆指示车辆位置与宽度。位于前方的称为示宽灯,位于后方的称为尾灯。

④制动灯:安装在车辆尾部,通知后面车辆该车正在刹车,以避免后面车辆与其后部碰撞。

制动灯又称刹车灯,刹车灯装在汽车后面,多采用组合式灯具。其用途是在汽车制动停车或减速行驶时,向车后发出灯光信号,以警告尾随的车辆或行人。刹车灯法定为红色,其灯泡功率一般为 20 ~ 40 W,刹车灯开关与制动踏板相连,只要制动,灯就会亮,其受制动开关控制。

⑤转向信号灯:安装在汽车前、后的左右两侧,它发出的是每分钟闪烁 60 ~ 120 次的闪烁光线,光线颜色为黄色。它的作用有:汽车左右转向时、汽车变更车道时、汽车停车或起步时、汽车调头时、汽车超车时,分别开启左右转向灯,以提示车外的行人或其他车辆驾驶员及交通警察本车的行驶趋向。

⑥危险警告灯:用于在紧急情况下发出闪光报警信号。它由转向信号灯兼任,当左右转向信号灯同时点亮时,即作危险警告灯用,它受危急报警开关控制。

⑦牌照灯:用于照亮尾部车牌,当尾灯点亮时,牌照灯也点亮。

⑧倒车灯:安装于车辆尾部,用于在倒车时照亮车辆后面环境,警示车后的行人和车辆注意避让。当变速器换至倒车挡时,倒车灯点亮。

目前,多将前照灯、雾灯、示宽灯等组合起来,称为组合前灯;将尾灯、后转向信号灯、刹车灯、倒车灯等组合起来称为组合后灯。

⑨仪表灯:用于夜间照亮仪表盘,使司机能迅速容易地看清仪表。尾灯点亮时,仪表灯也同时点亮。有些车还加装了灯光控制变阻器,使司机能调整仪表灯的亮度。

⑩顶灯:用于车内乘客照明,但必须不致使司机眩目。通常客车车内灯都位于驾驶室中部,使车内灯光分布均匀。

5.1.2 前照灯的基本要求及结构

1)前照灯的基本要求

由于汽车前照灯的照明效果对夜间行车安全影响很大,因此,世界各国多以法律的形式规定了前照灯的照明标准,其基本要求如下:

①前照灯应能保证车前有明亮而又均匀的照明,使驾驶员能够看清车前 100 m 内路面上的物体。随着现代汽车行驶速度的不断提高,对前照灯的要求也越来越高,现代高速汽车前照灯的照明距离应达 200 ~ 250 m。

②前照灯应防止眩目，以避免夜间两车相会时，使对方驾驶员眩目造成交通事故。

2）前照灯的结构

前照灯由反射镜、配光镜和灯泡3部分组成，如图5.1所示。

（1）反射镜

反射镜的作用是最大限度地将灯泡发出的光线聚合成强光束，以增加照射距离。它一般呈抛物面状，内表面镀铬、铝或银，然后抛光，目前多采用真空镀铝。灯丝位于反射镜的焦点处，其大部分光线经反射后，成为平行光束射向远方，其距离可达150 m或更远，如图5.2所示。

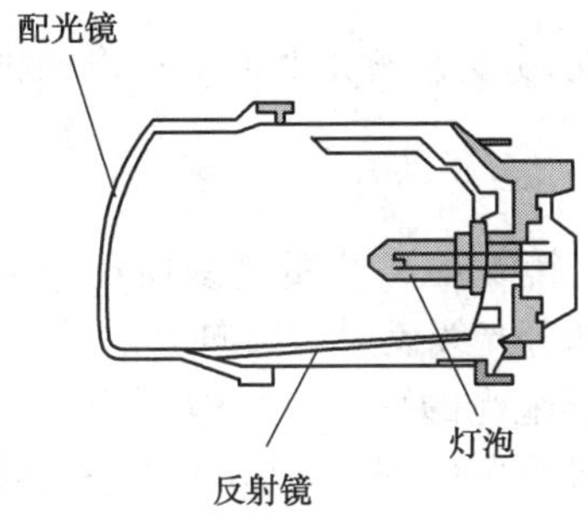

图5.1　前照灯的组成

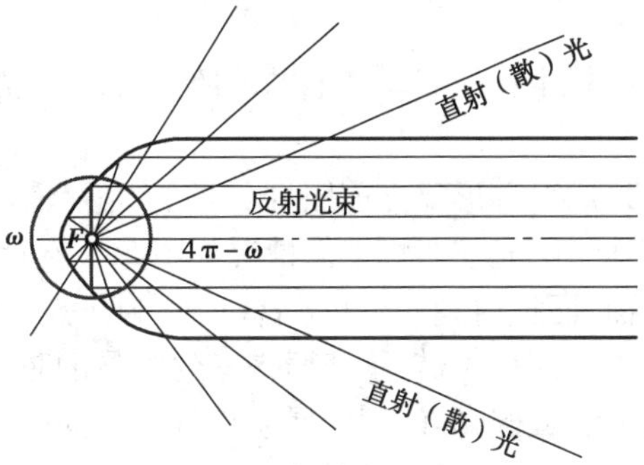

图5.2　反射镜的原理

（2）配光镜

配光镜又称为散光玻璃，装于反射镜之前，可将反射光束扩散分配，使路段的照明更加均匀。配光镜是由透明玻璃压制而成的棱镜和透镜的组合，如图5.3、图5.4所示。

图5.3　配光镜

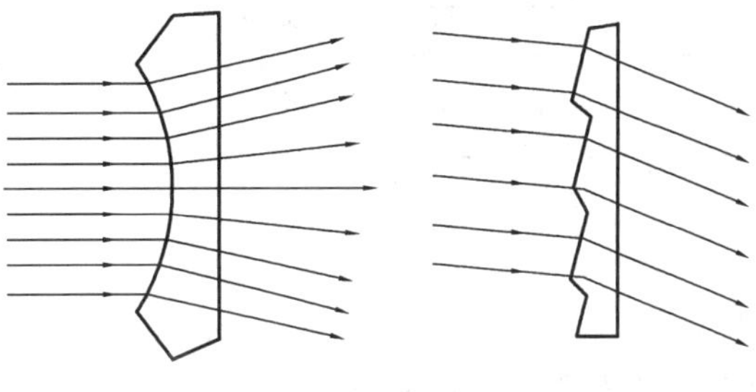
图5.4　配光镜的作用

（3）灯泡

目前，汽车前照灯的灯泡主要有两种，即白炽灯泡和卤钨灯泡，两种灯泡的灯丝都是用钨丝制成的。由于钨丝在使用时蒸发损耗，使灯泡的使用寿命缩短，为延长其寿命，将玻璃泡中的空气抽出，然后充入其他气体。若充入玻璃泡中的气体为惰性气体，即为白炽灯泡；若充入的是卤族元素（一般为碘或溴）即为卤钨灯泡，如图5.5所示。我国生产的大部分是溴钨灯。

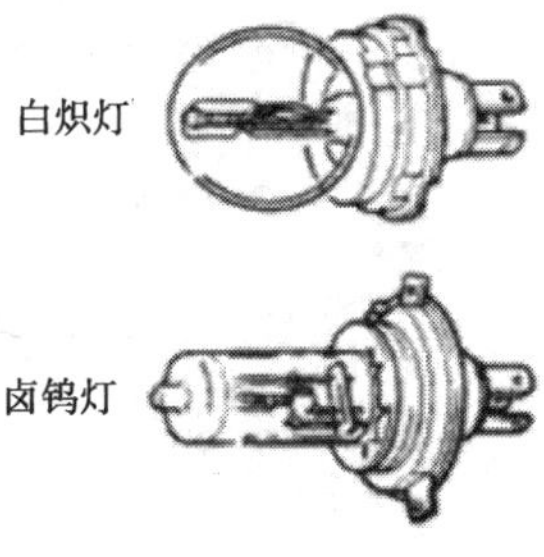

图5.5　灯泡

卤钨灯泡是利用卤钨再生循环反应原理制成的。卤钨再生循环反应原理指从灯丝上蒸发出来的气态钨，与卤素反应生成一种挥发性的卤化钨，它扩散到灯丝附近的高温区又受热分解，使钨重新回到钨丝上，被释放的卤素继续扩散参与下一次的循环反应，如此周而复始地循环下去，防止了钨的蒸发和钨灯泡的黑化现象。卤钨灯泡与白炽灯泡相比,具有寿命长、亮度大的特点。

(4)前照灯的防眩目措施

①采用双丝灯泡。

夜间会车时,前照灯强烈的灯光可造成迎面驾驶员眩目,容易引发交通事故。为了避免前照灯的眩目作用,汽车采用双丝灯泡的前照灯,可以通过变光开关切换远光和近光。同时,为了使近光灯丝射向反射镜下部的光线不向上倾斜而让对方产生眩目,采用带遮光罩的双丝灯泡,即在近光灯丝下方加装配光屏(又称金属遮光罩)。

我国交通法规规定,夜间会车时,须在距对面来车 150 m 以外互闭远光灯,改用防眩目近光灯。

国内外生产的双丝灯泡的前照灯,按近光的配光不同,分为对称形和非对称形两种不同的配光形式。

②采用对称形配光前照灯。

对称形配光前照灯工作情况如图 5.6 所示,射到反射镜 b、a、b_1 上的光线由反射镜反射后倾向路面,而反射到 b、c 和 b_1c_1(b、b_1 为焦点平面)上的部分光线反射后倾向上方,但射向路面的光线占大部分,减轻了迎面来车驾驶员的眩目。对称形配光的另一种灯泡结构形式是在近光灯丝下设置配光屏,配光屏遮挡灯丝射向反光镜下半部的光线,极大地减少了引起对面驾驶员目眩的光线;而射向反射镜上部的光线反射后倾向路面,满足了汽车近距离范围内的照明需要。日本、美国等国采用对称形配光。

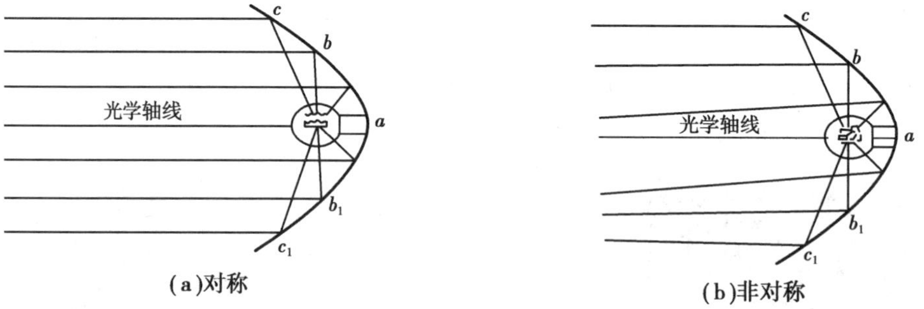

图 5.6　对称形配光前照灯的工作情况

③采用非对称形配光前照灯。

远光灯丝位于反射镜的焦点处,近光灯丝位于焦点前方且稍高出光学轴线,其下方装有金属配光屏,如图 5.7 所示。

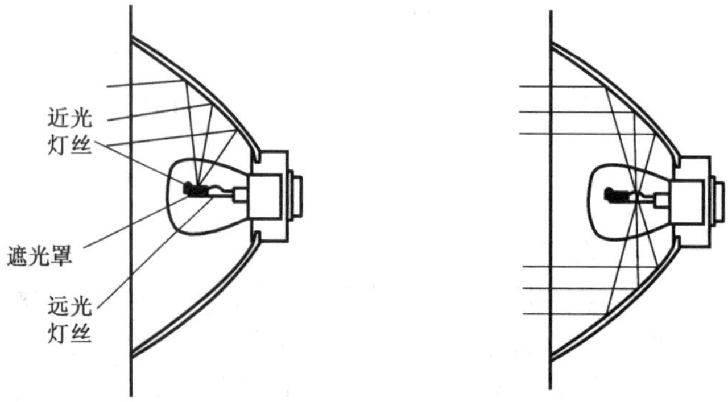

图 5.7　非对称形配光前照灯

由近光灯丝射向反射镜上部的光线，反射后倾向路面，而配光屏挡住了灯丝射向反射镜下半部的光线，没有向上反射能引起眩目的光线。配光屏在安装时偏转一定的角度，使其近光的光形分布不对称，形成一条明显的明暗截止线。

近几年来，国外又发展了一种更优良的光形，明暗截止线呈Z形，故称为Z形配光，不仅可以避免迎面来车的驾驶员的眩目，还可以防止迎面而来的行人和非机动车使用者的眩目，更加保证了汽车夜间行驶的安全。各种配光光形如图5.8所示。

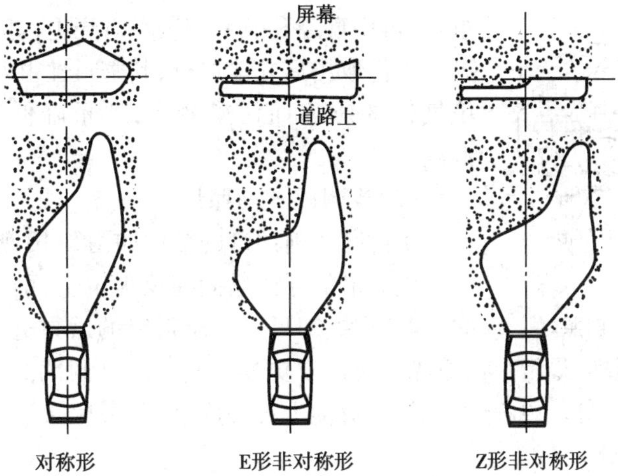

图5.8 各种配光光形

④采用前照灯自动变光器（图5.9）。

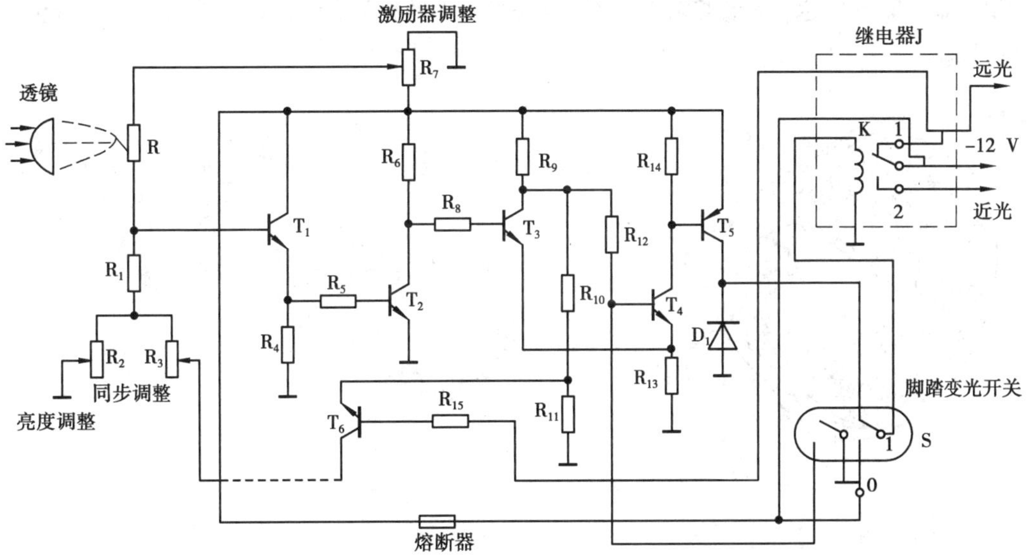

图5.9 具有光敏电阻的自动变光器的电路

J—继电器；S—脚踏变光开关

汽车前照灯自动变光器是一种根据对方车辆灯光的亮度自动变远光为近光或变近光为远光的自动控制装置。它的优点是实现了自动控制，不需要驾驶员操纵，它的体积小，性能稳定可靠，且灵敏度高。

在夜间两车相对行驶，当相距150～200 m时，对方的灯光照射到自动变光器上，就立即自动变远光为近光，从而有效地避免了远光给对方驾驶员带来的眩目。待两车相会后，变光器又自动变近光为远光，汽车即可恢复原来的行驶速度。

5.1.3 前照灯的分类、检测与调整

(1) 可拆式前照灯

这是最早使用的一种灯，其反射镜边缘的齿簧与配光镜组合，再用箍圈和螺钉安装在灯壳上，灯泡的装拆必须将全部光学组件取出后才能进行，其密封性很差，反射镜易受外界环境气候的影响而污染变黑，严重降低照明效果，目前已趋淘汰。

(2) 半封闭式前照灯

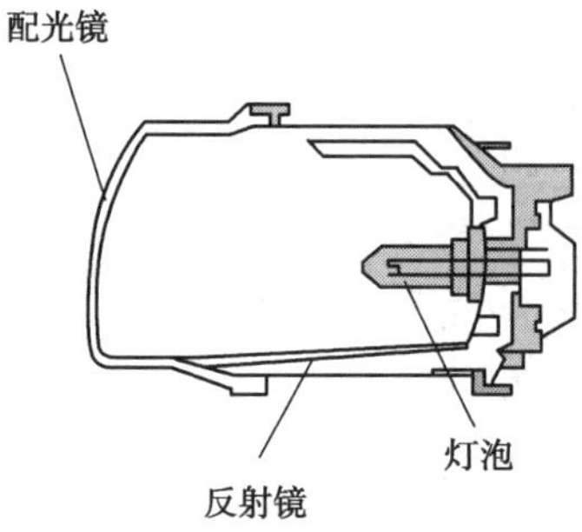

图 5.10 半封闭式前照灯

半封闭式前照灯的结构如图 5.10 所示，配光镜是靠卷曲反射镜周沿的牙齿紧固在反射镜上，两者之间垫有橡皮密封圈，其灯泡拆卸只可从反射镜的后方进行。半封闭式前照灯内部灯泡可以单独更换，最常见的故障就是需要更换灯泡。若半封闭式前照灯的配光镜等损坏，需要更换整个前照灯。更换时，先拔下灯泡上的插座，取下密封罩、卡簧，即可取下灯泡。

(3) 封闭式前照灯

封闭式前照灯没有分开的灯泡，其整个总成本身就是一个灯泡。灯丝安装在反射镜前面，配光镜则与反射镜焊接在一起，如图 5.11 所示。更换时，先拔下灯脚与线束连接的插座，再拆下灯圈，即可取下灯芯。安装灯芯时，应注意配光镜上的标记（箭头或字符），不应出现倒置或偏斜现象。

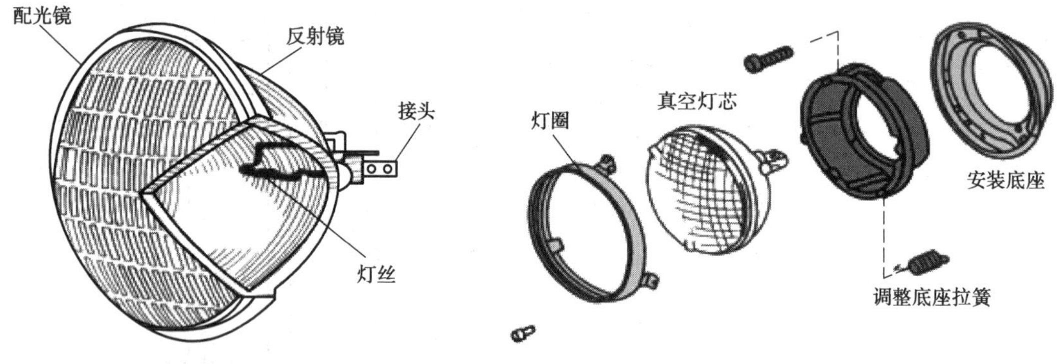

图 5.11 封闭式前照灯

(4) 投射式前照灯

投射式前照灯采用了凸形配光镜，反射镜为椭圆形，其外径很小，结构如图 5.12 所示。

投射式前照灯的反射镜呈椭圆形，有两个焦点。在第一个焦点处放置灯泡，光束经反射会聚至第二个焦点。凸形配光镜的焦点与第二焦点重合，灯泡发出的光被反射镜聚成第二焦点，通过配光镜将聚集的光投射到远方。投射式前照灯使用的光源为卤素灯泡。

在第二焦点附近设有遮光板，可用于遮住投向上半部分的光，形成明暗分明的配光。

它的这种配光特性可适用于前照灯近、远光灯，也可用作雾灯。

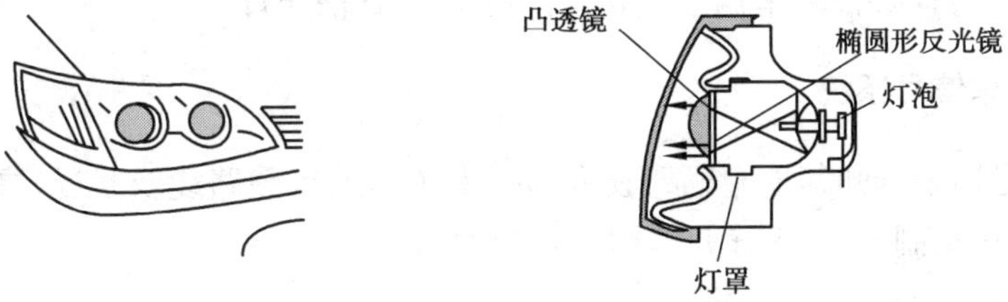

图5.12　投射式前照灯

采用投射式前照灯,可利用的光束增多,若将反射镜做成扁长断面,很多光束便可横向扩散,不仅结构紧凑,而且经济实用。

(5)氙灯

氙灯的结构如图5.13所示,氙灯是一种含有氙气的新型前大灯,又称为高强度放电灯或气体放电灯,英文简称HID(High Intensity Discharge Lamp)。氙灯亮度强,发出的亮色调与太阳光比较接近,消耗功率低,可靠性高,不受车上电压波动影响。

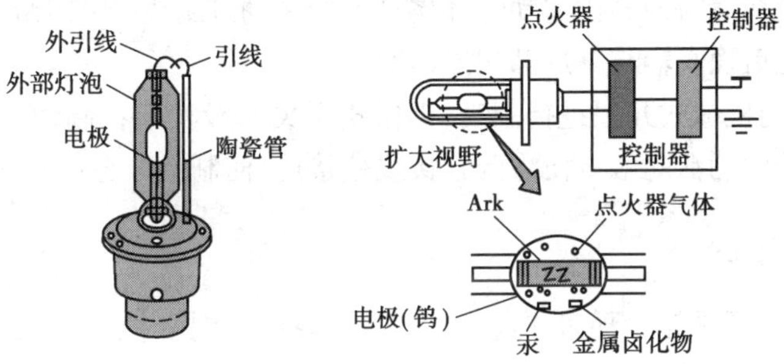

图5.13　氙灯

①氙气灯的构造。

氙气灯由氙气灯泡、电子增压器(即镇流器或稳压器等)、线组等组成。

a. _x0001_　氙气大灯。氙气灯泡无灯丝,靠两个电极产生的火花使气体电离发光。

b. 电子增压器。电子增压器将12 V的直流电压,经过一系列的转换、控制、保护、升压、变频等动作后,产生一个瞬间23 kV的点火高压对氙气灯泡进行点亮,当灯泡点亮后再维持其85 V的交流电压状态。

c. 氙气灯线组。该线组一般采用阻燃材料做成,通过加大电源线的截面积,提高电流通过能力,保证氙气灯的正常工作。

②氙气灯的工作原理。

灯泡的石英玻璃管内,充填氙气等惰性气体与碘化物,然后通过电子增压器将车上12 V的直流电压瞬间增压至23 kV,经过高压振幅激发灯泡石英管内的氙气电子游离,在两电极之间产生光源,即气体放电。氙气灯产生的是白色超强电弧光,工作时所需的电流量仅为3.5 A,亮度是传统卤素灯泡的3倍,使用寿命比传统卤素灯泡长10倍。

(6)LED型前照灯

LED型前照灯利用发光二极管的发光特性实现照明,其优点是明亮、节能,具有可靠性,而且点亮速度快,约130 ms,而普通灯泡的点亮速度是200 ms。LED的寿命达50 000 h(几乎与汽车同寿命）。目前，很多车辆已经安装使用了 LED 前照灯。

5.1.4 汽车信号系统

灯光信号是用来告知其他车辆驾驶人和行人本车的行驶路线及状况，提醒其避让。灯光信号包括前示宽灯、制动灯、倒车灯、雾灯、电喇叭等。

（1）示宽灯及尾灯

示宽灯（也称小灯或尾灯）分别安置在车头和车尾侧面。前示宽灯颜色一般为黄色或白色，后示宽灯（尾灯）颜色为红色，夜间行驶打开示宽灯开关时，仪表灯、牌照灯等同时点亮，显示车辆的形状与位置，警示前后车辆。

（2）制动灯

制动灯安装在车辆尾部，颜色为红色，车尾部两侧各设一个。后风窗玻璃上加装一高位制动灯，能更好地避免追尾事故的发生。随着灯光照明技术的发展，LED 制动灯已普遍使用。LED 制动灯的灯泡不是普通的灯泡，是由多个发光二极管连接在一起组成的。制动信号灯安装在车辆尾部，由设在后窗的高位制动灯和尾灯内的制动灯组成，用于制动时通知后面车辆该车正在制动，以避免后面车辆与其后部相撞（追尾）。

小型车辆多采用机械式开关进行制动，机械式开关一般安装在制动踏板下方。当踩下制动踏板时，制动开关内的活动触点便将两个接线柱接通，使制动灯亮；当松开踏板时，断开制动灯电路。

（3）倒车灯

倒车灯安装在车辆尾部，颜色为白色。当变速器挂入倒挡时点亮，照明车身后方的视野，并提醒后方车辆、行人避让。

（4）雾灯

雾灯安装在车辆头部和尾部，分为前雾灯和后雾灯。前雾灯为橙黄色，光波长，透雾性好。在雾天、雨天、尘埃弥漫能见度低的天气情况下使用，能够明显改善道路照明情况。后雾灯为红色，提醒尾随车辆保持车距。

（5）转向灯及危险警报装置

转向灯安装在车辆头部、尾部的左右两侧，以指示车辆的行驶趋势。为增强提醒效果，很多车型在车身两侧的倒车镜或车身上也装有转向灯。另外，在车辆紧急遇险状态时，打开危险警报装置，所有转向灯全部开始闪烁，提醒其他车辆避让。汽车的信号系统主要包括各种信号灯和喇叭。信号灯包含转向灯、停车灯、倒车灯、制动灯、危险警告灯等。

①转向信号灯和闪光器。

为指示车辆的行驶方向，便于交通指挥，汽车上都装有转向灯。转向信号灯一般由位于车身四角的 4 个转向信号灯、两个转向指示灯、转向开关和闪光器等组成。

②紧急信号灯。

现在，主流车款多采用转向闪光器作为紧急信号灯报警使用。当汽车出现危险情况时，只要接通危险报警开关，则汽车车身四角的所有转向灯同时闪烁以示危险。

③喇叭。

为了警告行人和其他车辆，以引起注意并保证安全，汽车上都装有喇叭。汽车喇叭按发音动力划分为气喇叭和电喇叭两种。气喇叭是利用气流使金属膜片振动产生声响,多用在具有压缩空气气源的载货汽车上。电喇叭是利用电磁力使金属膜片振动产生声响,广泛应用于各种类型的汽车。

电喇叭按有无触点可分为普通电喇叭和电子喇叭。

[任务检测]

1. 前照灯的作用是________。

2. 常用灯系的类型有________和________。

3. 对前照灯的基本要求是____。

4. 前照灯的组成是________、________和________。

5. 前照灯的分类有________、________、________、________、________。

6. 图5.14所示是氙灯结构图,请说明其性能。

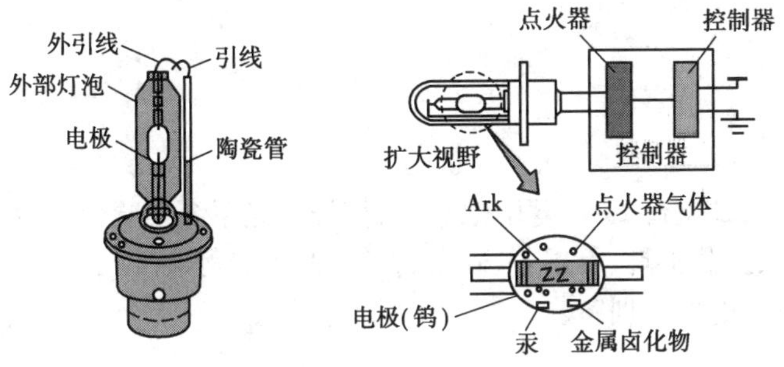

图5.14

7. 闪光器的类型有________、________和________。

8. 电子闪光器的特点是________、________、________。

9. 信号灯常见的故障现象有:____。

10. 下图是电子闪光器的原理图,请填写相应内容。

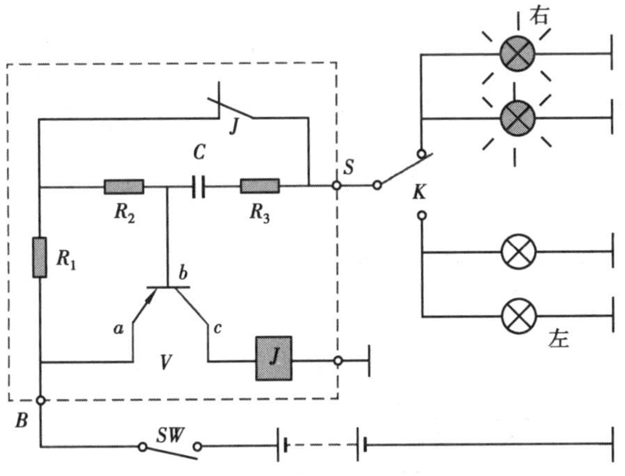

图5.15

带继电器电子闪光器的工作原理:

____

____

____

续表

<table>
<tr>
<td>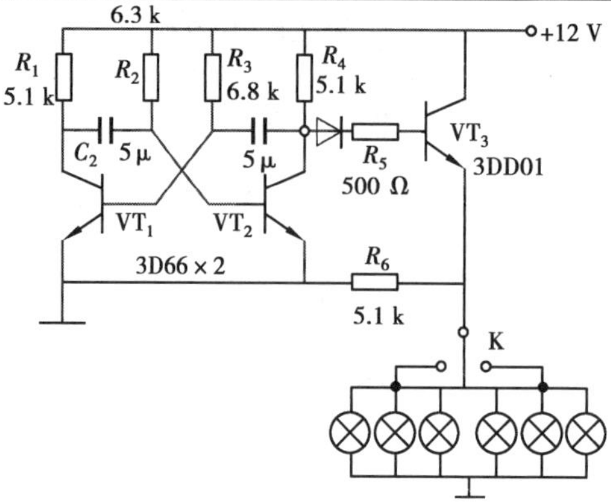

图 5.16</td>
<td>不带继电器电子闪光器的工作原理：
____
____
________________</td>
</tr>
</table>

[任务实施]

1）准备

①设备：汽车电器试验台 2 台、蓄电池 2 只、信号灯光系统实验台 2 台。

②工具：拆装台、拆装工具、万用表、砂布、弹簧秤、抹布等。

③授课地点：汽车电器实训室。

2）实施

老师用示教板、多媒体和灯光实训台及实车讲解汽车信号灯光系统的作用、组成和工作原理。分配学习任务。学生分组实施。

根据实验台架及实车指出照明信号系统各组成部分的名称及作用并填写在表 5.1 及表 5.2 中。

表 5.1　照明系统名称与作用

序　号	名　称	作　用
1		
2		
3		
4		
5		
6		
7		
8		
9		
10		
11		

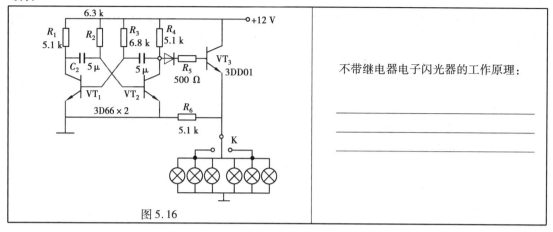

表5.2　信号系统名称与作用

序　号	名　称	作　用
1		
2		
3		
4		
5		
6		
7		
8		
9		
10		
11		

[任务检测]

一、填空题

1. 汽车灯具按照用途可分为________、________或指示灯。

2. ________装在汽车头部的两侧,用于夜间或光线昏暗路面上汽车行驶时的照明。

3. ________的作用是当变速器挂入倒挡时点亮,照明车身后方的视野,并提醒后方车辆、行人避让。

4. 目前常使用的前照灯有________、________、________、________、________五类。

二、判断题

1. 氙气大灯分为有灯丝和无灯丝两种。

2. 当汽车出现危险情况时,只要接通危险报警开关,则汽车车身四角的所有转向灯同时闪烁以示危险。 (　　)

3. LED灯的寿命与氙气大灯的一样长。 (　　)

4. 前照灯电路主要由组合开关、大灯继电器及前照灯组成。 (　　)

5. 封闭式前照灯是一种含有氙气的新型前大灯,又称高强度放电灯或气体放电灯,英文简称HID。 (　　)

三、选择题

1. 为了避免(　　)作用,一般在汽车上都采用双丝灯泡的前照灯,可以通过变光开关切换远光和近光。

A. 雾灯的眩目　　B. 近光灯的眩目　　C. 前照灯的眩目

2. 对于(　　)的前照灯,一般把光束最亮区域的中心作为光轴中心,用此检测光束的照射位置。

A. 所有配光特性　　B. 对称配光特性　　C. 不对称配光特性

3. 氙气灯一般来说由氙气灯泡、(　　)、线组等组成。

A. 放大器　　B. 调压器　　C. 电子增压器

4. 雾灯安装在车辆头部和尾部，分为前雾灯和后雾灯。雾灯灯光为(　　)。

A. 红色　　B. 黄色　　C. 白色

5. 电喇叭按有无触点可分为普通电喇叭和(　　)。

A. 电子喇叭　　B. 数字电子喇叭　　C. 机械喇叭

四、简答题

1. 简述汽车前照灯的发展历程。

2. 说明汽车照明系统由哪些灯组成？各有什么作用？

3. 说明汽车信号系统由哪些灯组成？各有什么作用？

4. 闪光信号不亮故障的排除方法。

【评价与反馈】

评价与反馈见表5.3。

表5.3　评价与反馈表

班级：　　　　姓名：　　　　指导教师：

序号	考核项目	配分	考核内容	配分	考核标准	得分
1	出勤/纪律	5	出勤	2	违规一次不得分	
			行为规范	3	违规一次不得分	
2	安全/防护/环保	20	着装	4	违规一次不得分	
			个人防护	4	违规一次不得分	
			5S	4	违规一次不得分	
			设备使用安全	4	违规一次不得分	
			操作安全	4	违规一次不得分	
3	知识水平	20	知识测验成绩	20	测验成绩的20%计	
4	技能考核	40	技能测验成绩	40	测验成绩的40%计	
5	学习能力	10	工单填写、计划制订	4	未做不得分	
			组内活动情况	4	酌情扣1~4分	
			资料查阅和收集	2	未做不得分	
6	任务拓展	5	知识拓展	2	未做不得分	
			技能拓展	3	未做不得分	
7	总分	100				

【教师评估】

教师评估见表5.4。

表5.4　教师评估表

序号	优点	存在的问题	解决方案
教师签字：			

任务5.2　汽车照明系统的故障检测与排除

[任务目标]

目标类型	目标要求
认知目标	知道照明系统控制线路的结构、原理、特性；了解照明系统的功能
技能目标	能正确分析照明灯及控制线路的故障原因；会使用工具检测及排除故障
情感目标	(1)养成主动学习的习惯 (2)培养5S意识

[任务描述]利用检测仪器对前照灯进行调整；利用万用表对前照灯不亮故障进行处理。

[知识准备]

5.2.1　前照灯的检测与调整

前照灯在使用过程中，会因灯泡老化、反射镜变暗、照射位置不正而使前照灯的发光强度不足或照射位置不正确，影响汽车行驶速度和行车安全，必须对前照灯进行检测和调整。

前照灯的发光强度是指光源在给定方向上所能发出的光线强度。国家标准对汽车前照灯远光光束的发光强度有明确的要求，具体标准见表5.5。

表5.5　前照灯远光光束发光强度要求

车辆类型	新注册机动车		在用机动车	
	两灯制	四灯制	两灯制	四灯制
汽车、无轨电车	15 000	12 000	12 000	10 000
四轮农用运输车	10 000	10 000	8 000	6 000

注：采用四灯制的机动车其中两只对称的灯达到两灯制的要求时视为合格。

前照灯的发光强度一般用前照灯检测仪进行检测。它利用光电池受光线照射后产生电动势，再由光度计（实质上是一个电流表）来指示前照灯的发光强度。前照灯的发光强度高，光电池产生的电流大,光度计指示的值就高。

前照灯的光束照射位置是光轴中心相对于前照灯配光镜几何中心在垂直方向偏上或偏下、水平方向偏左或偏右的距离。对于对称配光特性的前照灯,一般把光束最亮区域的中心作为光轴中心,用此检测光束的照射位置。对于非对称配光特性的前照灯,一般以光束明暗截止线交点或中心作为光轴中心,用此检测光束照射位置。前照灯的远光一般都采用对称形配光,光形分布具有水平方向宽、垂直方向窄等特点。前照灯的近光,我国规定采用非对称形配光,光形分布是近光光束最亮部分向右下偏移,在配光屏幕上具有明显的明暗截止线。用屏幕可以检测前照灯的光束照射位置,国家标准对汽车前照灯光束照射位置的规定是:机动车在检验前照灯的近光光束照射位置时,被测车辆空载(允许乘坐一名驾驶员),轮胎气压正常,汽车正对屏幕 10 m 处,光束明暗截止线转角或中心的高度应为 0.6 H~0.8 H(H 为前照灯中心高度),其水平方向位置向左偏或向右偏均不得超过 100 mm。四灯制前照灯远光单束灯的调整,要求在屏幕上光束中心离地面高度为 0.85 H~0.90 H,水平位置要求左灯向左或向右偏均不得大于 170 mm。前照灯光束照射位置不符合规定要求时应利用上下、左右调整螺钉进行调整,装用远、近双丝灯的前照灯以调整近光光束为主。

用屏幕只能检测前照灯的光束照射位置,不能检测发光强度。目前,汽车维修企业和汽车检测站广泛采用前照灯检测仪来检测前照灯的发光强度和光束照射位置,据此来检验和调整汽车前照灯的发光强度和光轴偏斜量。前照灯检测仪检测前照灯的光束位置一般是将 4 块光电池组合在一起,位于上、下的光电池接有上下偏斜指示计,位于左、右的光电池接有左右偏斜指示计,当前照灯照射在光电池上后,上下偏斜指示计和左右偏斜指示计将发生摆动,据此可测出前照灯的光束照射位置。前照灯检测仪按测量方法不同分为聚光式、屏幕式、投影式、自动追踪光轴式、全自动式等多种,使用方法虽各不相同,但检测原理大同小异,具体的使用方法可以参考其说明书操作。目前应用较多的是全自动式检测仪。

前照灯的电路主要由灯光开关、变光开关、大灯继电器及前照灯组成。

5.2.2 照明系统的灯光控制

1)自动灯光控制系统

控制开关处于 AUTO(自动)位置时,自动照明控制传感器检测环境的照明亮度。当光线暗的时候,系统自动打开前照灯。自动照明控制传感器位于仪表盘的上部。某些车辆在照明开关上没有"AUTO"位置。在这种情况下,自动照明控制系统在开关"OFF"位置时工作。

2)日间行车灯光(DRL)系统

日间行车中,发动机运行的同时,前照灯和尾灯自动点亮(即使在白天也这样),使其他车辆可以看到它。在该系统中,如果前照灯用与夜间相同的亮度连续点亮,灯泡寿命将会缩短。为了防止这一情况,当日间行车系统运行时,灯光亮度会自动降低很多。

3)前照灯光束水平控制系统

车辆的载荷情况,自动将前照灯光束调到最佳的照射角度。

4)迎宾照明系统

如果车内很暗,人们难以看见点火开关和足部区域。迎宾照明系统在车门关闭后,将点火开关照明灯及车内灯开亮一定的时间,使人们能容易地将点火钥匙塞入锁芯,或者看清足部区域(只有车内灯处于"DOOR"位置时)。

5)车内灯提醒系统

在车内灯开着的状态下离开车,可能使蓄电池的电放光。为了防止这一情况,在车门虚掩或开着,点火开关在“LOCK”位置或点火钥匙没有插入点火锁芯的情况下,该系统在经过一定的点亮时间后会自动关掉车内灯 。

6)灯光提醒蜂鸣器系统

蜂鸣器系统的目的是防止由于驾驶人忘记关掉前照灯和尾灯而将蓄电池的电车后灯警告系统用光,而发出警报声提醒。

7)制动灯损坏报警

制动灯等的灯泡烧坏时驾驶人无法直接看到。车后灯警告系统通过组合仪表中的警告指示灯通知驾驶人诸如尾灯和制动灯灯泡损坏。

5.2.3　前照灯的控制电路

1)卤素灯的控制电路

普通前照灯电路即非CAN-BUS电控电路。该电路主要由蓄电池、灯光组合开关(灯光开关、变光开关)、继电器(前照灯继电器、变光继电器)、熔断丝、灯泡组成。前照灯的操作分为近光灯操作、远光灯操作、会车(变光)灯操作。

各种类型的前照灯系统,其差别在于是否有诸如前照灯继电器和变光继电器之类的电器设备。一般来说,当变光开关在“FLASH”位置时,即使灯光控制开关处于“OFF”位置也可开亮灯光。

(1)无前照灯继电器和变光继电器的类型

①近光灯状态。灯光控制开关移动到“HEAD(LOW)”位置时,近光灯点亮,电流走向如图5.17所示。

②远光灯状态。当灯光控制开关移到“HEAD(HIGH)”位置时,远光灯点亮,并且组合表上的远光指示灯点亮,电流走向如图5.17所示。

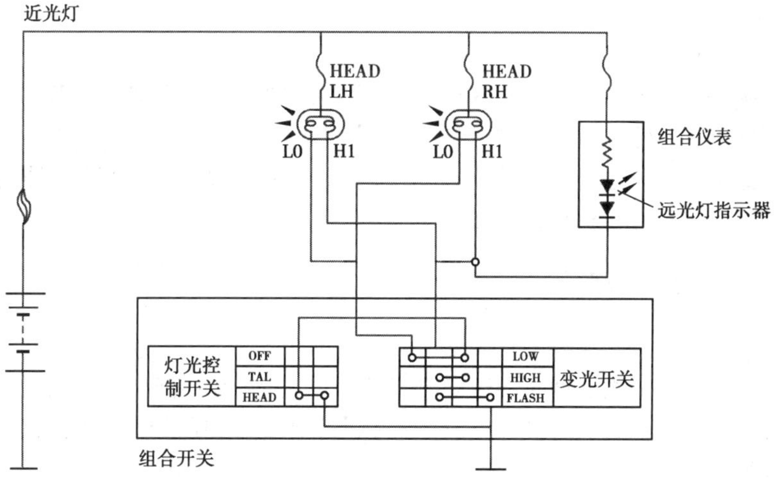

图5.17　无继电器的近光灯电路

(2)带前照灯继电器,不带变光继电器的类型

①近光灯状态。灯光控制开关移动到“HEAD(LOW)”位置时,前照灯继电器打开,近光

灯点亮,电流走向如图 5.17 所示。

②远光灯状态。当灯光控制开关移到"HEAD(HIGH)"位置时,前照灯继电器打开,远光灯点亮,同时,电流从前照灯(近光灯)流到远光指示灯,指示灯亮,电流也流到前照灯(近光灯),但是由于它们的电流小,它们不点亮,如图 5.18 所示。

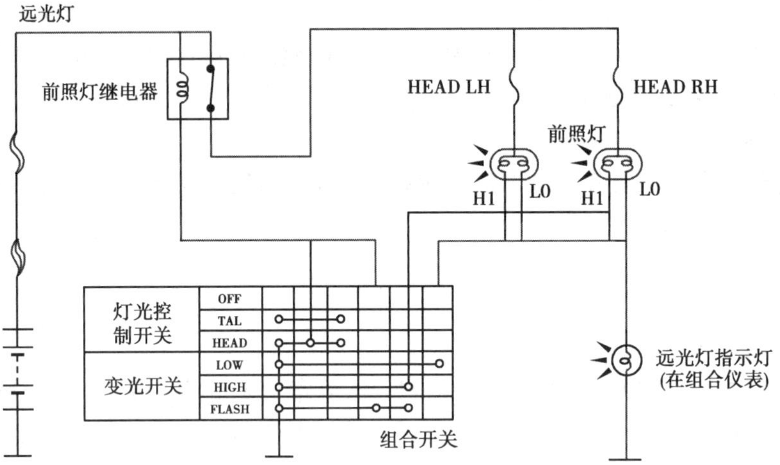

图 5.18　带前照灯继电器的远光灯状态的电路

(3)电控前照灯的控制过程

①车灯开关发出的远/ 近光信号输送到车身控制模块。

②车身控制模块经过接受、处理,把开/ 关灯信号通过 CAN 总线的 K/ L 数据线输送到发动机舱智能电源分配模块。

③信号输送到发动机舱智能电源分配模块的同时,通过 M/ N 数据线输送到一体化仪表和 A/ C 放大器,一体化仪表和 A/ C 放大器控制仪表上的远光指示灯点亮。

④IPDM E/ R 通过远光继电器、熔断丝和 R/ T 线控制远光灯点亮;通过近光继电器、熔断丝和 Q/ S 线控制近光灯点亮。

2)氙灯的控制电路

氙灯的控制电路与卤素灯电路基本相同,只是在结构上有所区别。卤素灯的远、近光各有一灯丝,车身控制模块直接控制卤素灯泡的远近光灯丝。

氙灯远近光共用一个灯泡,但在结构上增加了远光电磁线圈。电磁线圈控制前照灯灯罩的移动,灯罩的作用使近光变为远光,如图 5.19 所示。

5.2.4　自动控制前照灯

1)前照灯的自动变光

自动变光装置可使车辆根据对面来车灯光的强度自动变换前照灯的远、近光。

自动变光系统由透镜、光敏传感器、放大器、灯光继电器和前照灯组成。整个自动变光系统工作原理如下:

当迎面车辆的灯光照到前照灯上时,透镜将光线聚焦在光敏传感器上,阻值的变化信号通过放大器放大后,输送到前照灯继电器,继电器将远光变为近光。当车辆驶过后,光线变暗,放大器无信号输出,灯光由近光变回远光。

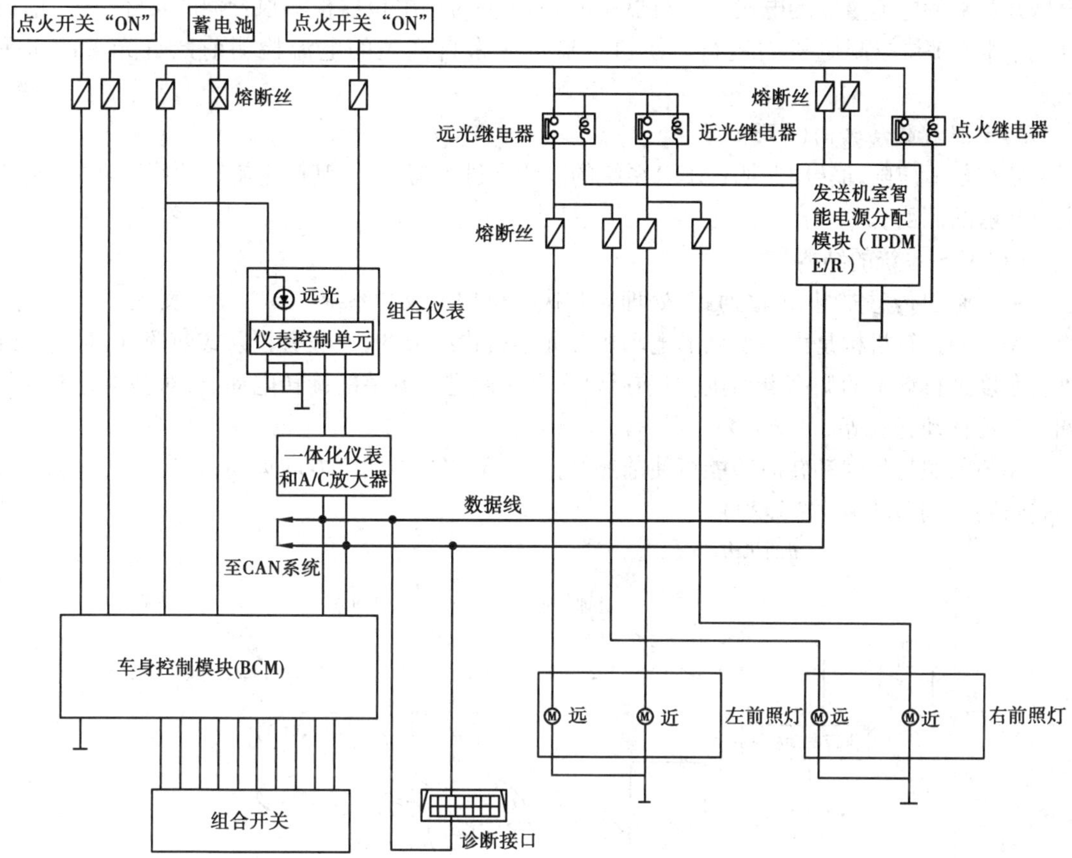

图5.19　氙气灯控制电路

2)自动开灯系统

自动开灯是指车辆行驶中前方的光线降低到一定程度时,如驶入隧道、天空突然变暗等,前照灯电路自动接通,确保安全。

3)延时关闭系统

延时关闭是指当驾驶人把车辆驶入车库光线较暗时,关闭所有开关前,按下前照灯延时关闭按钮,即使现在所有开关都关闭,前照灯也能照亮一段时间(时间由驾驶人设定),为驾驶人下车离去提供时间,该装置也称为回家照明。

4)前照灯光束水平控制系统

(1)前照灯光束水平控制开关

驾驶人可用开关上的旋钮上下调整前照灯的光束水平度。开关中有一只可变电阻,它根据旋钮位置输出相应的电流。

前照灯光束水平控制执行器。该执行器使电机以顺时针或逆时针方向旋转,按照前照灯光束水平控制开关使输出轴前后移动,使前照灯的光束移上移下。执行器设有一只电位器,按照执行器的位置,发送一个信号到ECU。

(2)前照灯光束水平控制的工作原理

与前照灯光束水平控制开关成比例的电流从集成电路输出。执行器左侧和右侧的ECU

根据开关来的电流量驱动电机。执行器中的 ECU 同时用电位器检测执行器的实际位置(前照灯光束水平)并控制电机的运行。使执行器按照来自开关的电流检测前照灯光束的水平位置。

5)前照灯随动转向(AFS)

装有自适应随动转向照明(AFS)系统的车辆在进入弯道时,其产生旋转的照明功能,给弯道以足够的照明。

(1)AFS 系统的结构

AFS 是由传感器组、传输通路、处理器和执行机构组成的系统。

AFS 的执行机构是由一系列的电动机和光学机构组成的,一般有投射式前照灯,对前照灯垂直角度进行调整的调高电动机,对前照灯水平角度进行调整的旋转电动机,对基本光型进行调整的可移动光栅等。

AFS 前照灯的随动转向功能可使前照灯向上、下、左、右四个方向运动,具有水平动态调节和转弯动态调节功能(图 5.20)。

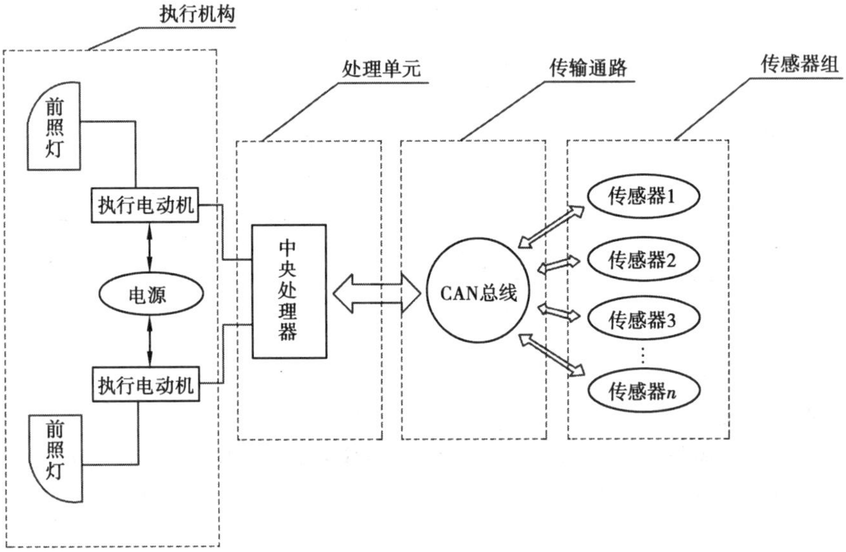

图 5.20　AFS 系统模块简图

(2)AFS 的工作原理

前照灯可以在转弯时对灯光进行动态调节,这种前照灯的投射模块内装有一个电机,该电机可在车辆转弯时在水平方向上改变灯光照射方向。前照灯的透镜和支架并不转动。灯光转动的角度在转弯方向的内侧可达 15°、外侧可达 7.5°,使内侧视线宽阔,外侧较暗,防止迎面驾驶人眩目。这个角度变化可使车辆在转弯时得到更好的照明效果。

5.2.5　前照灯故障检测方法

1)灯光不亮的排除办法

灯光不亮的原因主要有灯泡损坏、保险丝熔断、灯光开关或继电器损坏及线路短路或断路故障等。在进行故障诊断时,应根据电路图对电路进行检查,判断出故障的部位。

(1)灯泡或熔断器损坏

如果一只灯不亮一般为灯丝烧断,将灯泡拆下后检查,若灯泡损坏,则更换新灯泡。如果几只灯都不亮,按喇叭,喇叭不响,则可能是总熔断器熔断;若同属一个熔丝的灯泡都不亮,则可能是熔丝熔断。处理这两类故障时,在将总熔断器复位或更换新的熔丝之前,应查找超负荷的原因,方法是:将熔丝所接各灯的接线从灯座拔掉,用万用表电阻挡测接灯端与搭铁之间的电阻,若电阻较小或为零,则可断定线路中有搭铁故障,排除故障后,再把熔断器复位或更换新的熔丝。

(2)灯光开关、继电器及线路的检查

①灯光开关的检查。可用万用表检查开关各挡位的通断情况,若与要求不符,应更换灯光开关。

②继电器的检查。将继电器线圈直接供电,检查继电器是否能正常工作,如不能正常工作,应更换继电器。

③线路的检查。在检查时可用万用表或试灯逐段检查线路,找出短路或断路故障的部位。

2)亮度下降的排除办法

若灯光亮度不够,多为蓄电池电量不足或发电机及调节器故障所引起。另外,导线接头松动或接触不良,导线过细或搭铁不良,散光镜坏或反射镜有尘垢,灯泡玻璃表面发黑或功率过低及灯丝没有位于反射镜焦点上,均可导致灯光暗淡。

检查时,首先检查蓄电池和发电机的工作状态。若不符合要求,应先恢复电源系统的正常工作电压,在电源正常的状态下,检查线路的连接情况及灯具是否良好。

3)灯泡频繁烧坏的排除办法

灯泡频繁烧坏一般是电压调节器不当或失调,使发电机输出电压过高造成的,应重新将工作电压调整到正常工作范围。此外,灯具的接触不良也有可能造成灯泡的频繁损坏,检查时也应注意这方面的情况。

[任务实施]

1)准备

①设备:汽车电器试验台2台、蓄电池2只,信号灯光系统实验台2台。

②工具:工具、万用表、抹布等。

③授课地点:汽车电器实训室。

2)实施

老师用示教板、多媒体和灯光实训台及实车讲解汽车照明系统的作用、组成和工作原理。分配学习任务。学生分组实施。

在下面画出前照灯的配光光形

通过上述检查,得出以下结论:

____

____

【知识拓展】

汽车前照灯故障维修

1. 所有灯全不亮

(1)故障原因

蓄电池与等总开关之间相线断路、灯总开关损坏、电源总熔丝断。

(2)用试灯对断路故障点进行检查

将试灯的一端夹在发电机或车架上,搭铁,接通灯开关,把试灯另一端依次与蓄电池到该灯之间连接线上各测试点相接触,如灯亮,再与下一个测试点接触,直至试灯不亮为止。试灯在亮与不亮之间有断路故障。

(3)用万用表直流电压挡对断路故障点进行检查

将万用表黑表笔搭铁,红表笔分别与各测试点接触,检查电源电压是否正常。

2. 远光灯或近光灯不亮

(1)故障原因

变光器损坏、导线断路或导线连接器接触不良或灯泡坏、远光灯或近光灯熔丝坏、灯光继电器损坏、导线搭铁、灯总开关损坏。

(2)断路点故障检测

用试灯或万用表检查。

(3)短路搭铁故障检查

①当接通照明开关时,熔丝立即烧断,说明照明开关所接通的照明线路有搭铁故障,其故障部位在灯开关与灯之间。

②用试灯检查。首先断开照明灯、照明开关的连线,将试灯一端与蓄电池“+”极相连,另一端与接照明灯或照明开关的连线头相接,如试灯亮,说明有搭铁故障存在,此时逐个拆开从照明开关到照明灯之间导线上的各个接点,如试灯灭,则搭铁故障发生在灯灭时拆开的接线点与上一个拆开的接线点之间的导线上。

③用万用表检查。将万用表一只表笔搭铁,另一只表笔与接灯的导线线头连接,如万用表读数为零,说明有搭铁故障。

3. 前照灯灯光暗

故障原因:熔丝松动、导线接头松动、前照灯开关或继电器接触不良、发电机输出电压低、用电设备漏电、负荷增大搭铁不良。

4. 一侧前照灯亮度正常

故障原因:前照灯亮的一侧搭铁不良;导线连接器的插接头接触不良。

5. 前照灯亮,后灯正常,小灯不亮

故障原因:灯总开关损坏、熔丝断、小灯灯泡坏、小灯线路断路、继电器损坏。

6. 一侧小灯亮,另一侧小灯暗且该侧指示灯和后转向灯亮但不闪烁

故障原因:亮度暗淡的小灯灯壳搭铁不良。

7. 灯泡经常烧坏

故障原因：发电机输出电压过高。

［任务检测］

一、填空题

1. 前照灯的检测与调整。检测情况为：____。

2. 灯光不亮的原因主要有灯泡损坏、保险丝熔断、灯光开关或继电器损坏及线路短路或断路故障等。检测情况为：____。

3. 若灯光亮度不够，多为蓄电池电量不足或发电机及调节器故障所引起。检测情况为：____。

4. 灯泡频繁烧坏一般是电压调节器不当或失调，使发电机输出电压过高造成的，应重新将工作电压调整到正常工作范围。检测情况为：____。

二、判断题

1. 我国交通法规规定，夜间会车时，须在距对面来车150米以外互闭远光灯，改用防眩目远光灯。（　　）

2. 日间行车系统运行时，灯光亮度会自动降低很多。（　　）

3. 装有自适应随动转向照明（AFS）系统车辆在进入弯道时，其产生旋转的照明功能，给弯道以足够的照明。（　　）

三、选择题

1. 前照灯的操作分为近光灯操作、（　　）、会车（变光）灯操作。

A. 危险警告灯操作　　B. 示廓灯操作　　C. 远光灯操作

2. 自动开灯是指车辆行驶中前方的（　　）降低到一定程度时，如驶入隧道、天空突然（　　）变暗等，前照灯电路自动接通，确保安全。

A. 光线　　B. 距离　　C. 雾天

3. 前照灯亮，后灯正常，小灯不亮故障原因：灯总开关损坏、熔丝断、小灯灯泡坏、小灯线路断路、（　　）。

A. 大灯故障影响　　B. 继电器损坏　　C. 蓄电池故障

四、简答题

1. 说明前照灯远近光切换的原理。

2. 分析汽车前照灯故障的原因，并写出检修方法。

3. 分析氙气大灯的工作原理。

4. 前照灯检查的基本条件是什么？

【评价与反馈】

评价与反馈见表5.6。

表5.6　评价与反馈表

班级：　　　　　　姓名：　　　　　　指导教师：

序号	考核项目	配分	考核内容	配分	考核标准	得分
1	出勤/纪律	5	出勤	2	违规一次不得分	
			行为规范	3	违规一次不得分	

续表

序号	考核项目	配分	考核内容	配分	考核标准	得分
2	安全/防护/环保	20	着装	4	违规一次不得分	
			个人防护	4	违规一次不得分	
			5S	4	违规一次不得分	
			设备使用安全	4	违规一次不得分	
			操作安全	4	违规一次不得分	
3	知识水平	20	知识测验成绩	20	测验成绩的20%计	
4	技能考核	40	技能测验成绩	40	测验成绩的40%计	
5	学习能力	10	工单填写、计划制订	4	未做不得分	
			组内活动情况	4	酌情扣1~4分	
			资料查阅和收集	2	未做不得分	
6	任务拓展	5	知识拓展	2	未做不得分	
			技能拓展	3	未做不得分	
7	总分	100				

【教师评估】

教师评估见表5.7。

表5.7 教师评估表

序　号	优　点	存在的问题	解决方案
教师签字:			

任务5.3 汽车信号系统的故障检测与排除

[任务目标]

目标类型	目标要求
认知目标	知道信号灯及控制线路的结构、原理、特性;了解信号系统的功能
技能目标	能正确分析信号灯及控制线路的故障原因;会使用工具检测及排除故障
情感目标	(1)养成主动学习的习惯 (2)培养5S意识

[任务描述]利用检测仪器对信号灯故障进行处理。

[知识准备]

5.3.1 汽车信号系统的控制电路

1)闪光继电器

转向信号闪光器是使转向信号灯按一定时间间隔闪烁的器件,它可根据不同的原理运作。目前使用的闪光器主要有电热式、电容式和电子式闪光器。电子式闪光器具有性能稳定、可靠性高、寿命长的特点,已获得广泛应用。

(1)电热式闪光器

如图5.21所示为电热式闪光器的结构原理图。该闪光器串联在电源与转向灯开关之间,有两接头,分别接电源和转向灯开关。当汽车转向时,接通转向开关,电流从蓄电池"+"极→附加电阻→电热丝→触点臂→转向开关→转向灯及仪表指示灯(左或右)→搭铁→蓄电池"-"极,构成回路。由于附加电阻和电热丝串在电路中,使电流较小,故转向灯不亮。经短时间电热丝(镍铬丝)发热膨胀,使触点闭合,此时电流由蓄电池"+"极→线圈→触点→转向开关→转向灯及转向指示灯(左或右)→搭铁→蓄电池"-"极,构成回路。此时附加电阻和电热丝被短路,且线圈中产生的电磁吸力使触点闭合更紧,电路中电阻小电流大,转向灯发出较亮的光。此时无电流流经电热丝而使其冷却收缩,又打开触点,附加电阻和电热丝又重新串入电路,灯光变暗,如此反复,使转向灯明暗交替,示意行驶方向,闪光频率(60~90次/min)可通过调整电热线的电热丝拉力和触点间隙来进行。

(2)电容式闪光器

如图5.22所示为电容式闪光器的结构原理图。它也是串联在电源开关和转向灯开关之间,有两接柱(B和L),分别接电源开关和转向灯开关。汽车转向时接通转向开关8,电流经蓄电池"+"极→电源开关11→接线柱B→线圈3→常闭合触点1→接线柱L→转向灯开关→转向灯及转向指示灯→搭铁→蓄电池"-"极,构成回路,此时线圈4、电容7、电阻5被触点1短路,而流经线圈3所引起的吸力大于弹簧片2的作用力,将触点1迅速打开,转向灯处于暗的状态(尚未来得及亮)。触点1打开后,蓄电池开始向电容器7充电,其回路为:蓄电池"+"极→电源开关11→接线柱B→线圈3→线圈4→电容7→转向灯开关8转向灯及转向指示灯

(左或右)→搭铁→蓄电池“-”极。由于线圈4电阻较大,充电电流较小,仍不足以使转向灯亮。与此同时,线圈3、4产生的电磁吸力方向相同,使触点1继续打开,随着电容器C两端电压升高,充电电流逐渐减小,电磁吸力也减小,在弹簧片作用下,触点1闭合。触点1闭合后,电源通过线圈3、触点1,经转向开关8向转向灯供电,电容器经线圈4、触点1放电。此时线圈3和线圈4方向相反,产生的电磁吸力减小,不足以使触点1打开,转向灯亮。随着电容器两端电压下降,流经线圈4的电流减少,产生的退磁作用减弱,线圈3产生的电磁吸力又将触点1断开,转向灯变暗。蓄电池再次向电容器充电,如此反复,使转向灯以一定的频率闪烁。

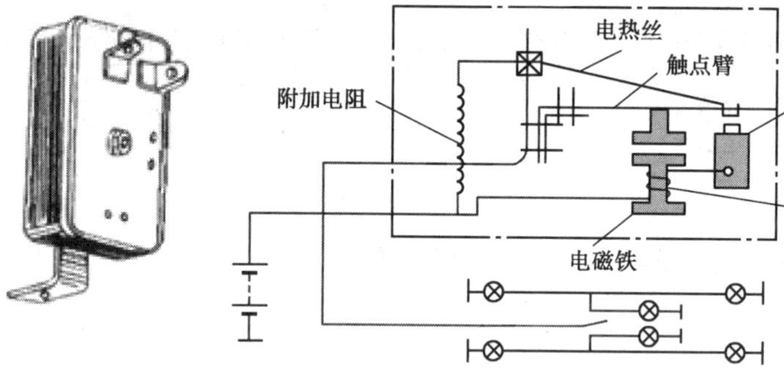

图5.21　电热式闪光器

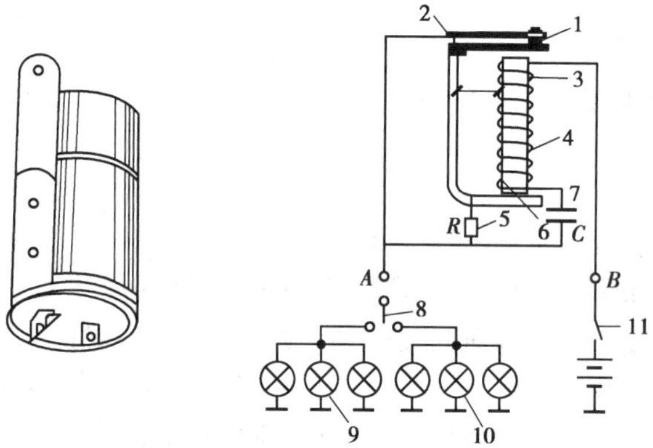

图5.22　电容式闪光器

(3)电子式闪光器

电子闪光器可分为触点式(带继电器)和无触点式(不带继电器),不带继电器的电子闪光器又称为全电子闪光器。

①带继电器触点式晶体管闪光器。

如图5.23所示,当接通电源开关和转向灯开关后,主线路为蓄电池“+”极→电源开关SW→接线柱B→R_1→继电器J的触点→接线柱S→转向开关→转向灯及转向指示灯(左或右)→搭铁→蓄电池“-”极,转向灯亮。当继电器J的触点闭合时,转向灯亮,触点断开时,转向灯灭,而触点的闭合与否取决于三极管的导通状况,电容C的充放电使三极管反复导通截止,这样触点也就时通时断,使转向信号灯闪烁发光。

②不带继电器无触点式晶体管闪光器。

无触点式晶体管闪光器又称为全电子式闪光器,即把触点式晶体管闪光器中的继电器去掉,用大功率晶体管取代原来的继电器,如图5.24所示。本闪光器电路的振荡部分实际上是一个典型的非稳态多谐振荡器，其电路结构对称，也就是说，$R_1=R_4$、$R_2=R_3$、$C_1=C_2$，VT_1 与 VT_2 为同型号的晶体三极管，且其参数相同。闪光器的输出级采用一只大功率三极管 VT_3。当 VT_3 导通时，可将转向灯电路接通，使灯点亮；当 VT_3 截止时，转向灯电路被切断而使灯变暗，从而发出频率为 70～90 次/min 的闪光信号。

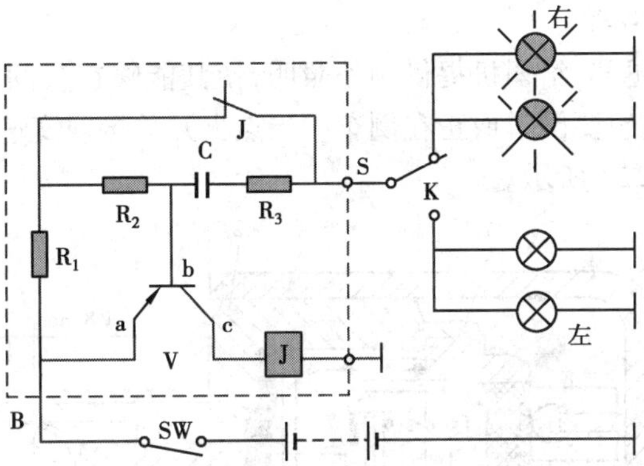

图5.23　带继电器触点式晶体管闪光器

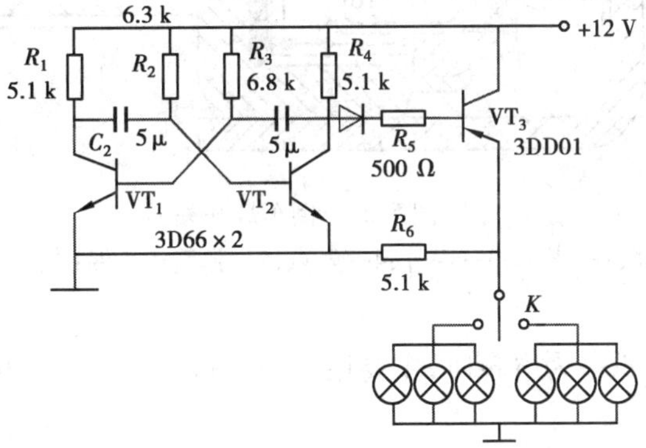

图5.24　不带继电器无触点式晶体管闪光器

2）制动信号灯

制动信号灯安装在车辆尾部，通知后面车辆该车正在制动，以避免后面车辆与其后部相撞，其简化电路如图5.25所示。由图5.22可知，制动信号灯由制动开关控制，从控制的方式不同可分为气压式、液压式和机械式3种。其中，气压式和液压式制动开关一般装于制动管路中，工作情况都是利用气压或液压使开关中两接柱相连，从而导通制动信号灯电路，这两种开关经常在载重货车上使用。小型轿车经常使用机械式开关，一般安装于制动踏板下方，当踩下制动踏板时，制动开关内的活动触点便将两接柱接通，使制动灯点亮；当松开踏板后，断开制动灯电路，如图5.26所示。

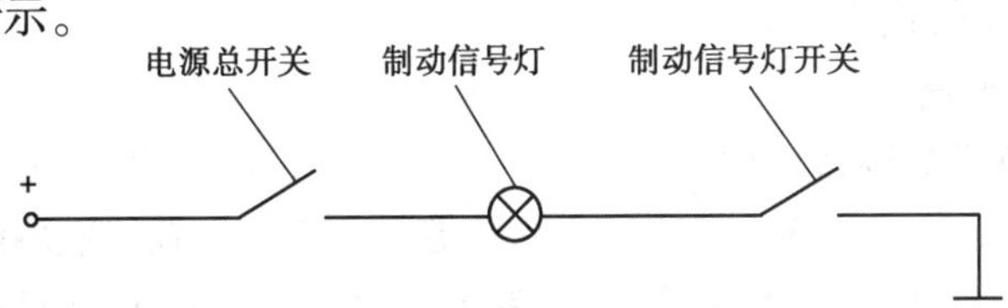

图5.25　制动信号灯

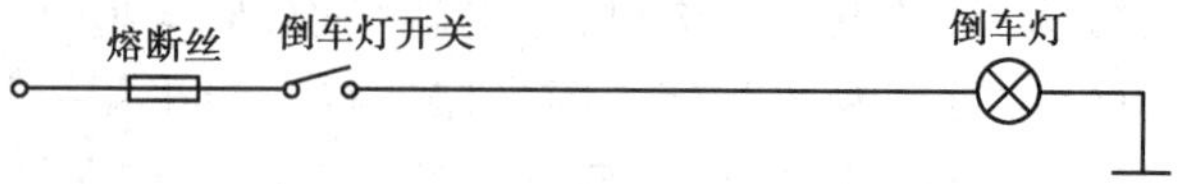

图5.26　倒车灯

3)倒车灯与倒车蜂鸣器

倒车灯安装于车辆尾部,给司机提供额外照明,使其能够在夜间倒车时看清车的后部,也警告后面车辆,该车司机想要倒车或正在倒车。当点火开关接通变速器换至倒车挡时,倒车灯点亮,其简化电路如图5.27所示。

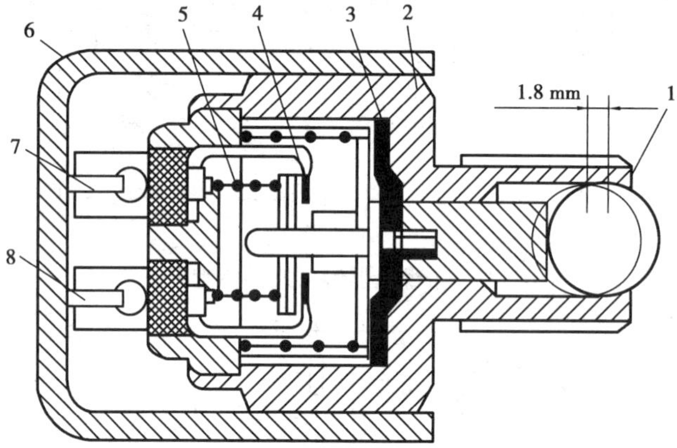

图5.27　倒车灯开关

1—钢球;2—壳体;3—膜片;4—触点;5—弹簧;6—保护罩;7,8—导线

4)电喇叭

汽车上所装用的喇叭多为电喇叭,主要用于警告行人和其他车辆,以引起注意,保证行车安全。

喇叭按发音动力有气喇叭和电喇叭之分;按外形有螺旋形、筒形、盆形之分;按声频有高音和低音之分;按接线方式有单线制和双线制之分。

气喇叭是利用气流使金属膜片振动产生音响,外形一般为筒形,多用在具有空气制动装置的重型载重汽车上。电喇叭是利用电磁力使金属膜片振动产生音响,其声音悦耳,广泛使用于各种类型的汽车上。

电喇叭按有无触点可分为普通电喇叭和电子电喇叭。普通电喇叭主要靠触点的闭合和断开,控制电磁线圈激励膜片振动而产生音响;电子电喇叭中无触点,它是利用晶体管电路激励膜片振动产生音响的。

在中小型汽车上,由于安装的位置限制,多采用螺旋形电喇叭。盆形电喇叭具有体积小、质量轻、指向好、噪声小等优点。

(1)筒形、螺旋形电喇叭

筒形、螺旋形电喇叭的构造如图5.28所示。其主要机件有山形铁心、线圈、衔铁、膜片、共鸣板、扬声筒、触点以及电容器等。膜片和共鸣板借中心杆与衔铁、调整螺母、锁紧螺母联成一体。通过线圈的通断使得膜片不断振动,从而发出一定音调的音波,由扬声筒加强后传出。

(2)盆形电喇叭

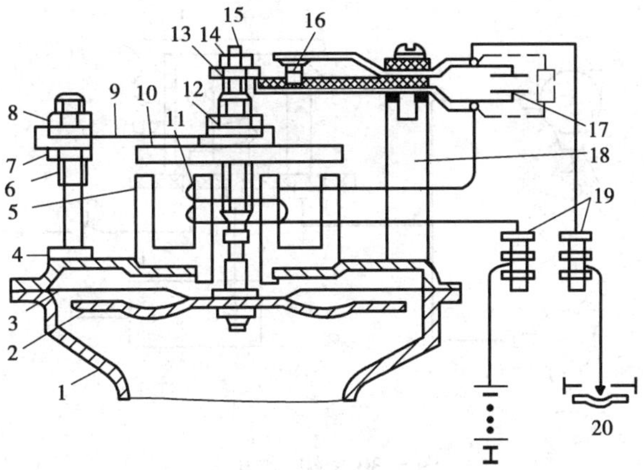

图5.28　筒形、螺旋形电喇叭

1—扬声器;2—共鸣板;3—膜片;4—底板;5—山形铁芯;6—线螺柱;7,13—调整螺钉;8,14—锁紧螺母;9—弹簧片;10—衔铁;11—线圈;12—锁紧螺母;15—中心杆;16—触点;17—电容器;18—导线;19—接线柱;20—按钮

盆形电喇叭工作原理与筒形、螺旋形电喇叭相同,都是通过控制线圈的开闭使得膜片振动引起共鸣板共鸣来发声的。只不过盆形电喇叭的发声效果更好些,在没有扬声筒的情况下,仍能够发出较大的声响。其结构特点如图5.29所示。

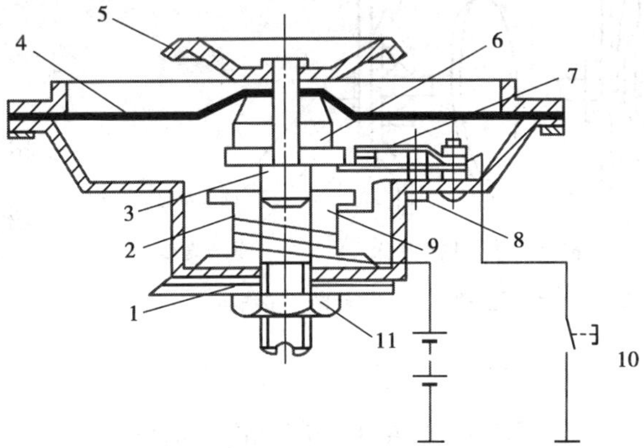

图5.29　盆形电喇叭

1—下铁芯;2—线圈;3—上铁芯;4—膜片;5—共鸣板;6—衔铁;7—触点;8—调整螺母;9—铁心;10—按钮;11—锁紧螺母

(3)喇叭继电器

为了得到更加悦耳的声音,在汽车上常装有两个不同音调(高、低音)的喇叭。其中高音喇叭膜片厚,扬声筒短,低音喇叭则相反。有时甚至用三个(高、中、低)不同音调的喇叭。装用单只喇叭时,喇叭电流是直接由按钮控制的,按钮大多装在转向盘的中心。当汽车装用双喇叭时,因为消耗电流较大(喇叭继电器15~20 A),用按钮直接控制时,按钮容易烧坏。为了避免这个缺点,采用喇叭继电器,其构造和接线方法如图5.30所示。

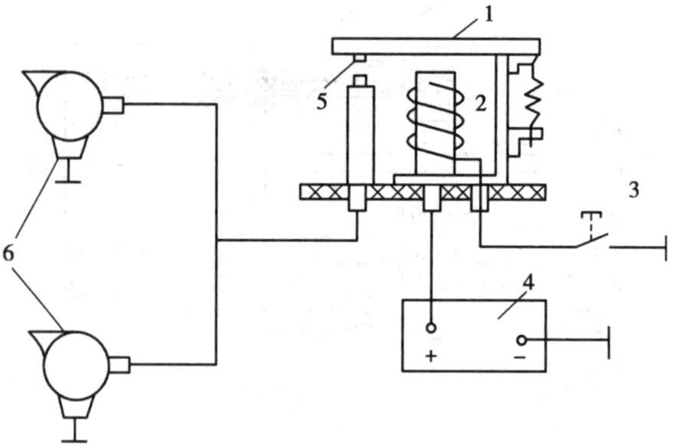

图 5.30　喇叭继电器

1—触点臂;2—线圈;3—按钮;4—蓄电池;5—触点;6—喇叭

(4)电子喇叭

电子喇叭的结构如图 5.31 所示。电子喇叭发声原理与普通电喇叭相同,但其用晶体管开关电路替代普通电喇叭的触点。

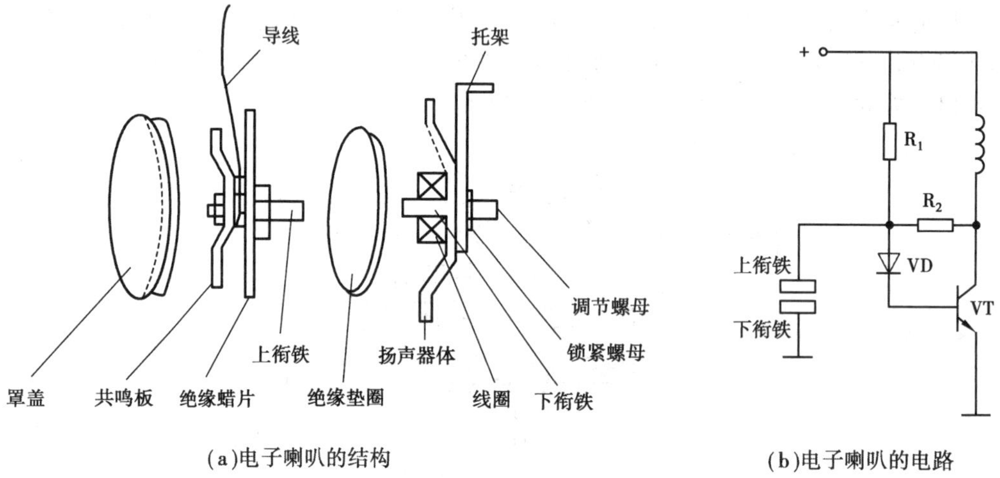

图 5.31　电子喇叭的结构与电路

5.3.2　信号系统故障检测方法

汽车灯系种类繁多,作用各不相同,但从形式上,它们之间又有一定的交叉和联系。由于供电线路交织在一起,电器设备配线都采用电线束,因此,在发生故障时,较难一下子作出分析与判断。在检修故障时,对电路图的分析尤为重要。

1)汽车灯系的故障类型

汽车灯系的故障有两类:一类是器件本身的故障;另一类是线路存在的故障。应先检查器件本身的故障,如没有,再按各系统的线路逐级检查,认真查明出现故障的原因及可能存在的隐患,正确地加以排除。在处理故障时,一般应重点检查以下两项内容:一是是否有短路、接线柱接触不良处(断路);二是熔丝是否熔断,在车上均可采用试灯法和万用表进行检查。

2)灯不亮排除办法

车上的灯光信号大体上有两种:一是闪烁信号;二是持续信号。引起灯光不亮的原因主要有灯泡损坏、保险丝熔断、灯光开关或继电器损坏及线路短路或断路故障等。在进行故障诊断时,应根据电路图对电路进行检查,判断出故障的部位。

(1)灯泡或熔断器损坏

如果一只灯不亮一般为灯丝烧断,将灯泡拆下后检查,若灯泡损坏,则更换新灯泡。如果几只灯都不亮,按喇叭,喇叭不响,则可能是总熔断器熔断;若同属一个熔丝的灯泡都不亮,则可能是熔丝熔断。处理这两类故障时,在将总熔断器复位或更换新的熔丝之前,应查找超负荷的原因,方法是:将熔丝所接各灯的接线从灯座拔掉,用万用表电阻挡测接灯端与搭铁之间的电阻,若电阻较小或为0,则可断定线路中有搭铁故障,排除故障后,再把熔断器复位或更换新的熔丝。

(2)灯光开关、继电器及线路的检查

①继电器的检查　将继电器线圈直接供电,检查继电器是否能正常工作,如不能正常工作,应更换继电器。

②灯光开关的检查　可用万用表检查开关各挡位的通断情况,若与要求不符,应更换灯光开关。

③线路的检查　在检查时可用万用表或试灯逐段检查线路,找出短路或断路故障的部位。

[任务实施]

1)准备

①设备:汽车电器试验台2台、蓄电池2只,信号灯光系统实验台2台。

②工具:工具、万用表、抹布等。

③授课地点:汽车电器实训室。

2)实施

老师用示教板、多媒体和信号灯光实训台及实车讲解汽车照明系统的作用、组成和工作原理。分配学习任务。学生分组实施。

①检测制动信号灯,当踩下制动踏板时,制动开关内的活动触点便将两接柱接通,使制动灯点亮;当松开踏板后,断开制动灯电路。情况为:______________________________。

②检测倒车灯与倒车蜂鸣器,当点火开关接通变速器换至倒车挡时,倒车灯点亮。情况为:____。

③测量闪光器的闪光频率,实测值为______________________________。

④打开信号灯,检查故障灯是否点亮:______________________________。

⑤检查蜂鸣器情况:______________________________________。

⑥检查闪光频率情况:______________________________________。

通过上述检查,得出以下结论:

____

____

[知识拓展]

信号系统典型故障检测与排除

1)左右转向灯不亮故障

(1)故障现象

左右转向灯都不亮,听不到继电器触点的动作声。

(2)故障诊断

①检查闪光继电器电源接线柱 B 是否有电,若没电则闪光继电器到电源之间有断路。

②检查闪光继电器电源接线柱 L 是否有电,若没电则闪光继电器坏。

③检查转向开关相线接线柱是否有电,若没电则闪光继电器电源接线柱 L 与转向灯开关间的连接导线有段路。

2)转向灯亮而不闪

故障原因:闪光继电器坏或闪光继电器搭铁不良,危险报警开关有故障。

3)电喇叭不响

故障原因:蓄电池充电不足而亏电、电路中熔丝烧断、线路连接松脱或搭铁不良、喇叭继电器故障(如触点不闭合或闭合不良)、喇叭本身故障(如线圈烧断、喇叭触点不能闭合或闭合不良、喇叭内部某处搭铁)等。

4)闪光信号其他故障排除办法

闪光信号其他故障原因及排除方法见表 5.8。

表 5.8　闪光信号其他故障原因及排除方法

故障现象	原　因	排除方法
两侧转向灯同时亮	转向开关失效	检查转向开关
两侧转向灯闪烁频率不同	(1)两侧灯泡的功率不等 (2)有灯泡坏	检查灯泡型号
转向灯常亮不闪	(1)闪光器损坏 (2)接线错误	检查闪光器及电路接线
闪频过高或过低	(1)灯泡功率不当 (2)闪光器工作不良,触点间隙过大或过小 (3)电源电压过高或过低	检查灯泡 更换闪光器,调整触点 调整电压调节器

[任务检测]

一、填空题

1. 检测制动信号灯,当踩下制动踏板时,制动开关内的活动触点便将两接柱接通,使制动灯点亮;当松开踏板后,断开制动灯电路。情况为:________________________________。

2. 检测倒车灯与倒车蜂鸣器,当点火开关接通变速器换至倒车挡时,倒车灯点亮。情况为:____。

3. 测量闪光器的闪光频率,实测值为________________________________。

4. 汽车灯系的故障不外乎两类:一类是________的故障;另一类是________存在的故障。

二、判断题

1. 在大型汽车上,由于安装的位置限制,多采用螺旋形利益形电喇叭。盆形电喇叭具有体积小、质量轻、指向好、噪声小等优点。　(　　)

2. 小型轿车经常使用机械式开关，一般安装于制动踏板下方，当踩下制动踏板时，制动开关内的活动触点便将两接柱接通，使制动灯点亮；当松开踏板后，断开制动灯电路。（　　）

3. 电路中熔丝烧断不会引起电喇叭不响。（　　）

三、选择题

1. 闪光器主要有电热式、电容式、（　　）。

A. 电感式　　B. 电阻式　　C. 电子式

2. 汽车灯系的故障不外乎两类：一类是器件本身的故障；另一类是（　　）。

A. 外界环境影响　　B. 线路存在的故障　　C. 动力 CAN 总线故障

3. 无触点晶体管闪光器又称全电子式闪光器，即把触点式晶体管闪光器中的（　　）去掉，采用大功率晶体管来取代原来的继电器。

A. 继电器　　B. 开关　　C. 电子器件

4. 控制转向灯闪光频率的是（　　）。

A. 转向开关　　B. 闪光器　　C. 继电器

5. 调整电喇叭下铁螺钉，（　　）。

A. 可调整喇叭的声调　　B. 可调整喇叭的音量　　C. 可调整喇叭的位置

6. 汽车上常装有两个不同音调的（　　）喇叭。

A. 电喇叭　　B. 高、低音喇叭　　C. 中、低音喇叭

四、简答题

1. 说明闪光继电器的工作原理与故障排除方法。

2. 电喇叭有哪几类？分析其工作原理？

3. 信号灯典型故障有哪些？写出它们的排除方法。

4. 灯光不亮的原因有哪些？

5. 闪光信号不亮故障的排除方法。

【评价与反馈】

评价与反馈见表5.9。

表5.9　评价与反馈表

班级：　　　　姓名：　　　　指导教师：

序号	考核项目	配分	考核内容	配分	考核标准	得分
1	出勤/纪律	5	出勤	2	违规一次不得分	
			行为规范	3	违规一次不得分	
2	安全/防护/环保	20	着装	4	违规一次不得分	
			个人防护	4	违规一次不得分	
			5S	4	违规一次不得分	
			设备使用安全	4	违规一次不得分	
			操作安全	4	违规一次不得分	
3	知识水平	20	知识测验成绩	20	测验成绩的20%计	
4	技能考核	40	技能测验成绩	40	测验成绩的40%计	

续表

序号	考核项目	配分	考核内容	配分	考核标准	
5	学习能力	10	工单填写、计划制订	4	未做不得分	
			组内活动情况	4	酌情扣 1 ~4 分	
			资料查阅和收集	2	未做不得分	
6	任务拓展	5	知识拓展	2	未做不得分	
			技能拓展	3	未做不得分	
7	总分	100				

【教师评估】

教师评估见表 5.10。

表 5.10　教师评估表

序号	优点	存在的问题	解决方案
教师签字：			

项目 6

汽车仪表系统检测与维修

【工作任务】

任务 6.1　汽车常用仪表检修

任务 6.2　汽车报警系统检修

任务 6.3　仪表报警系统检修与故障排除

任务 6.1　汽车常用仪表检修

[任务目标]

目标类型	目标要求
认知目标	了解仪表装置的种类,熟悉各类仪表的组成和电路工作原理及工作过程
技能目标	能熟练使用汽车电气常用检修仪器,根据电路工作原理具备针对仪表装置的检测能力以及故障诊断能力
情感目标	(1)养成主动学习的习惯 (2)遵守 6S 操作规程;同学之间团结、协作,互帮互助、共同提高

[任务描述]为了方便驾驶员随时掌握车辆的各种工作状况,保证行车安全,汽车上安装有多种仪表和报警装置,主要包括机油压力表、水温表、发动机转速表、燃油表及电流表等。为了能够诊断与修复仪表装置故障,必须熟悉仪表装置的组成,掌握仪表装置的电路原理,学会识读并分析仪表装置的电路;能根据电路原理制定仪表装置的常见故障诊断流程并对元部件进行检修。

[知识准备]

现代轿车的仪表总成如图 6.1 所示,集中了全车的监控仪表,如发动机转速表、车速表、燃油表、冷却液温度表和里程表等。有些仪表还设有变速挡位指示、时钟、环境温度表等。汽车仪表装在仪表台上最便于驾驶员观察的位置,并且以最直观、清晰方式来显示信息。

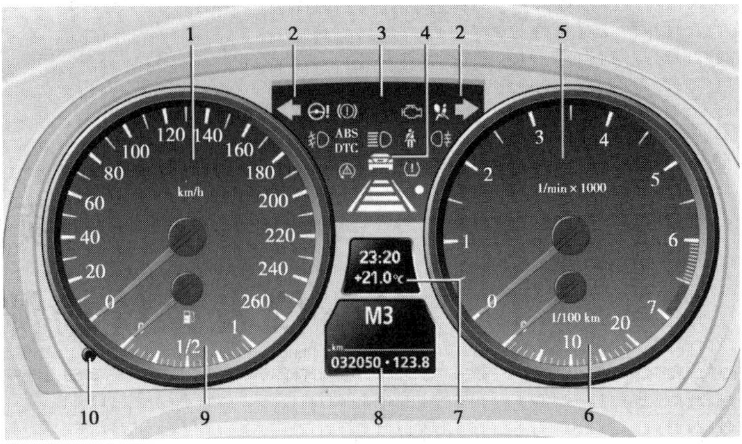

图 6.1　汽车仪表总成

1—车速表;2—转向信号灯的指示灯;3—指示灯和报警灯;4—主动巡航控制显示;5—转速表;6—能量控制;7—(用于显示:时钟、车外温度、指示灯和报警灯);8—显示屏(显示用于:自动变速器挡位、保养需求日期和剩余的行驶里程、里程表和里程分表、设置和信息等);9—燃油表;10—里程分表复位

6.1.1　燃油表

燃油表用来显示油箱中的燃油剩余量,由燃油表头和液位传感器组成,传感器安装在油箱中。燃油表有电磁式和双金属片电热式两种类型,传感器均为可变电阻式传感器。

1)电磁式燃油表

电磁式燃油表具有显示值精度高、指针偏转角较大和无须稳压电路等特点。电磁式燃油表结构如图 6.2 所示,指示表中有左右两根铁芯,铁芯上分别绕有线圈,中间置有转子,转子上连着指针。传感器由可变电阻、滑片和浮子组成。浮子浮在油面上,随油面的高低而改变位置。

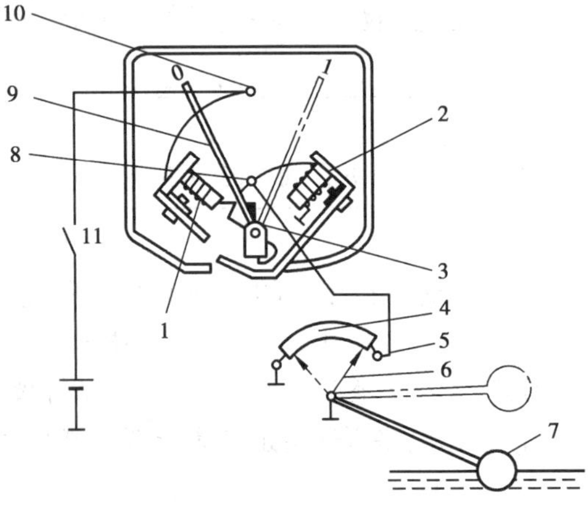

图 6.2　电磁式燃油表

1—左线圈;2—右线圈;3—指针转子;4—可变电阻器;

5,8,10—接线柱;6—滑片;7—浮子;9—指针;11—点火开关

发动机启动后,电流由蓄电池正极经左线圈 1 后分流,一路经右线圈 2 搭铁构成回路;另

一路经可变电阻4、滑片6搭铁构成回路。电流通过左线圈1和右线圈2时，产生电磁吸力并形成合成磁场，指针转子3在合成磁场的作用下转动，使指针在某一刻度上。

油箱无油时，浮子7下沉，可变电阻器被短路，此时右线圈两端搭铁也被短路，无电流通过，而左线圈在全部电源电压作用下，通过的电流达到最大值，产生的电磁吸力最强，吸住转子，使指针停在最左边的0位上。

随着油箱中油量的增加，浮子上浮，带动滑片移动。可变电阻部分接入，左线圈因串联电阻，线圈内电流相应减小，左线圈电磁吸力减弱，而右线圈有电流通过，产生磁场。转子在合成磁场的作用下向右偏转，带动指针指示油箱中的燃油量。油箱半满时，在合成磁场的作用下，指针便指在燃油表1/2的位置上；油箱满时，在合成磁场的作用下，指针便指在燃油表1的位置上。

2)双金属片电热式燃油表

双金属片电热式燃油表结构如图6.3所示，稳压器1的作用是提供稳定电源电压。当电热丝2有电流通过时会发热，双金属片3受热变形，带动指针4摆动一定的角度以显示油量。电流的大小取决于液位传感器中的浮子7的位置，油液液面高时，可变电阻器5电阻小，输出电流大，指针偏右；油液液面低时，可变电阻5全部接入电路，电热丝2中的电流最小，双金属片3没有变形，指针4指示0位置。

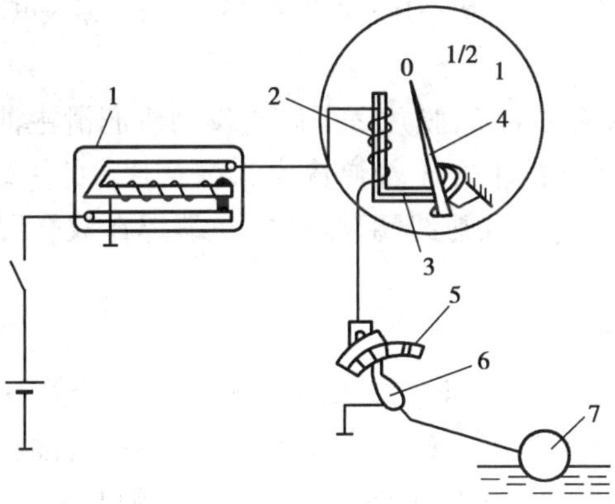

图6.3　双金属片电热式燃油表

1—稳压器；2—电热丝；3—双金属片；4—指针；5—可变电阻器；6—滑动端；7—浮子

由于经加热线圈2中的电流除与可变电阻的阻值有关外，还与电源电压有关，因此该电路中还需配有稳压器。

6.1.2　机油压力表

机油压力表显示发动机润滑系统主油道的机油压力大小，它由油压指示表和机油压力传感器两部分组成。油压指示表安装在组合仪表内，机油压力传感器安装在发动机缸体润滑主油道上。

机油压力表最常用的是电热机式机油压力表，又称双金属片式机油压力表。机油压力表结构如图6.4所示。

1)油压指示表

油压指示表内装有双金属片11，双金属片11一端弯成勾形，扣在指针12上，其上绕有加热线圈，线圈两端分别于油压指示表接线柱相接9、15相接，油压指示表接线柱9与机油压力传感器相接,油压指示表接线柱 15 经点火开关与电源相接。

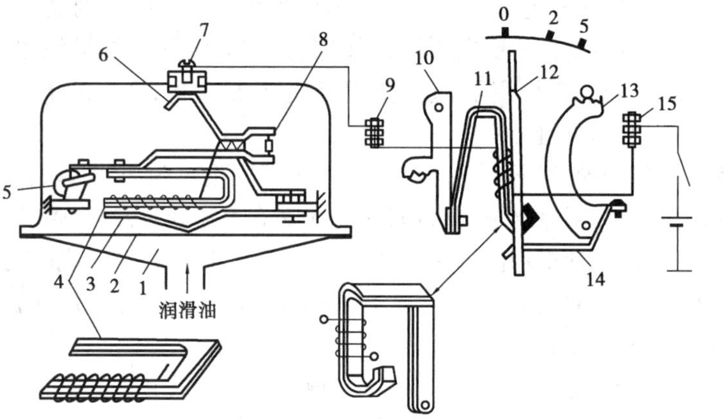

图 6.4　机油压力表

1—油腔;2—膜片;3—弹簧片;4—传感器双金属片;5—调节齿轮;6—接触片;
7—机油压力传感器接线柱;8—校正电阻;9—油压指示表接线柱;10,13—调节齿扇;
11—双金属片;12—指针;14—弹簧片;15—油压指示表电源接线柱

2)机油压力传感器

机油压力传感器内部装有膜片 2,膜片 2 下腔与发动机润滑主油道相同,发动机的机油压力直接作用到膜片 2 上,膜片 2 的上方压着弹簧片 3,弹簧片 3 的一端与外壳固定并搭铁,另一端焊有触点,双金属片 4 上绕这个加热线圈,线圈的一端焊在双金属片 4 的触点上,另一端焊在接触片 6 上。

3)机油压力表工作原理

当点火开关闭合时,电流表的电路为:蓄电池正极—点火开关—机油压力表接线柱14—机油压力表内双金属片 11 的加热线圈—机油压力表接线柱 9—机油压力传感器接线柱 7—接触片 6—机油压力传感内双金属片 4 上的加热线圈—触点—弹簧片 3—搭铁—蓄电池负极。

电流通过双金属片 11 和 4 的加热线圈时,就会使双金属片受热变形。

如图 6.4 所示,在无机油压力时,膜片不足以使触点与双金属片元件上的触点接触,此时接通点火开关,也无电流经过触点,故指针保持在 0 位不动。

如果机油压力很低,机油压力传感器内的膜片 2 变形很小,这时作用在触点上的压力很小。电流通过时,温度略有上升,机油压力传感器内双金属片 4 稍有变形时,就会使触点分开,切断动力。经过稍许时间后,机油压力传感器内双金属片 4 冷却伸直,触点闭合,线圈再次通电发热,机油压力传感器双金属片 4 变形,很快又分开。如此循环,触点在不断的开闭状态下工作。但由于机油压力过低,触点压力小,极易分开,因而触点打开时间长,闭合时间短,使电路中的平均电流值很小,所以机油压力表内双金属片 11 受热变形小,指针的偏转角度小,指示低油压。

当机油压力升高时,膜片 2 向上弯曲,触点压力增大,使机油压力传感器内双金属片 4 向上弯曲。这就需要加热线圈通电时间长,机油压力传感器内双金属片 4 有较大的变形,触点才能打开,而分开后,稍一冷却,触点就闭合。因此在机油压力升高时,触点打开时间短,闭合时间长,电路中平均电流值大,使得机油压力表内双金属片 11 受热变形量增大,指针 12 偏转角度增大，指示高油压。

发动机正常工作时，机油压力正常值为：低速时不小于0.15 MPa，高速时不大于0.5 MPa。

6.1.3　冷却液温度表

冷却液温度表（俗称水温表）用来显示发动机冷却水套中的冷却液的温度。冷却液温度表的工作电路由冷却液温度表和冷却液温度传感器组成，冷却液温度表安装在组合仪表内，冷却液温度传感器安装在发动机汽缸盖的冷却水套上。冷却液温度表的结构形式有电磁式和电热式两种类型。

1）电磁式冷却液温度表

电磁式冷却液温度表结构如图6.5所示，冷却液温度表中设有两个电磁线圈 W_1、W_2 和铁磁转子，电磁线圈 W_2 与传感器的热敏电阻并联连接，电磁线圈 W_1 与传感器的热敏电阻串联连接。转子上固定一指针，转子套装在轴上，由电磁线圈产生的合成磁场驱动而摆动。

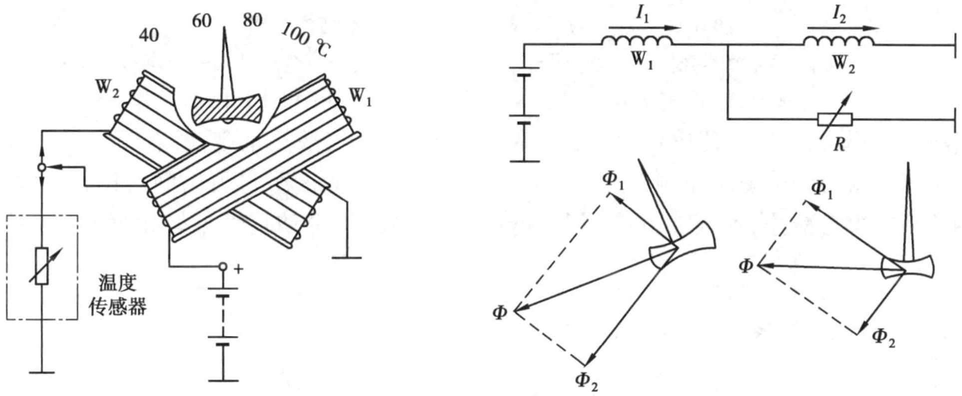

图6.5　电磁式冷却液温度表的结构原理

当冷却液温度低时，热敏电阻的阻值大，电磁线圈 W_1 上的分压值较低，流过线圈 W_2 的电流相对较小，流过线圈 W_2 的电流相对较大，其合成磁场驱动指针转子向左偏转角度较大，从而指示冷却液温度较低。当冷却液温度逐渐升高时，热敏电阻的阻值逐渐减小，电磁线圈 W_1 上的分压值增大，流过线圈 W_1 的电流相对增大，流过 W_2 的电流随之减小，其合成磁场驱动指针转子向右偏转角度增大，指示冷却液温度升高。

2）双金属片电热式冷却液温度表

双金属片电热式冷却液温度表结构如图6.6所示，双金属片式冷却液温度表头的结构与双金属片电热式燃油表完全相同，唯一不同的是仪表板刻度不同。

冷却液温度传感器的密封套桶内装有冷却液温度传感器内双金属片4，上面绕有加热线圈，线圈的一端通过导电接触片5与接线端子7相连，另一端经固定触点3搭铁。

当点火开关接通时，冷却液温度表工作电路为：蓄电池正极→点火开关→表头双金属片9上的加热线圈→传感器接线端子7→导电接触片5→传感器加热线圈→触点3→触点臂搭铁2→蓄电池负极。

当冷却液温度低时，传感器中的双金属片周围环境温度就低，散热容易，触点断开后双金属片在较短时间内就会冷却复位使触点再次闭合。因此触点闭合时间较长、断开时间较短，流过表头加热线圈的平均电流较大,使表头双金属片受热变形量大,带动指针偏转角度大,指向低温。

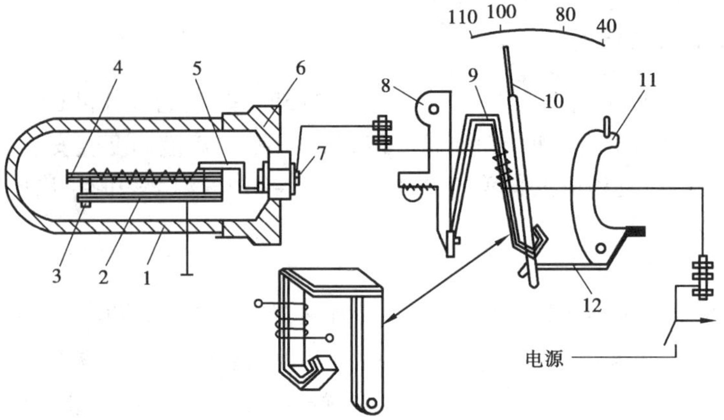

图 6.6 双金属片式温度表头与传感器结构原理

1—冷却液温度传感器壳体;2—触点臂;3—固定触点;4,9—双金属片;5—导电接触片;6—接线座;7—传感器接线端子;8,11—调整齿扇;10—指针;12—弹簧片

当冷却液温度升高时,传感器双金属片周围环境温度高,散热困难,触点闭合后双金属片在较短时间内就会受热膨胀使触点再次断开。触点闭合时间缩短、断开时间增长,流过表头加热线圈的平均电流减小,使表头双金属片受热变形量减小,带动指针偏转角度小,指示温度升高。

6.1.4 车速里程表

车速里程表是用来指示汽车行驶速度和累计行驶里程的。车速里程表由车速表和里程表两部分组成。按工作原理不同,车速里程表可分为磁感应式和电子式两种。

1)*磁感应式车速里程表*

磁感应式车速里程表也称永磁式车速里程表,结构如图 6.7 所示。磁感应式车速里程表没有电路连接,为机械传动,由变速器输出轴上的一套涡轮、蜗杆及软轴来进行驱动。

车速表由永久磁铁 1,带有轴 4 及指针 7 的铝罩 2,罩壳 3 和紧固在车速里程表外壳上的刻度盘等组成。永久磁铁与主动轴固定在一起,主动轴由变速器输出轴的挠性软轴驱动,指针、感应罩固接在中心轴上,车速刻度盘固定在表外壳上。不工作时,感应罩在游丝的作用下,使指针位于“0”位。当汽车行驶时,软轴驱动主动轴带动“U”形永久磁铁旋转,在感应罩上感应出电涡流而产生磁场,这个磁场与永久磁铁的旋转磁场相互作用而产生扭矩,使感应罩向永久磁铁旋转方向转过一定角度,直到由游丝的弹力所产生的反方向扭矩与之平衡。于是铝罩带动指针转过一个与主动轴转速大小成比例的角度,即正比于汽车行驶速度的角度,指针便在刻度盘上指示相应的车速。车速越高,永久磁铁旋转越快,铝罩上的涡流也就越大,产生的扭矩越大,指针在刻度盘上摆动的角度就越大,即指示的车速越高。

里程表由涡轮涡杆机构和十进制数字轮组成。涡轮涡杆和汽车传动轴之间具有一定的传动比。当汽车行驶时,钢缆软轴带动主动轴转动,并经三对涡轮涡杆驱动里程表最右边的第一数字轮转动,第一数字轮所刻的数字为 1/10 km。每两个相邻数字轮之间,又通过本身的内齿和进位数字轮传动齿轮,形成 1/10 的传动比。即当第一数字轮转动一周,数字由 9 翻转到 0

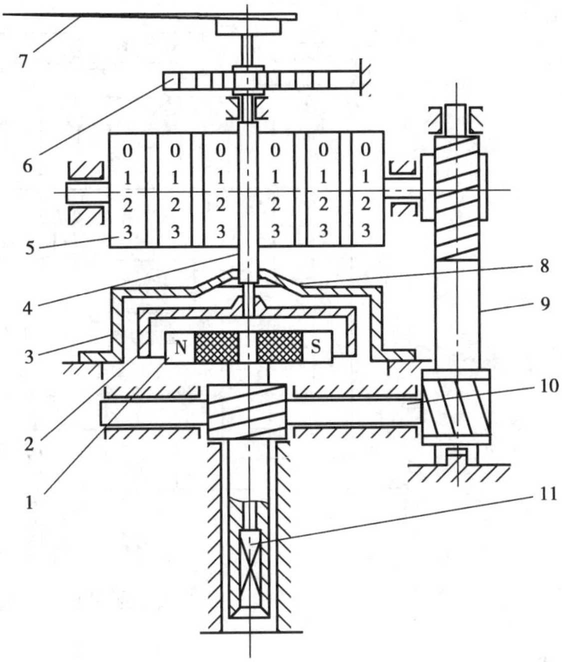

图6.7 磁感应式车速里程表

1—永久磁铁;2—铝罩;3—罩壳;4—针轴;5—计数轮;6—刻度盘;

7—指针;8—卡簧;9—竖直涡轮轴;10—水平涡轮轴;11—主动轴

时,相邻的左侧数字轮转动1/10周,形成十进位递增关系,累计行驶里程数。

2)电子式车速里程表

电子式车速里程表由车速传感器、电子电路、步进电动机、车速表和里程表组成。

车速传感器由变速器驱动,能够产生正比于汽车行驶速度的电信号。车速传感器由一个舌簧开关和一个含有8对磁极的转子组成,如图6.8所示。转子每转一周,舌簧开关中的触点闭合8次,产生8个脉冲信号,车速越高,车速传感器的信号频率越高,当车速为20 km/h时,车速传感器的信号频率为17.5~22.9 Hz,当车速为200 km/h时,传感器的信号频率为213.3~225.2Hz。

电子电路的作用是对车速传感器送来的具有一定频率的电信号,经整形、出发、输出一个与车速成正比的电流信号。该电子电路主要包括稳压电路、恒流电源驱动电路、64分频电路和功率放大电路,如图6.9所示。仪表精度由电阻 R_1 调整,仪表初始工作电流由电阻 R_2 调整,电阻 R_3 和电容器 C_3 用于电源滤波。

车速表实际上是一个电磁式电流表,当汽车以不同车速行驶时,从电子电路端子6输出与车速成正比的电流信号驱动车速表的指针偏振,从而指示相应的车速。里程表由一个步进电动机及6位数字的十进制齿轮计数器组成,步进电动机是一种利用电磁感应原理将脉冲信号转换为线位移或角位移的电动机。车速传感器输出的信号,经64分频后,再经功率放大器放大到足够大的功率,驱动步进电动机,带动6位数字的十进制齿轮计数器工作,从而精确记录累计里程数。

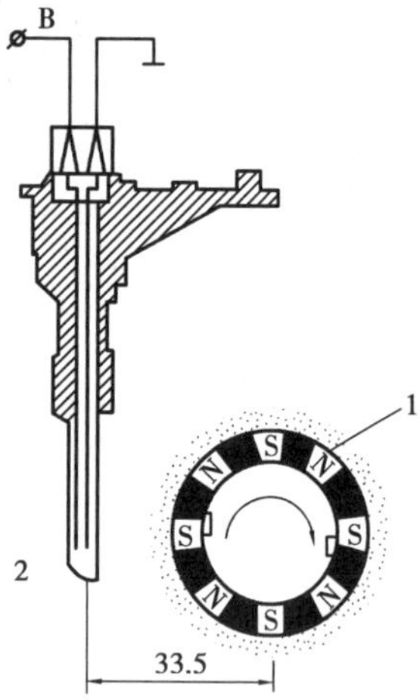

图6.8　电子式车速传感器

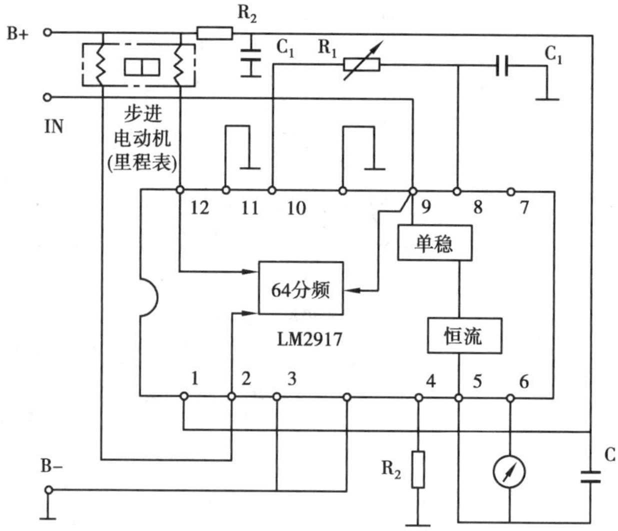

图6.9　电子式车速里程表的电子电路

6.1.5　发动机转速表

发动机转速表用于指示发动机的运转速度。发动机转速表有机械式和电子式两种。机械式转速表的结构原理与上述磁感应式车速表基本相同,不再赘述。电子式转速表由于指示平稳、结构简单、安装方便,应用广泛。

电子式转速表获取转速信号的方式有3种:从点火系统获取脉冲电压信号、从发动机的转速传感器获取转速信号、从发电机获取转速信号。汽油发动机电子式转速表都是以点火系统的初级电路为触发信号,工作原理如图6.10所示。

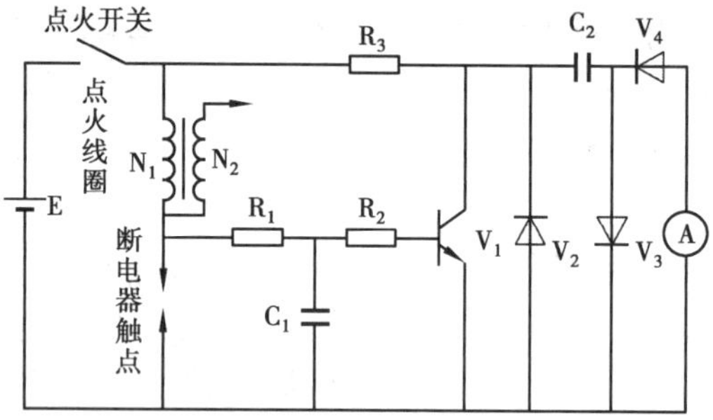

图6.10　发动机转速表

当点火控制器使初级电路导通时,晶体管 V_1 处于截止状态,电容器 C_2 被充电,其充电电路为:蓄电池正极→R_3→C_2→V_3→蓄电池负极。

当点火控制器使初级电路截止时,V_1 的基极得正电位而导通,此时 C_2 便通过导通的 V_1、电流表A和 V_4 构成放电回路,从而驱动电流表。

当发动机工作时,初级电路不断的导通、截止,其导通、截止的次数与发动机转速成正比。所以当初级电路不断的导通、截止时,对 C_2 不断地进行充电、放电,其放电电流平均值与发动机转速成正比,于是将电流平均值标定成发动机转速即可。

[任务实施]

1)任务实施环境

任务实施前应准备好以下车辆、总成、工具、量具、仪表、耗材等:

①典型车辆。

②典型汽车仪表结构散件(燃油表)。

③汽车仪表检测专用工具和常用工具。

2)任务实施步骤

(1)实训内容

①仔细观察汽车燃油表的结构组成、显示特点。

②诊断及检修燃油表电路故障。

(2)实训要求

①掌握燃油表的结构、原理及控制电路。

②掌握燃油表的检测与诊断方法。

(3)燃油表无指示故障分析

①故障现象:油箱内无论有多少燃油,指针总显示无油。

②故障原因:表本身故障、电路有断路处、表传感器故障、稳压器工作异常等。

③检修方法:拔下燃油表传感器接线插头并搭铁,打开点火开关,观察燃油表。若指针向满油刻度方向移动,则说明故障在燃油表传感器;若无反应,则说明故障在仪表本身或稳压器,或线路已断路。接好燃油表传感器接线插头,打开点火开关,用万用表测量仪表上的电源进线电压,若有电压,则说明表内部已坏;若无电压,则说明稳压器已坏或电路断路。

[任务检测]

一、填空题

1. 燃油表的作用是____。

2. 机油压力表显示发动机润滑系统主油道的机油压力大小,由油压指示表和机油压力传感器两部分组成,机油压力传感器安装在__________________________________。

二、判断题

1. 水温表系统中的冷却液温度传感器工作不良,不仅影响水温表的指示,还影响发动机的工作性能。　(　　)

2. 发动机转速表是用来指示发动机转动速度的。　(　　)

3. 车速表电路中车速传感器损坏直接影响发动机运行状况。　(　　)

三、简答题

1. 发动机转速表的检修方法是什么?

2. 车速里程表的用途是什么?

【评价与反馈】

评价与反馈见表6.1。

表 6.1　评价与反馈表

班级：　　　　　　　　姓名：　　　　　　　　指导教师：

序号	考核项目	配分	考核内容	配分	考核标准	得分
1	出勤/纪律	5	出勤	2	违规一次不得分	
			行为规范	3	违规一次不得分	
2	安全/防护/环保	20	着装	4	违规一次不得分	
			个人防护	4	违规一次不得分	
			5S	4	违规一次不得分	
			设备使用安全	4	违规一次不得分	
			操作安全	4	违规一次不得分	
3	知识水平	20	知识测验成绩	20	测验成绩的 20% 计	
4	技能考核	40	技能测验成绩	40	测验成绩的 40% 计	
5	学习能力	10	工单填写、计划制订	4	未做不得分	
			组内活动情况	4	酌情扣 1 ~4 分	
			资料查阅和收集	2	未做不得分	
6	任务拓展	5	知识拓展	2	未做不得分	
			技能拓展	3	未做不得分	
7	总分	100				

【教师评估】

教师评估见表 6.2。

表 6.2　教师评估表

序号	优点	存在的问题	解决方案
教师签字：			

任务6.2　汽车报警系统检修

[任务目标]

目标类型	目标要求
认知目标	了解报警装置的种类,熟悉各类报警装置的组成和电路工作原理及工作过程
技能目标	能熟练使用汽车电气常用检修仪器,根据电路工作原理具备针对报警装置的检测能力以及故障诊断能力
情感目标	(1)养成主动学习的习惯 (2)遵守6S操作规程;同学之间团结、协作,互帮互助、共同提高

[任务描述]

汽车仪表除了具有指示基本的车辆行驶工况信息外,还对一些工况进行监控并向驾驶员发出故障警告信息。为了能够诊断与修复报警装置故障,就必须熟悉报警装置的组成,掌握报警装置的电路原理,学会识读并分析报警装置的电路;能根据电路原理制定报警装置的常见故障诊断流程并对元部件进行检修。

[知识准备]

现代汽车为了保证行车安全,提高车辆的可靠性,在汽车仪表板上安装了许多报警装置,如机油压力报警灯、冷却液温度报警灯、燃油不足报警灯、制动液不足报警灯等。报警灯由报警开关控制,当被检测的系统或总成工作不正常时,对应的报警开关闭合,使该系统的报警灯亮,以提醒驾驶员注意,采取相应的措施,确保行车安全。

报警灯通常安装在仪表上,灯泡功率一般为1 ~4 W,在灯泡前设有滤光片,使报警灯发出红光或黄光,滤光片上通常有标准图形符号,常见的报警灯图形符号见图6.11。

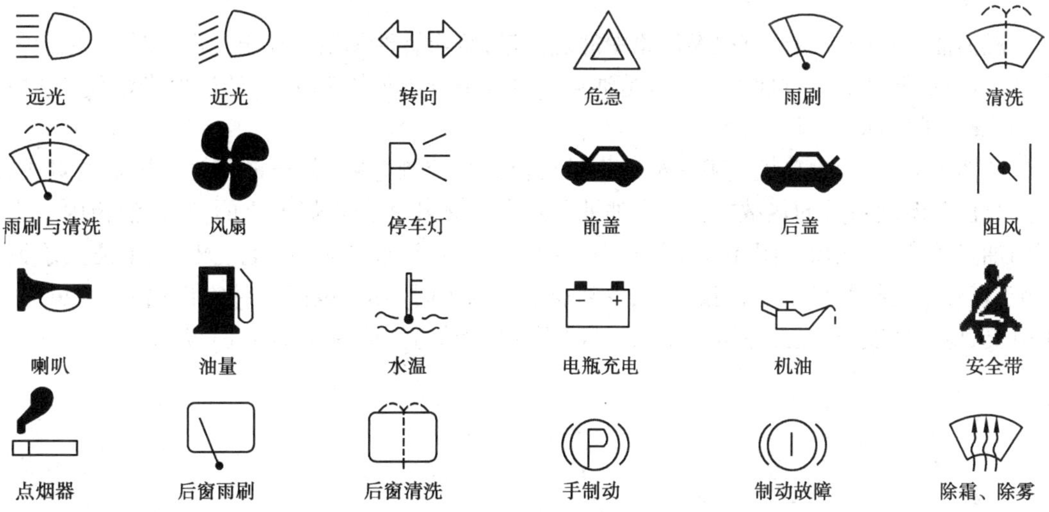

图6.11　常见的报警灯图形符号

6.2.1 机油压力报警灯

在汽车上,除了装有机油压力表外,还装有机油压力报警灯。每当润滑系统机油压力低于标准值时,机油压力报警灯亮,提醒驾驶员注意发动机的机油压力异常。机油压力报警灯通常采用弹簧管式压力报警灯。

如图6.12所示为弹簧管式机油压力报警灯控制电路。弹簧管式机油压力报警灯电路由安装在发动机主油道的弹簧管式机油压力报警开关和安装在仪表板上的红色报警灯组成。其报警开关内有一管型弹簧,管型弹簧的一端与主油道相通,另一端有一对触点,固定触点经连接片与接线柱相接,活动触点经外壳搭铁。当机油压力低于0.05 MPa时,管型弹簧变形很小,动触点和静触点闭合,电路接通,报警灯点亮;当机油压力高于0.05 MPa时,弹簧变形较大,动触点和静触点分开,电路断开,报警灯熄灭。

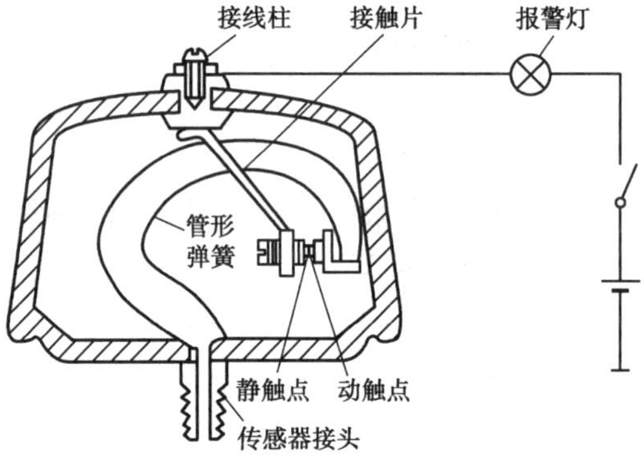

图6.12 弹簧管式机油压力报警开关

发动机正常工作,当机油压力低于标准值时,管形弹簧向内弯曲,触点闭合,机油压力报警灯亮,以示警告;当机油压力正常时,管形弹簧产生的弹性变形增大,使触点分开,机油压力报警灯熄灭,以示机油压力正常。

6.2.2 燃油油位报警灯

燃油油位报警灯用于监视燃油箱中的燃油量,每当燃油剩余量小于规定值时,红色报警灯点亮,以提示驾驶员注意加油。尤其是油箱中有电子汽油泵的车辆,燃油过少将导致汽油泵得不到冷却,易损坏。

如图6.13所示为热敏电阻式燃油不足报警开关控制电路,其报警开关为热敏电阻式,该装置是由负温度系数的热敏电阻式燃油油量报警传感器和警告灯组成的,装在油箱内。当油箱内油量较多时,热敏电阻元件浸没在燃油中,散热快,温度较低,电阻值较大,电路几乎没有电流,燃油不足报警灯不亮;当燃油减少到规定值以下时,热敏电阻元件露出油面,散热慢,温度升高,电阻值变小,电路中电流增大,燃油不足报警灯亮,提醒驾驶员注意加油。

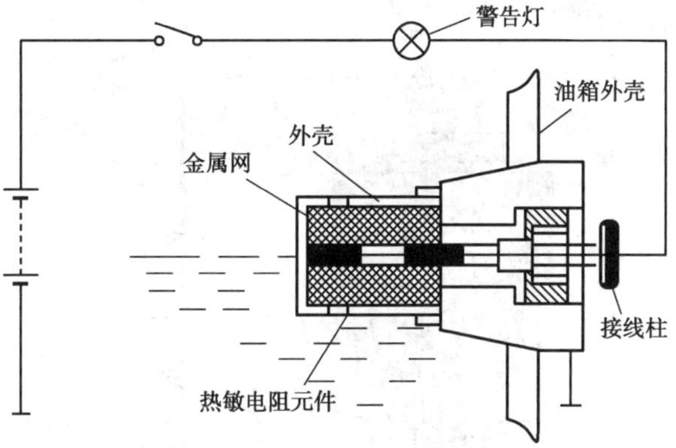

图6.13　燃油油位报警灯电路

6.2.3　制动液不足报警灯

制动液不足报警灯的作用是当制动液液面过低时,发出报警信号,以提醒驾驶员注意。制动液不足报警装置是有制动液不足报警开关和制动液不足报警灯组成。制动液不足报警开关安装在制动总泵液罐内,此类报警开关也适用于冷却液、风窗玻璃清洗液等液面过低报警灯的控制电路,区别仅在于制动液不足报警开关的安装位置不同。

如图6.14所示为制动液不足报警灯控制电路。当制动液充足时,浮子1的位置较高,此时永久磁铁2高于舌簧开关3的位置,舌簧开关处于断开状态,制动液不足报警灯不亮;当浮子随着制动液液面下降到规定值时,永久磁铁便接近舌簧开关,使舌簧开关触点闭合,制动液不足报警灯电路导通,制动液不足报警灯亮。

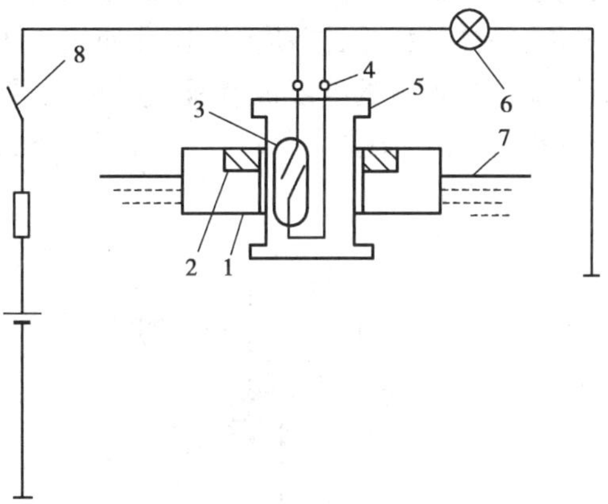

图6.14　制动液不足报警灯控制电路

1—浮子;2—永久磁铁;3—舌簧开关;4—接线柱;5—外壳;6—报警灯;7—制动液;8—点火开关

6.2.4　冷却液温度报警灯

汽车上除了装冷却液温度表外,还装有冷却液温度报警灯,冷却液警告灯的作用是当发动机冷却液温度高到一定程度时,警告灯自动点亮,以示警报。冷却液温度报警灯结构如图6.15所示,其报警开关为双金属片式温度开关。当冷却液温度在正常范围时,双金属片几乎不变形,触点分开,报警灯不亮;当冷却液温度达到标准值时,双金属片由于温度升高而弯曲变形,使触点闭合，报警灯亮，以示警告。

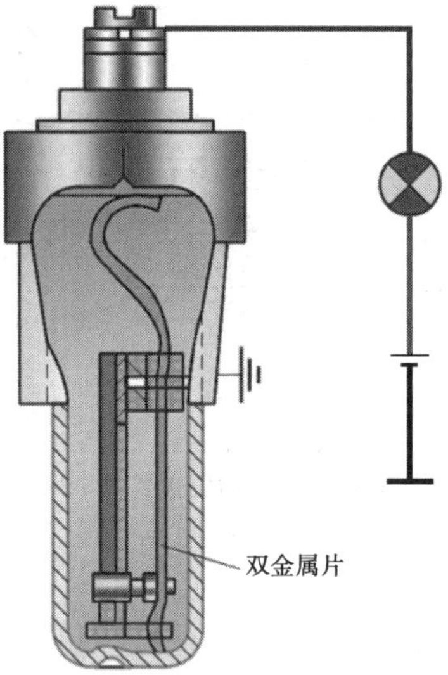

图 6.15　冷却液温度报警灯

6.2.5　制动器摩擦片使用极限报警灯

制动器摩擦片使用极限报警灯的作用是当制动器摩擦片磨损到使用极限厚度时，发出报警信号，表示制动器摩擦片需要及时更换。

如图 6.16 所示为制动器摩擦片使用极限报警灯电路。将一段导线埋在制动器摩擦片内部，该导线与组合仪表中的电子控制器相连，当制动器摩擦片没有到使用极限时，电子控制器中的晶体管基极电位为低电位，晶体管截止，制动器摩擦片使用极限报警灯不亮；当制动器摩擦片到使用极限时，制动器摩擦片中埋设的导线被磨断，电子控制器中的晶体管基极电位为高电位，晶体管导通，制动器摩擦片使用极限报警灯亮。一般情况下，制动器摩擦片使用极限报警与制动液不足报警共用一个报警灯。

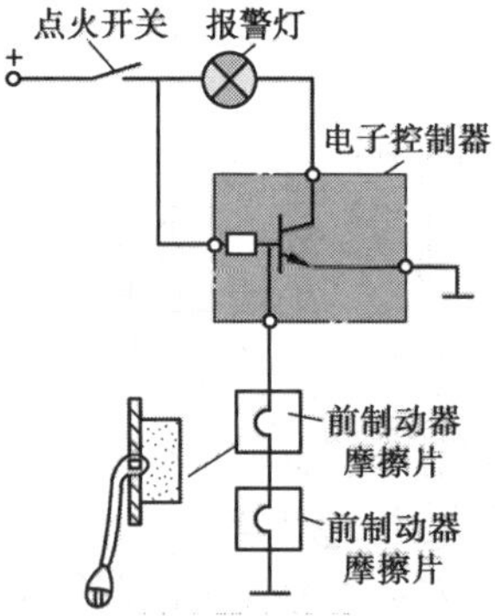

图 6.16　制动器摩擦片使用极限报警灯电路

6.2.6　制动灯线路故障报警灯

由于制动灯对于行车安全极为重要，而驾驶员在开车过程中，又很难发现制动灯有故障，因此在有些车辆中,设置了制动灯电路故障报警灯,当制动灯损坏时报警灯点亮。

如图6.17所示为制动灯线路故障报警灯电路。在正常情况下,踩下制动踏板,制动灯开关接通,电流经左、右两电磁线圈到制动信号灯。此时两线圈所产生的磁场相互抵消,舌簧开关的触点继续处于常开状态,制动灯线路故障报警灯不亮;当左、右两个制动信号灯有一个灯泡坏了,或者线路有断路的情况,则有故障一侧的电磁线圈将不产生磁场,而另一侧的电磁线圈产生磁场,舌簧开关中的触点将闭合,制动灯线路故障报警灯亮,提醒驾驶员制动灯线路有故障。

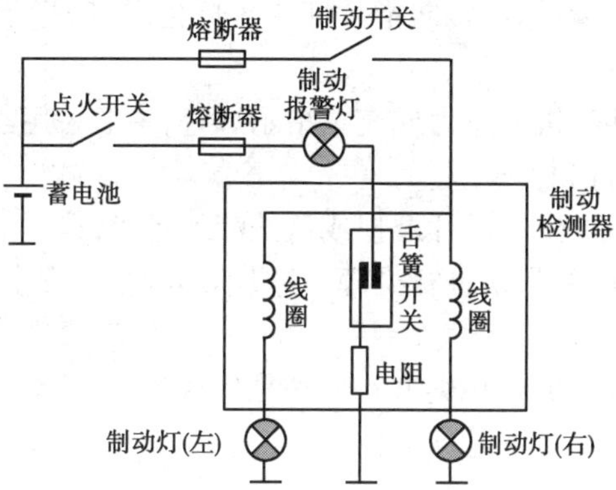

图6.17　制动灯线路故障报警灯电路

[任务实施]

1)任务实施环境

任务实施前应准备好以下车辆、总成、工具、量具、仪表、耗材等。

①典型车辆。

②典型汽车报警系统结构散件(机油压力报警灯)。

③汽车报警系统检测专用工具和常用工具。

2)任务实施步骤

(1)实训内容

①仔细观察汽车机油压力报警灯的结构组成、显示特点。

②诊断及检修机油压力报警灯电路故障。

(2)实训要求

①掌握机油压力报警灯的结构、原理及控制电路。

②掌握机油压力报警灯的检测与诊断方法。

(3)机油压力报警灯不亮的故障分析

①故障现象:点火开关接通"ON"挡,机油压力警告灯不亮。

②故障原因:a.机油压力传感器;b.警告灯灯泡;c.连接线路。

③检修方法:用一只功率为"2~5 W"的试灯接于机油压力传感器接线柱与搭铁之间,点火开关接通"ON"挡,观察试灯是否点亮,如点亮则为机油压力传感器故障,如不亮将试灯接于机油压力传感器电源接线柱与搭铁之间,点火开关接通"ON"挡,观察试灯是否点亮,如不亮则为电源连接线路出现故障,如点亮用跨接线将机油压力报警灯一端接于电源接线柱与另一端接于机油压力传感器接线柱,点火开关接通"ON"挡,观察机油压力报警灯是否点亮,如

不亮则为机油压力报警灯故障，如点亮则为机油压力报警灯至机油压力传感器接线柱之间导线断路。

［任务检测］

一、填空题

1. 制动灯线路故障报警灯的作用是____。

2. 燃油________用于监测燃油箱中的燃油量，当燃油剩余量不足警告灯点亮。

二、判断题

1. 状态指示灯如远近光指示灯、转向指示灯或雾灯指示灯，指示车辆处在什么工作状态，一般灯光颜色为蓝色或绿色。（　　）

2. 警告灯，如冷却液温度、机油压力或充电指示灯等，一般采用红色，此时警示车辆出现故障或异常情况，一般不影响行驶安全。（　　）

3. 故障指示灯，如燃油不足、制动片磨损或清洗液不足等，这类灯光一般为黄色，告诉驾驶员车辆某个系统的功能失常，要尽快进行处理，一般不影响行驶安全。（　　）

三、简答题

1. 汽车仪表上的指示灯有那几种类型？分别是什么？

2. 水温警告灯作用和检修方法是什么？

【评价与反馈】

评价与反馈见表6.3。

表6.3　评价与反馈表

班级：　　　　　　　　　　　　姓名：　　　　　　　　　　　　指导教师：

序号	考核项目	配分	考核内容	配分	考核标准	得分
1	出勤/纪律	5	出勤	2	违规一次不得分	
			行为规范	3	违规一次不得分	
2	安全/防护/环保	20	着装	4	违规一次不得分	
			个人防护	4	违规一次不得分	
			5S	4	违规一次不得分	
			设备使用安全	4	违规一次不得分	
			操作安全	4	违规一次不得分	
3	知识水平	20	知识测验成绩	20	测验成绩的20%计	
4	技能考核	40	技能测验成绩	40	测验成绩的40%计	
5	学习能力	10	工单填写、计划制订	4	未做不得分	
			组内活动情况	4	酌情扣1~4分	
			资料查阅和收集	2	未做不得分	
6	任务拓展	5	知识拓展	2	未做不得分	
			技能拓展	3	未做不得分	
7	总分	100				

【教师评估】

教师评估见表6.4。

表6.4　教师评估表

序号	优点	存在问题	解决方案
教师签字：			

任务6.3　仪表、报警系统检修与故障排除

[任务目标]

目标类型	目标要求
认知目标	熟悉仪表装置、报警系统常见故障类型及诊断方法
技能目标	能熟练拆装仪表台，熟练使用汽车电气常用检修仪器，能够识读并分析仪表装置、报警系统电路，并根据电路原理制订故障诊断流程
情感目标	(1)养成主动学习习惯 (2)遵守6S操作规程；同学之间团结、协作，互帮互助、共同提高

[任务描述]

汽车仪表报警系统具有指示基本的车辆行驶工况信息以及对一些工况进行监控，并向驾驶员发出故障警告信息。当仪表报警系统出现故障不能够正常工作时，会影响驾驶员的判断和车辆行驶安全，为了能够诊断与修复仪表报警装置故障，必须熟悉掌握仪表报警系统检修方法、常见故障及诊断步骤。

[知识准备]

6.3.1　汽车仪表的检修

1)机油压力表的检修

①机油压力表有无短路、断路的检查：检测机油压力表两接线端子之间的电阻，其电阻约35 Ω。如果电阻过小(指示表内部加热线圈或附加电阻存在短路)，或电阻为无穷大(指示表内部加热线圈或附加电阻存在断路)，均需更换机油压力表。

②机油压力表是否搭铁的检查：检测机油压力表接线端子与壳体之间的电阻，应为不通。

如果导通,说明机油压力表有搭铁故障,需更换机油压力表。

③机油压力传感器的检查:检测传感器接线端子与壳体之间的电阻,其电阻值为 8 ~ 12 Ω。如果电阻过小(指示传感器加热线圈短路),或电阻过大(指示传感器加热线圈断路、触点接触不良),均需要更换机油压力传感器。

2)冷却液温度表的检修

电热式水温表的检测:电热式水温表的检测方法参见上述机油压力表的检测,水温传感器的电阻值为 7 ~ 8.5 Ω。

①水温传感器是否损坏的检测。用螺丝刀将水温传感器接线柱端直接搭铁,若水温表的指针摆动了,说明传感器损坏;否则,故障不在水温传感器。若传感器损坏,应更换水温传感器。

②水温表线路是否断路的检测。用螺丝刀将水温表电源接线柱与缸体滑擦,若无火花,说明电源接线断路;若有火花,说明水温表或水温表以后的导线断路。若电源接线断路,将断路的导线铰接,并绕上绝缘胶带。

③水温表是否损坏的检测。用螺丝刀将水温表上与水温传感器连接的接线柱搭铁,若指针仍不摆动,说明水温表已损坏;若指针摆动,说明水温表至传感器间的连线断路。若水温表损坏,应更换水温表。

3)转速表的检修

发动机转速表常见的故障是不工作,原因是线路或仪表本身有故障面检查方法如下:

①检查点火线圈“ - ”接线柱是否接触良好。

②检查发动机转速表后面的三孔插座是否接触良好。

③用万用表检查三孔插座的工作状况,如图 6.18 所示。若“a”插孔搭铁不良,检查仪表线束插接器(白色)14 孔插座中的棕色导线是否接地;若“b”插孔在点火开关打到“ON”挡时无电压,应检查仪表线束插接器(黑色)14 孔插座中的黑色导线是否有电压;若“c”插孔在点火开关打到“ON”挡时无电压,应检查仪表线束插接器(白色)14 孔插座中的红/黑导线是否与点火线圈“ - ”接线柱接触良好。如果发动机转速表后面的黑色三孔插座线束经检查全部正常,则故障在发动机转速表本身,应更换发动机转速表。

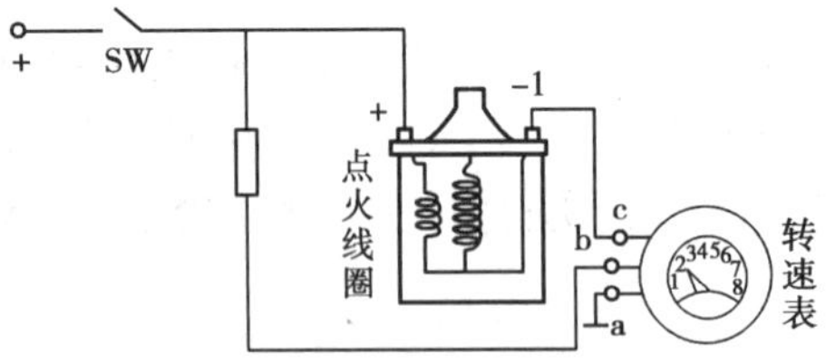

图 6.18　发动机转速检测电路

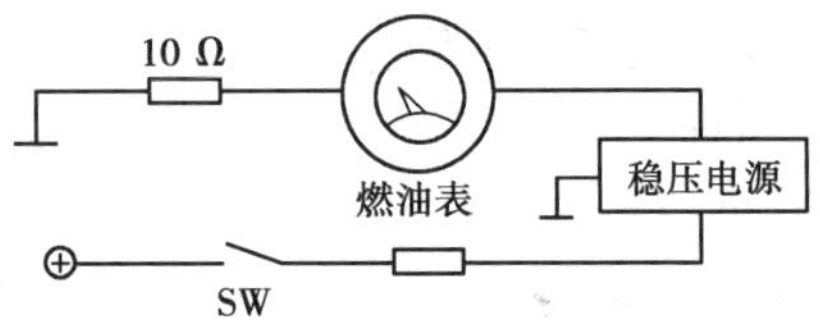

图 6.19　燃油表检测电路

4)燃油表的检修

如图 6.19 所示,用 10 Ω 的电阻代替传感器,一端接到传感器的线束上,另一端搭铁,点火开关打到“ON”挡,观察仪表,如果指针摆动,说明传感器有故障,需要更换传感器(不要将传感器的接线直接搭铁,否则易烧坏仪表)。

仪表是否准确,可参照维修手册查获有关数据。

6.3.2　汽车仪表与报警装置的故障诊断与排除

1)拆装汽车仪表台的注意事项

①拆装组合仪表时,应先拆下蓄电池的负极电缆,以免触摸仪表板的线束时,造成线路短路。

②拆除组合仪表的装饰面板时,由于固定螺钉是隐蔽的,因此,要仔细查找固定螺钉,强行拆卸将会损坏装饰面板。

③仪表板后面的线束插接器及车速里程表的接插头,一般都带有锁止机构,在拆装组合仪表时,切忌强拆。

④从电路板上拆下仪表表芯、稳压电源、照明灯及指示灯时,注意不要损坏印刷电路。

⑤单独更换仪表表芯或仪表传感器时,注意仪表与传感器必须配套使用;仪表与传感器的接线必须可靠。

⑥拆装仪表及传感器时,动作要轻,不要敲打。

⑦电磁式仪表的接线柱有正负极性之分,不能随意连接。

⑧电热式机油压力传感器安装时有方向要求。

2)常见汽车仪表与报警系统的故障现象与诊断步骤

①机油压力表常见的故障现象与诊断步骤见表6.5。

表6.5　机油压力表常见的故障现象与诊断步骤

故障现象	故障原因	诊断步骤
发动机工作时,油压表指针指在“0”处不偏转	①机油压力表故障 ②机油压力传感器故障 ③连接导线断路 ④发动机润滑系统有故障	①查看油压表,并用旋具将传感器接线柱搭铁;若指针仍指在“0”位,说明熔断器烧断,油压表火线断脱,油压表指示损坏,油压表与传感器之间连接断脱;若指针迅速向490.5 kPa处(满刻度)移动,则应该检查机油深度。若机油深度在规定值以下,则说明发动机严重缺油 ②若油尺反映深度在规定值以上,拆下传感器使外壳搭铁,用一根无尖头铁钉顶压传感器膜片;若指针转到490.5 kPa处,说明机油油路故障;若指针指在“0”位不动,则是传感器故障
接通点火开关,油压表指针即开始移动	①机油压力表故障 ②机油压力传感器故障 ③压力表至传感器间的导线搭铁	拆下传感器接线柱的接线“－”;若指针迅速转到“0”,说明传感器触点黏住或内部搭铁 若指针仍指示一定压力,说明传感器与油压表间连接搭铁,指示表内部搭铁
油压表指针指示不正确	①压力表故障 ②传感器故障	接线柱连接不良;油压表电热线圈烧坏;传感器安装位置不对

②水温表常见的故障现象和诊断步骤见表6.6。

表6.6　水温表常见的故障现象和诊断步骤

故障现象	故障原因	诊断步骤
水温表不工作或指示不正常	①水温传感器表面有水垢 ②水温传感器失效 ③发动机电脑损坏 ④水温表损坏 ⑤稳压器输出电压不正常或损坏 ⑥导线接触不良或断路	①打开发动机舱盖,拔下水温传感器插头。检查水温传感器电阻是否正常;如正常,检查传感器信号到发动机电脑的信号,以及发动机电脑到仪表的信号 ②如果上述线路正常,接上组合仪表插头,打开点火开关,检查水温传感器插头的黄/红线是否有电。如果有电,则说明水温传感器损坏;如果无电,则水温表本身或稳压电源故障 ③拆下仪表板,线束保持正常连接,将万用电表接在稳压电源正极输出端和搭铁之间测量电压,如果电压值高于10.5 V或低于9.5 V,则表明稳压电源有故障。否则,为水温表本身故障

③燃油表常见的故障现象和诊断步骤见表6.7。

表6.7　燃油表常见的故障现象和诊断步骤

故障现象	故障原因	诊断步骤
燃油表不工作	①燃油表与传感器之间的连接线路断路或接触不良 ②传感器损坏 ③稳压器损坏 ④燃油表损坏 ⑤燃油箱内无油	①检查油箱内是否有汽油 ②接通点火开关,观察燃油表是否工作。如果工作,则说明组合仪表上的稳压器工作正常 ③拔下燃油表传感器插头,用万用电表测量紫/黑色线是否有电,再检查棕色线与车身搭铁情况。如果紫/黑色线有电,棕色线与车身搭铁正常,则说明燃油表传感器有故障,应更换 ④如果紫/黑色线无电,则检查燃油表传感器插头到组合仪表之间的线路是否断路 ⑤如果线路导通,棕色线正常,则燃油表有故障
燃油表指针跳跃或停留在某一刻度	①传感器内部滑动接触片触头与可变电阻接触不良 ②可变电阻损坏	①清洗、修理 ②更换

④机油压力警告灯常见的故障现象和诊断步骤见表6.8。

表 6.8　机油压力警告灯常见的故障现象和诊断步骤

故障现象	故障原因	诊断步骤
发动机运转时，机油压力警告灯始终亮	①低压开关(30 kPa)故障 ②高压开关(180 kPa)故障 ③低压开关线路短路 ④高压开关线路断路 ⑤润滑油路压力达不到规定要求	首先要区分是润滑系统故障还是报警系统自身故障。通常采用测量油压的方法进行诊断 ①用二极管测试灯连接到蓄电池正极及低压开关之间时，二极管测试灯被点亮。启动发动机，慢慢提高转速，压力达到 15 ~ 45 kPa 时，二极管测试灯应熄灭。如果不熄灭，说明低压开关有故障；使发动机怠速运转，机油压力应大于 45 kPa，二极管测试灯应熄灭。如果压力低于 15 kPa，说明润滑系统有故障 ②用二极管测试灯连接到蓄电池正极及高压开关之间时，启动发动机，慢慢提高转速，压力达到 160 ~ 200 kPa 时，二极管测试灯应点亮。如果不亮，说明高压开关有故障；进一步提高发动机转速，转速达到 2 000 r/min 时，油压至少应达到 200 kPa。若达不到，说明润滑系统有故障。通过上面的检查，如果润滑系统和机油压力开关都正常，但警告灯常亮的故障仍存在，应按电路图检查线路故障。检查时要注意低压开关线路是在搭铁短路时警告灯亮，应重点检查低压线路有无搭铁；而高压开关线路是在断路且发动机转速超过 2 000 r/min 时警告灯亮，应重点检查高压线路有无断路

⑤热敏电阻是燃油报警装置常见的故障现象和诊断步骤见表 6.9。

表 6.9　热敏电阻是燃油报警装置常见的故障现象和诊断步骤

故障现象	故障原因	诊断步骤
接通电源，无论油箱中存油多少，指示灯均亮	传感器内部搭铁 指示灯至传感器间导线搭铁	接通电源，拆下传感器上的接线 ①指示灯熄灭 ②指示灯仍亮
接通电源，无论油箱中存油多少，指示(自闪)灯均不亮	传感器损坏或搭铁不良 指示灯损坏或至传感器间有短路	接通电源，拆下传感器上的接线 ①指示灯亮 ②指示灯不亮

⑥水温报警灯常亮常见的故障现象和诊断步骤见表 6.10。

表 6.10　水温报警灯常亮常见的故障现象和诊断步骤

故障现象	故障原因	诊断步骤
汽车在行驶过程中,无论是冷态还是热态,水温报警灯常亮	①储液罐中冷却液液面过低 ②冷却液液位开关故障 ③冷却液温度报警开关故障 ④报警灯线路有搭铁处	①检查发动机冷却液温度是否过高以及储液罐液面是否过低 ②上述检查都正常,拔下储液罐液位开关插头。如果报警灯熄灭,说明液位开关有故障 ③如果报警灯仍亮,接好液位开关插头,拔下冷却液温度报警开关插头。如果报警灯熄灭,说明冷却液温度报警开关有故障;如果报警灯仍然亮,说明线路有搭铁故障

[任务实施]

1)任务实施环境

任务实施前应准备好以下车辆、总成、工具、量具、仪表、耗材等。

①典型车辆。

②典型汽车仪表系统。

③典型汽车仪表结构散件。

④汽车仪表、报警系统检测专用工具和常用工具。

2)任务实施步骤

(1)实训内容

①仔细观察汽车各仪表、报警系统的结构组成、显示特点。

②诊断及检修仪表电路故障。

(2)实训要求

①掌握各仪表的结构、原理及控制电路。

②掌握仪表、报警系统的检测与诊断方法。

3)常见故障诊断与维修

(1)汽车仪表拆装注意事项

①拆装组合仪表时,应先拆下蓄电池负极电缆线,以免手触摸仪表板后面线束时造成线路短路。

②拆卸组合仪表装饰面板时,由于固定螺钉是隐蔽的,因此要仔细查找固定螺钉,强行拆卸会损坏装饰面板。

③拆装组合仪表时,应注意仪表板后面的线束插接器及车速里程表软轴接头,它们一般都带有锁止机构,切忌强拆。

④从电路板上拆下仪表表芯、电源稳压器、照明灯及指示灯时,不要损坏印制电路。

⑤单独更换表芯或仪表传感器时,注意仪表与传感器必须配套使用。

⑥拆装仪表及传感器时,动作要轻,不要敲打。

⑦仪表与传感器的接线必须可靠。

⑧电磁式仪表的接线柱有极性之分,不得接错。

(2)燃油表无指示故障分析

①故障现象。油箱内无论有多少燃油,指针总显示无油。

②故障原因。表本身故障,电路有断路处,表传感器故障,稳压器工作异常等。

③检修方法。拔下燃油表传感器接线插头并搭铁,打开点火开关,观察燃油表。若指针向满油刻度方向移动,则说明故障在燃油表传感器;若无反应,则说明故障在仪表本身,或稳压器或线路已断路。接好燃油表传感器接线插头,打开点火开关,用万用表测量仪表上的电源进线电压,若有电压,则说明表内部已坏;若无电压,则说明稳压器已坏或电路断路。

(3)所有仪表无指示灯故障分析

①故障现象。打开点火开关,所有仪表均无指示。

②故障原因。保险装置断,稳压器故障,电路接线断开等。

③检修方法。先检查保险装置是否熔断;然后检查电路接线头是否松动、脱落,搭铁是否良好;最后用万用表测量稳定电源电压。

4)记录与分析

填写诊断与修复汽车车速表故障作业记录单,见表6.11。

表6.11　诊断与修复汽车车速表故障作业记录单

姓　名		班　级		学　号		组　别	
车　型		年　款		作业单号		作业日期	
检查项目				检查结果			
故障诊断仪读取车速信息							
检查车速表传感器输出速度与车速表显示一致性							
检查组合仪表车速传感器输出信号							
故障原因							
制订汽车仪表、报警系统不工作故障诊断与修复流程							

[任务检测]

一、填空题

1. 燃油表分为________和________两种。

2. 膜片式机油压力警告灯开关,当机油压力________,动触点与________闭合,警告灯点亮。

3. 拆装组合仪表时,应先拆下________,以免触摸仪表板的线束时,造成线路短路。

二、判断题

1. 当油箱中装满油时,电磁式燃油表左线圈的磁场变弱,右线圈的磁场增强。　(　　)

2. 油压传感器是利用油压大小推动滑臂来改变可变电阻值的。　(　　)

3. 为了减少驾驶员注意力的分散,指示灯、报警灯在其所指示部位工作时是常亮的。　(　　)

三、选择题

1. 如果通向燃油传感器的线路短路,那么燃油表的指示值(　　)。

A. 为0　　B. 为1　　C. 跳动

2. 燃油表用于指示(　　)。

A. 使用燃油的品种　　B. 燃油量　　C. 燃油温度

3. 若将负温度系数热敏电阻的水温传感器电源线直接搭铁，则水温表(　　)。

A. 指示值最大　　　　B. 指示值最小　　　　C. 没有指示

四、简答题

1. 汽车上有哪些仪表？各有何种作用？

2. 汽车上有哪些报警装置？各有何种作用？

3. 简述机油压力报警传感器的工作原理。

【评价与反馈】

评价与反馈见表6.12。

表6.12　评价与反馈表

班级：　　　　姓名：　　　　指导教师：

序号	考核项目	配分	考核内容	配分	考核标准	得分
1	出勤/纪律	5	出勤	2	违规一次不得分	
			行为规范	3	违规一次不得分	
2	安全/防护/环保	20	着装	4	违规一次不得分	
			个人防护	4	违规一次不得分	
			5S	4	违规一次不得分	
			设备使用安全	4	违规一次不得分	
			操作安全	4	违规一次不得分	
3	知识水平	20	知识测验成绩	20	测验成绩的20%计	
4	技能考核	40	技能测验成绩	40	测验成绩的40%计	
5	学习能力	10	工单填写、计划制订	4	未做不得分	
			组内活动情况	4	酌情扣1~4分	
			资料查阅和收集	2	未做不得分	
6	任务拓展	5	知识拓展	2	未做不得分	
			技能拓展	3	未做不得分	
7	总分	100				

【教师评估】

教师评估见表6.13。

表6.13　教师评估表

序号	优点	存在的问题	解决方案
教师签字：			

项目 7
汽车辅助电器检测与维修

【工作任务】

任务 7.1　电动后视镜的故障检测及排除

任务 7.2　电动车窗的故障检测及排除

任务 7.3　电动座椅的故障检测及排除

任务 7.4　电动门锁的故障检测及排除

任务 7.1　电动后视镜的故障检测及排除

[任务目标]

目标类型	目标要求
认知目标	了解电动后视镜的功能、知道电动后视镜的分类及特点、知道电动后视镜的组成及工作原理
技能目标	能分析电动后视镜机械及电路故障原因、会使用工具检测及排除故障
情感目标	(1)养成主动学习的习惯 (2)培养 5S 意识

[任务描述]结合电动后视镜的结构及控制电路图,能够分析电动后视镜不能上下调整的故障原因,利用万用表及拆装工具对故障电动后视镜进行故障检测及排故处理。

[知识准备]

后视镜是现代汽车必备的安全装置之一。驾驶员在行车过程中,通过后视镜来获取汽车后方和侧面的相关信息。后视镜分为车内后视镜和车外后视镜。为便于驾驶员调整车外后视镜的角度,许多轿车安装了电动后视镜,驾驶员在车内通过电控旋钮可以方便快捷地对车外左右后视镜的后视角度进行任意调节,根据行车需要调整到最佳观测位置,避免在汽车行驶中将手伸出车外调整后视镜的安全隐患,使用方便、安全可靠。电动后视镜使驾驶员便于获得理想的后视角度,操作便捷,目前已被广泛应用。

7.1.1 电动后视镜的功能

中、高档汽车上使用的电动后视镜除后视角度调整外,还增加了以下5个功能:

(1)后视镜的记忆存储功能

每个驾驶员可根据个人身高与驾驶习惯的不同,结合座椅及方向盘的最佳舒适性,调节后视镜的最佳视角,进行记忆存储。

当其他人驾驶汽车后,或被他人调整后视镜视角后,驾驶员可以开启记忆存储功能,使左右后视镜恢复至最佳设定状态。

(2)后视镜的加热除霜功能

为应对雨雪大雾天气造成后视镜镜面模糊不清,增设了电加热除霜功能,驾驶员在汽车行驶中开启加热除霜功能加热镜面,清洁镜面的积雾、积霜和雨水等。

(3)后视镜的自动折叠功能

该功能可防擦伤及缩小停车泊位空间,保证在后视安全性上把损害程度降低到最小限度。有的后视镜设计成为电动折叠方式,驾驶员在车内就可方便地调节。

(4)带刮水器、洗涤器的后视镜

有些后视镜增设了刮水器和洗涤器,用于刮去外后视镜上的雨、雪、泥浆及灰尘等,可以在各种情况下清晰地观察到汽车外部情况。

(5)具有测距和测速功能的后视镜

为提高视认性而安装的测距和测速用后视镜。驾驶员可通过这种特殊的后视镜,看清后面跟随而来的车辆的距离,并估计出其行驶的速度,保证汽车安全行驶。

7.1.2 电动后视镜的类型

现代汽车的后视镜大都为电动,由电气控制系统来操纵。其分类方式主要有以下4种:

(1)按安装位置分类

按安装位置分类,后视镜可分为内后视镜、外后视镜和下视镜3种,如图7.1所示。

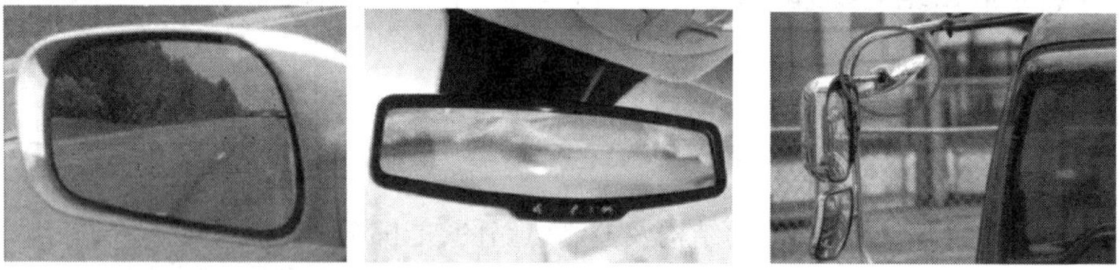

(a)外后视镜　(b)内后视镜　(c)下视镜

图7.1 后视镜

内后视镜安装在汽车驾驶室内部,供驾驶员观察和注视车内后部乘员或物品的情况。现在多数轿车采用电动外后视镜,而对于内后视镜仍采用传统手动方式。

(2)按后视镜的镜面形状分类

按后视镜的镜面形状分类,后视镜可分为平面镜、球面镜和曲率镜3种。

此外,还有一种棱形镜,其镜表面平坦,截面为棱形,通常用作防炫目的内后视镜。

(3)按反射膜材料分类

按制镜时涂用的反射膜材料分类,后视镜可分为铝镜、铬镜、银镜和蓝镜4种。

(4)按调节方式分类

按后视镜的调节方式分类,后视镜可以分为车外调节和车内调节两种,两者在结构上有较大的差别。

①车外调节式。车外调节式是在车停止状态下,通过用手直接调节镜框或镜面位置的方式来完成的调节。一般大型汽车、载货汽车和低档客车都采用车外调节式。

②车内调节式。车内调节式是指驾驶员在行驶中调节后视镜。中、高档轿车大都采用车内调节方式。该方式又分为手动调节式(钢丝索传动调节或手柄调节)和电动调节式两种。电动调节式后视镜是目前中、高档轿车普遍采用的标准装备。

7.1.3 电动后视镜的组成

电动后视镜主要由永磁式直流电动机、传动机构、车镜支架、镜面玻璃和控制开关等组成。每个后视镜都有两套驱动装置,由电动后视镜开关进行操纵,其中一个电动机和传动机构用于后视镜水平方向的转动,另一个电动机和传动机构则用于后视镜垂直方向的转动。

后视镜的结构和典型开关如图7.2和图7.3所示,它主要以枢轴为中心,由使后视镜能上下、左右方向灵活变换位置的两个独立的微电动机、永久磁铁和霍尔集成电路等构成。根据霍尔集成电路产生的信号电压,可对后视镜的所在位置进行检测。

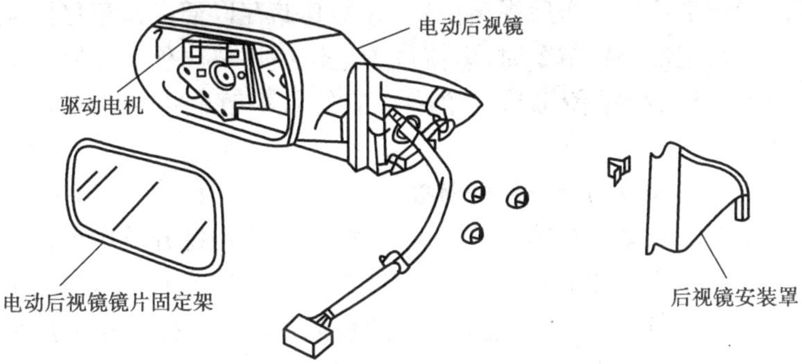

图7.2 电动后视镜的结构示意图

图7.3 电动后视镜控制开关

有的汽车的电动后视镜还带有可伸缩功能,由后视镜伸缩开关控制电动机工作,驱动伸缩传动装置带动后视镜收回和伸出。

有的汽车的后视镜控制电路具有存储功能,它由驱动位置存储器、回复开关和位置传感器等组成。上述操作功能的数据可自动存储在存储器中,如果需要,可直接将存储器中存储的数据调出使用。

7.1.4 电动后视镜的控制电路及工作原理

如图7.4所示为电动后视镜控制系统的基本原理。当控制开关向下扳时,触头B与触头D,C及E分别相通,电流经电源→触头E→触头C→电动机→触头B→触头D→接地,电动机转动使后视镜做垂直方向运动;当开关向上扳时,触头B与E,C与D分别接触,电流经电源→触头E→触头B→电动机→触头C→触头D→接地,由于流过电动机的电流发生改变,因此电动机反方向转动,后视镜做水平方向运动。

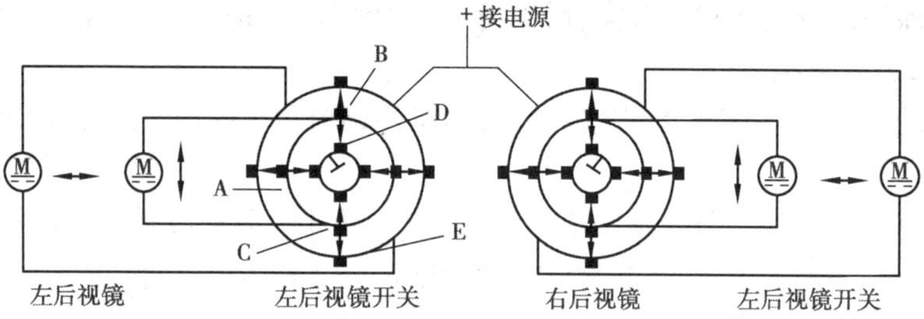

图 7.4　电动后视镜控制系统的基本原理图

以雪佛兰迈锐宝轿车的电动后视镜电路为例,说明电动后视镜控制电路的工作原理。

外后视镜开关和乘客侧车窗开关作为主控模块,位于座椅位置记忆模块串行数据电路上。视镜的选择和方向控制开关通过串行数据电路输入座椅位置记忆模块。座椅位置记忆模块接收到来自外后视镜开关的开关输入信号时,视镜输出指令通过串行数据电路发送到相应的开关上。外后视镜开关和乘客侧车窗开关通过双向电机控制电路来控制左侧和右侧外后视镜。在未激活时电机控制电路状态不稳定,必要时开关向控制电路提供电源和搭铁以将后视镜移向指令方向。后视镜位置由各电动后视镜的水平位置和垂直位置传感器共同决定。外后视镜开关和乘客侧车窗开关向传感器提供 5 V 参考电压、低电平参考电压及水平位置和垂直位置信号电路。信号电路通过开关获得 5 V 参考电压,并且信号电路电压的高低表示后视镜的位置。通过串行数据电路向座椅位置记忆模块发送后视镜位置,并将其储存以便操作记忆后视镜。当座椅位置记忆模块接收到回忆记忆位置指令时,座椅位置记忆模块将向外后视镜开关和乘客侧车窗开关发送就位指令。开关根据传感器设置将相应的后视镜电机驱动至指令位置。

1)雪佛兰迈锐宝轿车电动后视镜镜面方向调整控制电路

如图 7.5 所示为雪佛兰迈锐宝轿车电动后视镜的控制电路,此电动后视镜开关中上面的 4 向开关为共用的后视镜方向调节开关,开关旋向左(L)/右(R)为控制左侧或右侧电动后视镜的联动分开关。通过左/右调整开关选择好要调整的后视镜,如调整左镜时,开关旋向左(L)。以左侧后视镜为例简单分析其工作过程。

(1)左侧后视镜向下倾斜

如图 7.4 所示,首先将电动后视镜开关中下面的联动分开关旋至"左(L)"位置,然后开关向下扳动,此时电路的电流方向为:蓄电池 +→熔断丝 F55UA→电动后视镜开关模块端子 4→开关模块"↓"逻辑开关→开关模块"L"逻辑开关闭合→开关模块端子 1→左电动后视镜端子 2→左电动后视镜"上下"调节电机→左电动后视镜端子 1→开关模块端子 2→开关模块"↓"逻辑开关→开关模块端子 5→车身搭铁,左侧后视镜向下倾斜。

(2)左侧后视镜向上倾斜

此时,电动后视镜开关中下面的联动开关依然在"左(L)"的位置,开关向上扳动,电流的流向为:蓄电池 +→熔断丝 F55UA→电动后视镜开关模块端子 4→开关模块"↑"逻辑开关→开关模块"L"逻辑开关闭合→开关模块端子 1→左电动后视镜端子 2→左电动后视镜"上下"调节电机→左电动后视镜端子 1→开关模块端子 2→开关模块"↑"逻辑开关→开关模块端子 5→车身搭铁,左侧后视镜实现向上倾斜。

电动后视镜左右运动的电路分析与此类似,此处不再赘述。

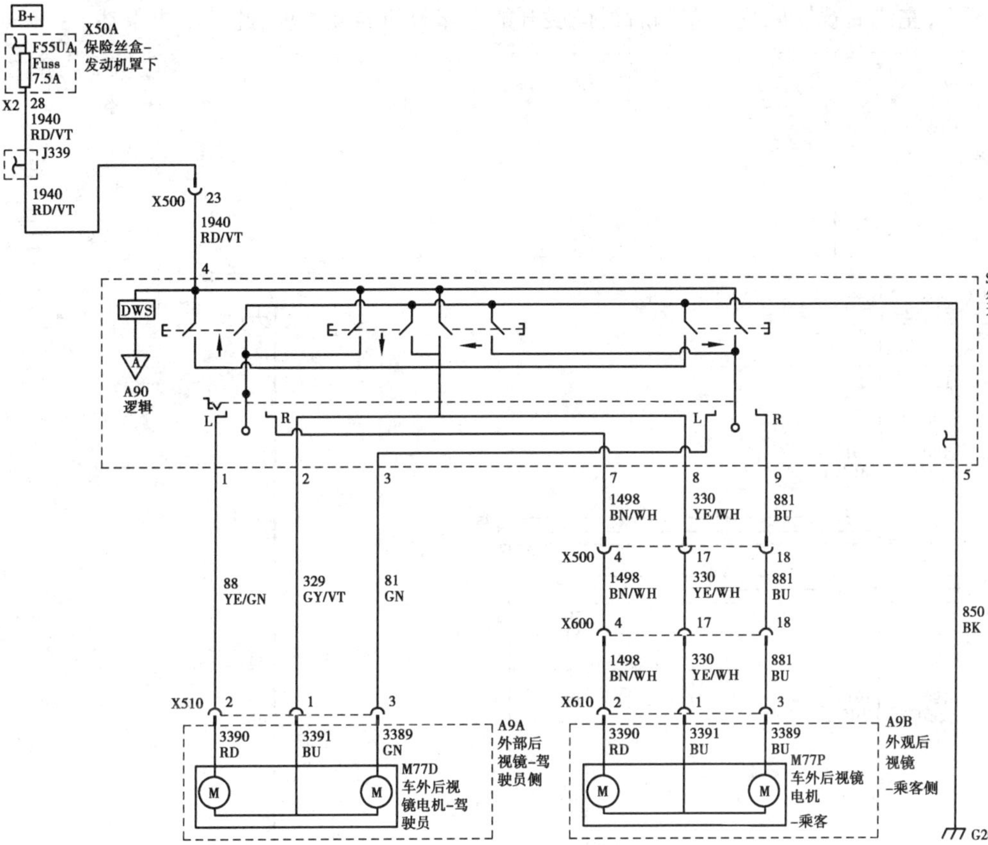

图7.5　雪佛兰迈锐宝轿车电动后视镜电路图(镜面方向调整)

电动后视镜调整过程中控制开关状态见表7.1。

表7.1　电动后视镜控制开关状态

触点 / 调整状态	左　上	右　下	向　上	向　下	左	右
向左调整	●				●	
向右调整		●				●
向上调整	●		●			
向下调整		●		●		

2)雪佛兰迈锐宝轿车电动后视镜折叠控制电路

如图7.6所示为雪佛兰迈锐宝轿车电动后视镜折叠的控制电路图,电动后视镜的折叠是通过电动镜开关上的伸缩开关控制的。电动后视镜折叠时,旋钮开关选择后视镜折叠模式,通过控制开关即可进行该镜折叠,后视镜折叠时电流的流向为:蓄电池+→熔断丝F55UA→电动后视镜开关模块端子4→开关模块后视镜“折叠”逻辑开关→开关模块后视镜“收拢”逻辑开关闭合→开关模块端子11→左电动后视镜端子9→左电动后视镜“折叠”调节电机→左电动后视镜端子10→开关模块端子12→开关模块“展开”逻辑开关常开(搭铁)→开关模块端子5→车身搭铁,左侧后视镜收拢。左侧后视镜展开的电路分析与此类似,此处不再赘述。

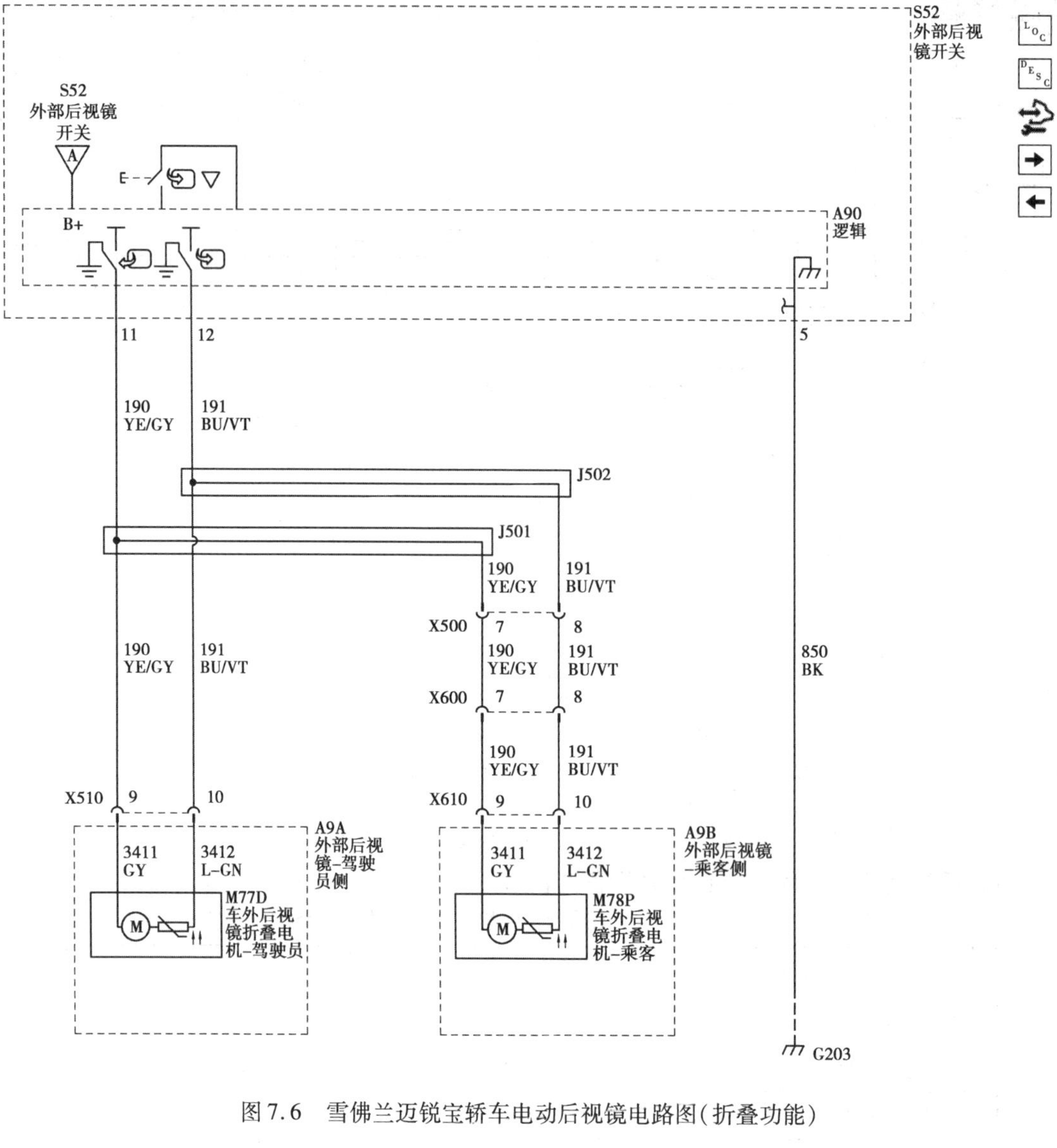

图7.6　雪佛兰迈锐宝轿车电动后视镜电路图(折叠功能)

7.1.5　电动后视镜的故障分析与检测

1)电动后视镜常见故障有后视镜不运作、后视镜运作不正常

(1)后视镜不运作

①两个电动后视镜都不能动。

故障原因:熔断丝熔断、搭铁不良、后视镜开关损坏、电动机损坏、线束损坏。

②一侧电动后视镜不能动。

故障原因:搭铁不良、后视镜开关损坏、电动机损坏、线束损坏。

③一侧电动后视镜上下方向不能动。

故障原因:搭铁不良、上下调整电动机损坏、线束损坏。

④一侧电动后视镜左右方向不能动。

故障原因:搭铁不良、左右调整电动机损坏、线束损坏。

(2)后视镜运作不正常(调整不到位)

故障原因:外后视镜总成损坏、开关总成损坏、线束损坏。

2)外后视镜故障检测与排除

对照控制电路图逐一检查熔断丝、线束、开关总成、控制电机,如熔断丝是否断路、线束是否断路、开关总成动作时相关逻辑开关是否导通、控制电机是否导通等,如损坏应更换相应元件。在电路检查中应注意检查线束插头是否插接牢固,搭铁是否良好。

当所有诊断和修理完成后,检查系统是否正常工作。

[任务实施]

1)准备工作

(1)设备

13款雪佛兰迈锐宝轿车4辆,通用专用故障诊断仪4套。

(2)工具

工具车4辆,零件车4辆,常用工具4套(120件套,FLUKE87万用表,螺丝刀),13款雪佛兰迈锐宝维修手册4套(电子版),抹布若干。

(3)授课地点

通用实训中心整车实训教室。

2)实施过程

(1)车外后视镜镜片的更换

①拆卸程序。

警告:在处理任何带有锐棱或毛边的玻璃或钣金件时,应佩戴经认可的安全眼镜和手套以降低人身伤害的风险。

a.如图7.7所示,将几层遮蔽带2粘在外部后视镜壳体3底部,以保护漆面。

b.在后视镜镜片顶部内角处向里推镜片1,直到达到最大行程。

注意:不得撬开它。必须用合适的工具(塑料平刃工具)以扭动的方式从电机上松开后视镜镜片。

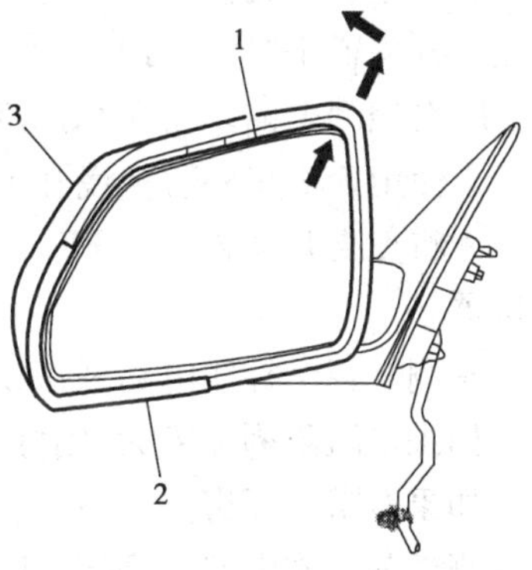

图7.7　准备拆卸迈锐宝电动后视镜镜片

c.拆下后视镜镜片,如图7.8所示。

- 保持后视镜镜片1顶部内角上的压力。
- 将合适的工具(塑料平刃工具)插入镜片后面的两个凸舌2之间。
- 扭动合适的工具(塑料平刃工具),直到后视镜镜片从电机上松下。

d.断开电气连接器。

②安装程序。

a.连接电气连接器。

b.把后视镜镜片的固定凸舌与电机对准。

c.将手放在后视镜壳体背面。

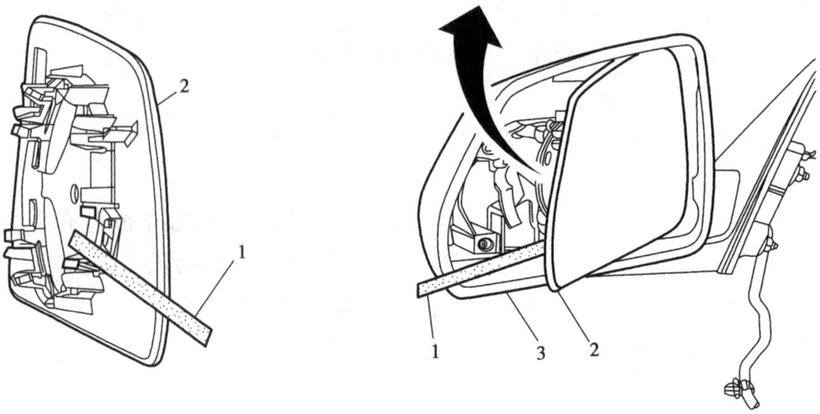

图 7.8　拆卸迈锐宝电动后视镜镜片

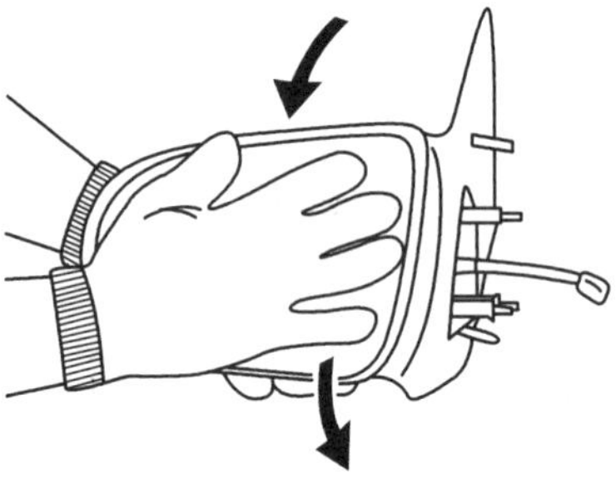

图 7.9　安装迈锐宝电动后视镜镜片

d. 用手掌平坦部位向内按压，直到后视镜完全就位于电机的固定凸舌上，如图 7.9 所示。

e. 检查电动后视镜的操作是否正确。

f. 拆卸遮蔽带。

(2) 电动后视镜折叠故障(不带 A45)检测及维修

注：运行故障诊断码的条件是蓄电池电压必须为 9 ~ 16 V。

①电路/系统测试。

a. 将点火开关置于"OFF(关闭)"位置，断开相应"A9 车外后视镜"的串联线束连接器。将点火开关置于"ON(打开)"位置。

b. 在控制电路端子 9 和控制电路端子 10 之间连接一盏测试灯。

c. 使用 S52 车外后视镜开关指令"折叠"和"展开"状态时，确认测试灯点亮。

• 将点火开关置于"OFF(关闭)"位置，拆下测试灯，断开 S52 车外后视镜开关处的线束连接器。

• 测试各个控制电路和搭铁之间的电阻是否为无穷大。

如果电阻不为无穷大，则修理电路上的对搭铁短路故障。

如果电阻为无穷大，进行下列操作：

测试各控制电路端到端电阻是否小于 2 Ω。如果等于或大于 2 Ω，则修理电路中的开路/电阻过大。如果小于 2 Ω，则测试或更换 S52 车外后视镜开关。

如果测试灯始终点亮，进行下列操作：

将点火开关置于"OFF(关闭)"位置，拆下测试灯，断开 S52 车外后视镜开关处的线束连接器，再将点火开关置于"ON(打开)"位置。

测试各控制电路和搭铁之间的电压是否低于 1 V。如果等于或高于 1 V，则修理电路上的对电压短路。如果低于 1 V，则测试或更换 S52 车外后视镜开关。

如果在其中一种控制中测试灯点亮，进行下列操作：

测试或更换 A9 车外后视镜。

②电路/系统说明。

后视镜选择和折叠/展开开关通过串行数据电路向座椅位置记忆模块输入信号。座椅位置记忆模块接收到外部后视镜开关的折叠/展开信号时，座椅位置记忆模块将向外部后视镜开关和乘客侧车窗开关发送折叠或展开指令。外部后视镜开关和乘客侧车窗开关通过双向控制电路来控制折叠/展开电机。

[任务检测]

一、填空题

1. 中、高档汽车上使用的电动后视镜除后视角度调整外，增加了________、________、________、________、________等功能。

2. 按后视镜的镜面形状分类，后视镜可分为________、________和________ 3 种。

3. 电动后视镜主要由________、________、________、________和________等组成。

二、判断题

1. 每个后视镜都有两套驱动装置，可控制后视镜水平和垂直方向的转动。　　（　　）

2. 改变流过电动机的电流方向可改变电动机转动方向。　　（　　）

三、选择题

1. 下列哪种情况不是两个电动后视镜都不能动的故障原因（　　）。

A. 熔断丝熔断　　B. 搭铁不良

C. 后视镜开关损坏　　D. 上下调整电动机损坏

2. 后视镜运作不正常（调整不到位）的故障原因有（　　）。

A. 外后视镜总成损坏　　B. 开关总成损坏

C. 线束损坏　　D. 调整电动机损坏

四、简答题

简述雪佛兰迈锐宝轿车电动后视镜镜面垂直方向调整的控制过程。

[知识拓展]

防眩目后视镜

防眩目后视镜由一面特殊的镜子和两个光敏二极管及电子控制器组成，电子控制器接收光敏二极管送来的前射光和后射光信号，安装在车厢前挡风玻璃下面。其工作原理如下：

在被后面车辆的大灯照射时，车内防眩后视镜具有一个不断变化的防眩功能。车内防眩后视镜由一面特殊的镜子和两个光敏二极管及电子控制器组成。电子控制器得到光敏二极管送来的前射光或后射光信号，照射光照射在车内后视镜上，例如，后面灯光大于前面灯光，这时电子控制器将输出一个电压到导电层上。导电层上的这个电压改变电液颜色，电压越高，电液颜色越深，此时即使再强照射光照到后视镜上，经车内防眩后视镜反射到驾驶员眼睛上显示暗光，但不耀眼。

自动防眩目后视镜固然能防眩目，但在从车库倒车出来时，由于车后面的光线较强而车前面光线弱，此时后视镜如变暗就不利于倒车时看清车后情况，因此，一些汽车便设计成当汽车挂倒挡时能自动取消防眩目功能，或者也可以用开关手动取消该功能。

【评价与反馈】

评价与反馈见表7.2。

表7.2 评价与反馈表

班级：　　　　　　　　姓名：　　　　　　　　指导教师：

序号	考核项目	配分	考核内容	配分	考核标准	得分
1	出勤/纪律	5	出勤	2	违规一次不得分	
			行为规范	3	违规一次不得分	
2	安全/防护/环保	20	着装	4	违规一次不得分	
			个人防护	4	违规一次不得分	
			5S	4	违规一次不得分	
			设备使用安全	4	违规一次不得分	
			操作安全	4	违规一次不得分	
3	知识水平	20	知识测验成绩	20	测验成绩的20%计	
4	技能考核	40	技能测验成绩	40	测验成绩的40%计	
5	学习能力	10	工单填写、计划制订	4	未做不得分	
			组内活动情况	4	酌情扣1~4分	
			资料查阅和收集	2	未做不得分	
6	任务拓展	5	知识拓展	2	未做不得分	
			技能拓展	3	未做不得分	
7	总分	100				

【教师评估】

教师评估见表7.3。

表7.3 教师评估表

序　号	优　点	存在的问题	解决方案
教师签字：			

任务7.2　电动车窗的故障检测及排除

[任务目标]

目标类型	目标要求
认知目标	了解电动车窗的功能、知道电动车窗的分类及特点、知道电动车窗的组成及工作原理
技能目标	能分析电动车窗机械及电路故障原因、会使用工具检测及排除故障
情感目标	(1)养成主动学习的习惯 (2)培养5S意识

[任务描述]结合电动车窗的结构及控制电路图,能够分析电动车窗不能升降的故障原因,利用万用表及拆装工具对故障电动车窗进行故障检测及排故处理。

[知识准备]

电动车窗是指以电动机为动力驱动车窗玻璃自动升降的车窗。驾驶员或乘员操纵开关接通车窗升降电动机控制电路,电动机输出动力通过机械传动机构,使车窗玻璃按要求进行升降。电动车窗由于其操作简便、可靠,目前在汽车上得到广泛的应用。

7.2.1　电动车窗的组成

电动车窗用伺服电机驱动玻璃的升降,取代了传统的转动摇柄升降玻璃,使玻璃的升降轻便化、舒适化、自动化。

电动车窗主要由车窗玻璃、车窗玻璃升降器、直流电动机、控制开关、断路器等组成。

1)直流电动机

直流电动机为车窗玻璃的升降提供动力。采用的双向转动电动机有永磁型和双绕组型两种。每个车门装配一个直流电动机,通过开关控制流经电动机的电流或磁场方向,从而控制玻璃的升降。

2)控制开关

控制开关用于控制流经电动机的电流方向。控制开关分为两类:驾驶员侧主控开关,装在驾驶员侧的车门上,驾驶员可以控制每个车窗玻璃的升降;乘客侧分控开关,安装在副驾驶及后排车门上,由乘客对每个车窗进行升降控制。若带有延迟开关的电动车窗系统,可在点火开关断开后5 min内,或在车门打开前,仍提供电源,使驾驶员和乘客有时间关闭车窗。

装配电动车窗的汽车,在4个车门上都装有升降按钮开关,向上按玻璃上升,向下按玻璃下降。部分车型电动车窗还具有一键升降功能,即轻点一下就可连续上升或下降,在需要快速升降车窗玻璃如收费站交费、停车场交费等情况,这个功能非常实用。如图7.10所示,在驾驶员侧的车门上有一个总开关,可直接控制4个车窗玻璃的升降,也能关闭后排车窗玻璃升降控制电路,该功能可防止后排乘客在某些情况误操作车窗升降开关。

3)车窗玻璃升降器

大多数汽车的车窗玻璃升降器采用非常灵活的连杆机构来举升车窗玻璃,举升过程中可

图 7.10　驾驶员侧总开关

保持车窗玻璃处于水平状态。将直流电动机与涡轮涡杆或多级齿轮减速器串联起来,提供足够的扭矩举升车窗。电动车窗的另一个重要功能是电动车窗不能强制打开——传动机构中的涡轮涡杆元件,由于涡轮和涡杆之间存在接触角度,涡轮可旋转涡杆,而涡杆不能旋转涡轮,这是由于涡轮涡杆啮合齿之间的摩擦使齿轮咬合,因此,涡轮涡杆机构具有反向自锁功能。

车窗玻璃升降器常见的有钢丝滚筒式和交叉传动臂式两种,如图 7.11 和图 7.12 所示。

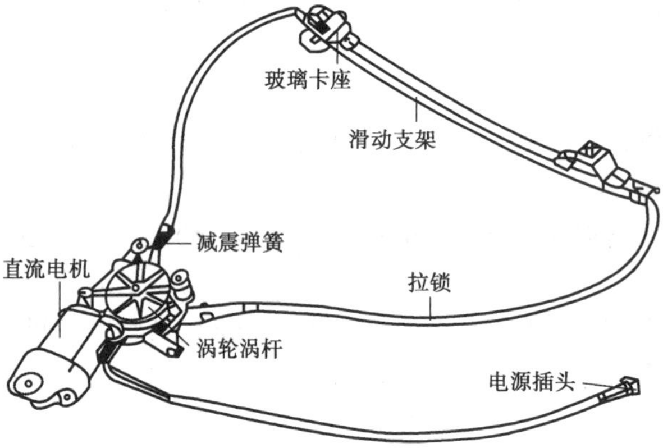

图 7.11　钢丝滚筒式电动车窗玻璃升降器

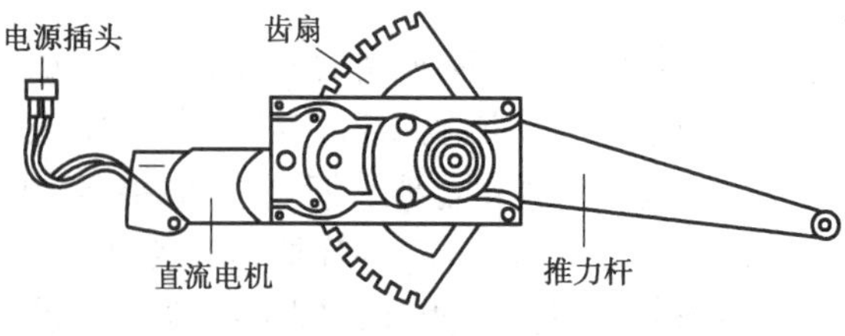

图 7.12　交叉传动臂式电动车窗玻璃升降

7.2.2　电动车窗的功能

目前,在中、高档汽车上电动车窗增加了部分控制方式,便于在某些情况下车窗的控制。

(1)车窗快速升降

轻按一次控制开关,可使前窗或后窗快速升降,在车窗升降过程再次轻按控制开关终止车窗升降。

(2)车外关闭车窗

部分汽车电动车窗在驾驶员下车,长按汽车钥匙锁车键可关闭四门车窗。

(3)车窗防夹功能

在车窗快速上升过程中,车窗智能电机可检测车窗上升阻力是否过大,如果阻力过大车窗电路停止上升并下降,以免造成不必要的人身伤害。

7.2.3　车窗控制过程

结合图7.13所示控制电路图,分析车窗控制过程,以驾驶员侧车窗上升控制过程为例。当驾驶员按下控制开关使车窗上升时,电流的流向为:蓄电池+→熔断丝F24UA→车窗开关(驾驶员侧)模块端子4→车窗上升开关→车窗“上升”逻辑开关闭合→开关模块端子2→车窗电机线束接头A→升降电机→车窗电机线束接头B→开关模块端子3→车窗“下降”逻辑开关(搭铁)→开关模块端子1→车身搭铁。车窗下降的电路分析与此类似,此处不再赘述。

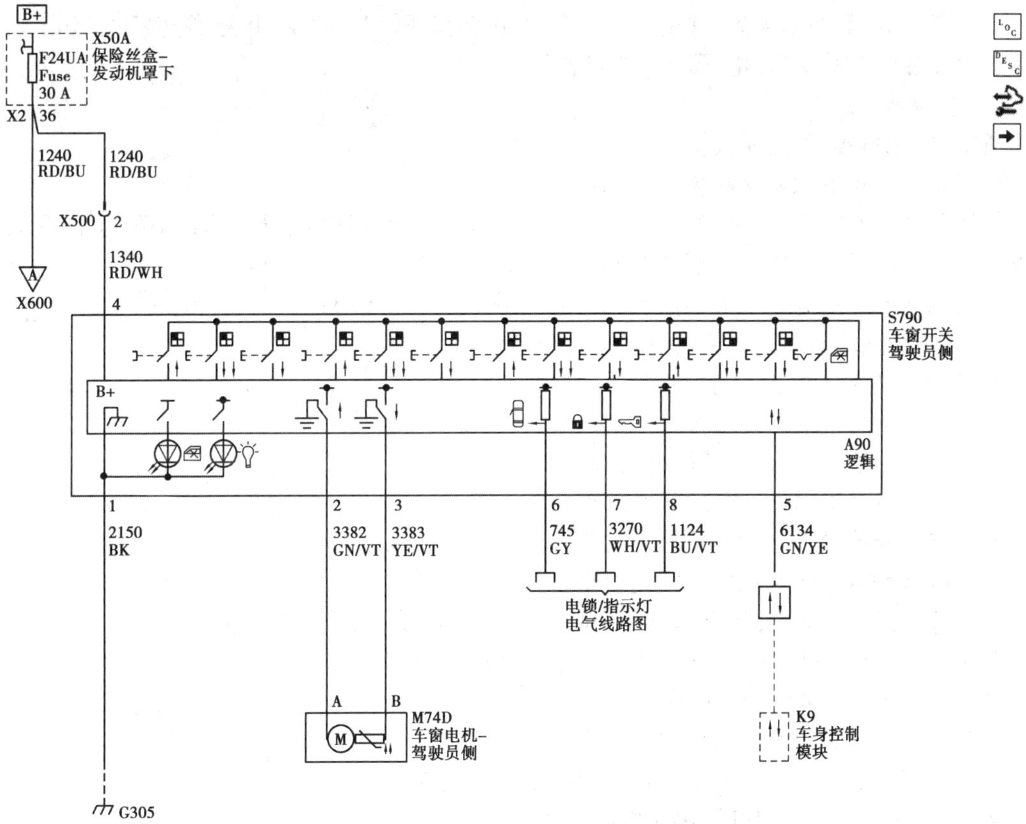

图7.13　雪佛兰迈锐宝轿车电动车窗控制电路

7.2.4　常见故障及排除

电动车窗常见故障有:所有车窗均不能升降、部分车窗不能升降或只能一个方向运动。

1)所有车窗均不能升降

主要故障原因:熔断器断路;有关继电器、开关损坏;搭铁点锈蚀、松动。

诊断步骤:首先检查熔断器是否断路;若熔断器良好,则应将点火开关接通,检查有关继电器和开关火线接柱上的电压是否正常,电压为零,应检查电源线路;电压正常,应检查搭铁线是否良好;搭铁不良时,应清洁、紧固搭铁线;搭铁良好时,应对继电器、开关和电动机进行检测。

2)部分车窗不能升降或只能一个方向运动

主要故障原因:该车窗按键开关损坏;连接导线断路;安全开关故障。

诊断步骤:如果车窗不能升降,首先检查安全开关是否工作,该车窗的按键开关工作是否正常,再通电检查该车窗的电机正反转是否运转稳定。若有故障,应检修或更换新件;若正常,则应检修连接导线。如果车窗只能一个方向运动,一般是按键开关故障或部分线路断路或接错所致,可以先检查线路连接是否正常,再检修开关。

[任务实施]

1)准备工作

(1)设备

2013 款雪佛兰迈锐宝轿车 4 辆,通用专用故障诊断仪 4 套。

(2)工具

工具车 4 辆,零件车 4 辆,常用工具 4 套(120 件套,FLUKE87 万用表,螺丝刀),2013 款雪佛兰迈锐宝维修手册 4 套(电子版),抹布若干。

(3)授课地点

通用实训中心整车实训教室。

2)测试电动车窗控制电路实施过程(记录)

①将点火开关置于“OFF(关闭)”位置,所有车辆系统关闭,断开相应的 S79 车窗开关的线束连接器。可能需要 2 min 才能让所有车辆系统断电。

②测试下列搭铁电路端子和搭铁之间的电阻是否小于 10 Ω:

- S79D 驾驶员侧车窗开关-搭铁电路端子 1。
- S79P 乘客侧车窗开关-搭铁电路端子 1。
- S79LR 左后车窗开关-搭铁电路端子 5。
- S79RR 右后车窗开关-搭铁电路端子 5。

如果等于或大于 10 Ω,进行下列操作:

- 将点火开关置于“OFF(关闭)”位置。
- 测试搭铁电路端对端的电阻是否小于 2 Ω。

如果等于或大于 2 Ω,则修理电路中的开路/电阻过大;

如果小于 2 Ω,则修理搭铁连接中的开路/电阻过大;

如果小于 10 Ω,进行下列操作:

③将点火开关置于“ON(打开)”位置。

④确认下列 B+电路端子和搭铁之间的测试灯点亮:

- S79D 驾驶员侧车窗开关-B+电路端子 4。
- S79P 乘客侧车窗开关-B+电路端子 4。
- S79LR 左后车窗开关-B+电路端子 8。
- S79RR 右后车窗开关-B+电路端子 8。

如果测试灯未点亮且电路保险丝完好,进行下列操作:

- 将点火开关置于“OFF(关闭)”位置。
- 测试 B+电路端对端的电阻是否小于 2 Ω。

如果等于或大于 2 Ω,则修理电路中的开路/电阻过大。

如果小于 2 Ω,则确认保险丝未熔断且保险丝有电压。

如果测试灯未点亮且电路保险丝熔断,进行下列操作:

- 将点火开关置于“OFF(关闭)”位置。
- 测试 B+电路和搭铁之间的电阻是否为无穷大。

如果电阻不为无穷大,则修理电路上的对搭铁短路故障。

如果电阻为无穷大,进行下列操作:

测试信号电路和搭铁之间的电阻是否为无穷大。

如果电阻不为无穷大,则修理电路上的对搭铁短路故障。

如果电阻无穷大,更换 S79 车窗开关。

如果测试灯点亮,进行下列操作:

⑤测试下列串行数据电路端子和搭铁之间的电压是否为 5~10 V。

- S79D 驾驶员侧车窗开关-串行数据电路端子 5。
- S79P 乘客侧车窗开关-串行数据电路端子 5。
- S79LR 左后车窗开关-串行数据电路端子 1。
- S79RR 右后车窗开关-串行数据电路端子 1。

如果低于 5 V,进行下列操作:

- 将点火开关置于“OFF(关闭)”位置,断开 K9 车身控制模块的线束连接器。
- 测试串行数据和搭铁之间的电阻是否为无穷大。

如果电阻不为无穷大,则修理电路上的对搭铁短路故障。

如果电阻为无穷大,进行下列操作:

- 测试串行数据电路端对端的电阻是否小于 2 Ω。

如果等于或大于 2 Ω,则修理电路上的开路/电阻过大。

如果小于 2 Ω,则更换 K9 车身控制模块。

如果高于 10 V,进行下列操作:

- 将点火开关置于“OFF(关闭)”位置,断开 K9 车身控制模块的线束连接器,再将点火开关置于“ON(打开)”位置。
- 测试串行数据电路和搭铁之间的电压是否低于 1 V。

如果等于或高于 1 V,则修理电路上的对电压短路。

如果低于 1 V,则更换 K9 车身控制模块。

如果为 5~10 V,进行下列操作:

⑥将点火开关置于“OFF(关闭)”位置,连接 S79 车窗开关的线束连接器,并断开 M74 车窗电机的线束连接器。

⑦测试控制电路端子 A 和搭铁之间的电阻是否小于 5 Ω。

如果等于或大于 5 Ω,进行下列操作:

- 将点火开关置于“OFF(关闭)”位置,断开 S79 车窗开关的线束连接器。
- 测试控制电路端对端电阻是否小于 2 Ω。

如果等于或大于 2 Ω,则修理电路中的开路/电阻过大。

如果小于 2 Ω,更换 S79 车窗开关。

如果小于 5 Ω,进行下列操作:

⑧测试控制电路端子 B 和搭铁之间的电阻是否小于 5 Ω。

如果等于或大于 5 Ω,进行下列操作:

- 将点火开关置于“OFF(关闭)”位置,断开 S79 车窗开关的线束连接器。
- 测试控制电路端对端电阻是否小于 2 Ω。

如果等于或大于 2 Ω,则修理电路中的开路/电阻过大。

如果小于 2 Ω,更换 S79 车窗开关。

如果小于 5 Ω,进行下列操作:

⑨在控制电路端子 A 和控制电路端子 B 之间连接一盏测试灯,将点火开关置于“ON(打开)”位置。

⑩使用 S79 车窗开关控制“上升”和“下降”状态,确认测试灯点亮。

如果在任何一种控制中测试灯未点亮,进行下列操作:

- 将点火开关置于“OFF(关闭)”位置,断开 S79 车窗开关的线束连接器。
- 测试各个控制电路和搭铁之间的电阻是否为无穷大。

如果电阻不为无穷大,则修理电路上的对搭铁短路故障。

如果电阻无穷大,更换 S79 车窗开关。

如果在其中一种控制中测试灯点亮。

⑪测试或更换 M74 车窗电机。

[任务检测]

一、填空题

1. 电动车窗主要由________、________、________、________、________等组成。

2. 车窗玻璃升降器常见的有________和________两种。

二、判断题

1. 通过开关控制流经电动机的电流或磁场方向,从而控制玻璃的升降。 (　　)

2. 涡轮涡杆机构具有反向自锁功能,不能从车外强行升降车窗玻璃。 (　　)

三、选择题

1. 部分中、高级汽车上电动车窗增加了(　　)控制方式。

A. 车窗快速升降　　B. 车外关闭车窗

C. 车窗防夹功能　　D. 车窗自检功能

2. 下列不是部分车窗不能升降或只能一个方向运动故障原因的是(　　)。

A. 该车窗按键开关损坏　　B. 连接导线断路

C. 驱动电机损坏　　D. 安全开关故障

四、简答题

1. 简述驾驶员侧车窗上升的控制过程。

2. 简述所有车窗不能升降的检测步骤。

[知识拓展]

电动车窗一键升降功能

电动车窗一键升降是指汽车车窗玻璃可用一次键控制升降就位的系统。配有车窗一键升降的汽车车窗升降控制开关有两挡:第一个位置和普通电动车窗一样;第二个位置就是按一下后放开,窗户将自动完全开启或者完全关闭。

普通的电动车窗使用时需按住开关,车窗升降到需要的位置时松开按键,升降过程停止。

一键升降式车窗一般都具有"防夹手"功能,避免夹手的危险。

【评价与反馈】

评价与反馈见表7.4。

表7.4　评价与反馈表

班级:　　　　　　　　　姓名:　　　　　　　　　指导教师:

序号	考核项目	配分	考核内容	配分	考核标准	得分
1	出勤/纪律	5	出勤	2	违规一次不得分	
			行为规范	3	违规一次不得分	
2	安全/防护/环保	20	着装	4	违规一次不得分	
			个人防护	4	违规一次不得分	
			5S	4	违规一次不得分	
			设备使用安全	4	违规一次不得分	
			操作安全	4	违规一次不得分	
3	知识水平	20	知识测验成绩	20	测验成绩的20%计	
4	技能考核	40	技能测验成绩	40	测验成绩的40%计	
5	学习能力	10	工单填写、计划制订	4	未做不得分	
			组内活动情况	4	酌情扣1~4分	
			资料查阅和收集	2	未做不得分	
6	任务拓展	5	知识拓展	2	未做不得分	
			技能拓展	3	未做不得分	
7	总分	100				

【教师评估】

教师评估见表7.5。

表7.5　教师评估表

序号	优　点	存在的问题	解决方案
教师签字:			

任务7.3 电动座椅的故障检测及排除

[任务目标]

目标类型	目标要求
认知目标	了解电动座椅的功能、知道电动座椅的分类及特点、知道电动座椅的组成及工作原理
技能目标	能分析电动座椅机械及电路故障原因、会使用工具检测及排除故障
情感目标	(1)养成主动学习的习惯 (2)培养5S意识

[任务描述]结合电动座椅的结构及控制电路图,能够分析电动座椅不能前后移动的故障原因,利用万用表及拆装工具对故障电动座椅进行故障检测及排故处理。

[知识准备]

为了提高汽车乘坐的舒适性,通过操作方便的控制开关,调整座椅位置或改变坐姿,尽可能地减轻驾驶或长时间乘车的疲劳,现代轿车都安装有电动座椅。在部分中、高级轿车中,驾驶员的电动座椅控制系统不仅可以实现座椅滑行、倾斜的调整,还可以实现前垂直、后垂直、头枕和腰垫位置的调整,有的还带有位置存储功能。乘客的电动座椅控制系统依靠电力可以实现座椅滑行、倾斜的调整。

7.3.1 电动座椅的分类

1)根据电动机数量分类

根据使用电动机的数量,电动座椅可分为单电动机式、双电动机式、三电动机式和四电动机式等。

(1)单电动机式

单电动机式只能对电动座椅的前后两个方向进行调整。

(2)双电动机式

双电动机式可以对电动座椅的4个方向进行调整,即前后方向的位置移动、高低方向的位置调整。

(3)三电动机式

三电动机式可以对电动座椅的6个方向进行调整,即前后两个方向移动、座椅的前部和后部的高低进行调整。

(4)四电动机式

四电动机式的调整功能除了具有以上三电动机式的调整功能以外,还可对靠背的倾斜度进行调整。

电动座椅装用的电动机最多可达8个,除了保证上述基本运动外,还可对头枕高度、座椅长度和扶手的位置进行调整。具体如图7.14所示。

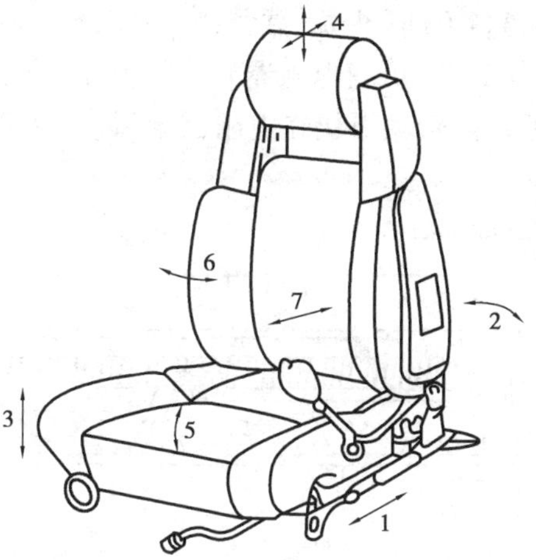

图7.14　具有8种功能的电动座椅

1—座椅前后调节；2—靠背倾斜调节；3—座椅上下调节；4—靠枕上下、前后调节；
5—座椅前部支撑调节；6—侧背支撑调节；7—腰椎支撑气垫调节

2）根据有无加热器分类

根据座椅内是否安装加热器，电动座椅可分为无加热器式与有加热器式两种。有加热器式电动座椅可以在冬季寒冷的时候对座椅的坐垫进行加热，改善乘坐舒适性。

3）根据有无存储功能分类

根据有无存储功能，电动座椅可分为无存储功能与有存储功能两种。有存储功能的电动座椅，可以将每次驾驶员或乘客调整电动座椅后的数据存储下来，作为以后重新调整座椅位置时的基准。

7.3.2　电动座椅的组成

电动座椅主要由控制开关、位置传感器、座椅记忆控制模块、双向直流电动机、机械传动机构等组成。以雪佛兰迈锐宝轿车为例，其电动座椅功能概括为3种：电动调节和记忆功能、腰撑调节和按摩功能、加热和通风功能。功能的多样化使电动座椅组成部分需增加相应的元件。

控制开关包括座椅各方向（头枕、靠背、腰部、滑动、前垂直、后垂直）调整的电动开关，具体如图7.15所示。

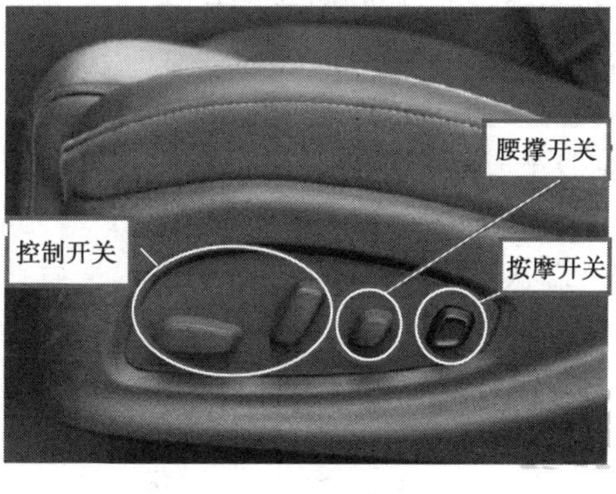

图7.15　座椅控制开关

位置传感器用于检测座椅各方向(头枕、靠背、腰部、滑动、前垂直、后垂直)调整后的具体位置,它主要由齿轮、滑块和螺旋杆(可变电阻器)组成,其工作原理和一般电位计相似。螺旋杆由电动机通过齿轮驱动旋转,并带动滑块在电阻器上滑动,从而使输出电压信号发生变化。其结构如图 7.16 所示。

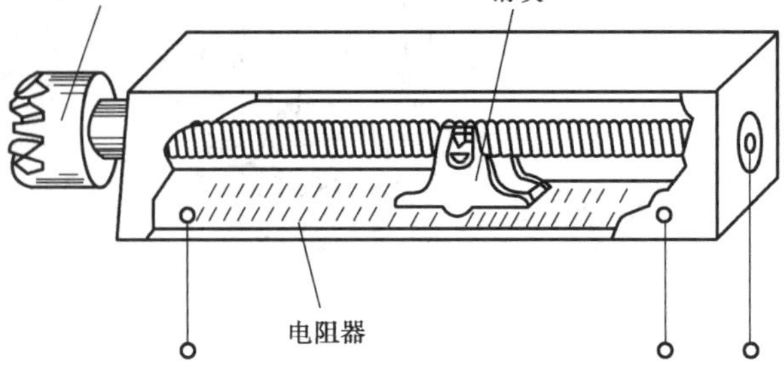

图 7.16　电动座椅传感器

座椅记忆控制模块是座椅电动调节和座椅记忆功能的主控模块,模块从电动座椅控制开关和座椅位置记忆开关接受指令,并根据座椅位置传感器检测的座椅位置,来控制座椅电机移动到理想位置。座椅记忆控制模块一般安装在驾驶员座椅下方。

双向直流电动机用于提供座椅调整所需的动力,电动机内安装有断路器,防止过载烧坏直流电动机。

执行机构主要由涡轮涡杆减速器、连轴装置、齿轮齿条等组成,其作用是把直流电动机输出的旋转运动转变为座椅调整所需的直线运动。

7.3.3　电动座椅的控制

电动座椅控制电路的原理与电动车窗的控制电路相似,通过调整开关控制双向直流电动机的电流方向。如图 7.17 所示为雪佛兰迈锐宝轿车电动座椅控制电路,它有 8 种可调方式,座椅前部上、下调节;后部上、下调节;座椅前、后调节;靠背倾斜调节。

电路中有 4 个开关,分别控制 4 个电动机。开关有一个共同特点:均为常搭铁型结构,即电动机没有动作时,电动机两端通过开关搭铁;当开关打向其一侧时,动作侧开关接通电源。每个电动机中均设有断路器,当座椅位置调整到极限时,流过电动机的电流增加,断路器断开,切断电动机电流,保护电动机不被烧损;松开调整开关,冷却后,断路器又重新复位。

以座椅水平调节为例,介绍电路的控制过程。

座椅需要向前移动,则向前推动电动座椅水平控制开关,即端子 D 置于左位时,电路为:蓄电池 B+→熔断器 F13DA→座椅调节控制开关端子 E→(水平开关“前”)→座椅调节控制开关端子 D→水平电机端子 1→水平电动机→水平电机端子 5→座椅调节控制开关端子 C→座椅调节控制开关端子 B→搭铁,座椅水平前移。座椅水平后移电路分析与此相似,不再赘述。

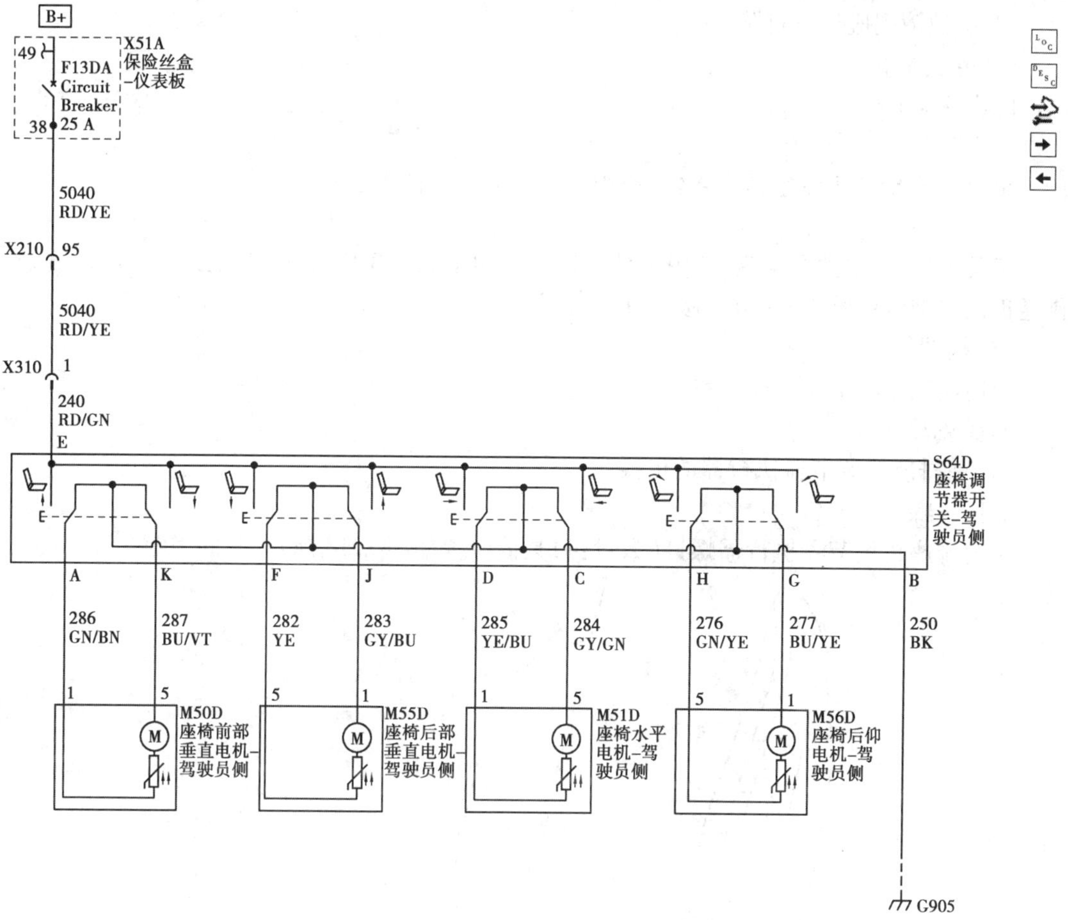

图7.17 雪佛兰迈锐宝轿车电动座椅控制电路

7.3.4 电动座椅的常见故障及排除

1)操纵系统不工作或出现噪声

主要故障原因:搭铁不良;线路出现断路;开关损坏。

诊断步骤:检查电磁阀与车身搭铁情况。如搭铁不良,操纵系统不可能工作。再使用测试灯在熔断丝板上检查断路器,指示灯发亮,如果座椅继电器有吸合声,故障可能出现在电动机上。在检测继电器和电动机之前,还应检测开关上的电压,故障也可能出现在开关上。

2)座椅电动机运转,但座椅不能移动

主要故障原因:橡胶联轴节损坏;座椅调节连杆氧化或润滑不足。

诊断步骤:先检查电动机和变速器之间的橡胶联轴节是否磨损或损坏,再检查座椅调节连杆是否存在氧化或润滑不足。

3)座椅继电器有接合响声,但电动机不工作

主要故障原因:线路断路;搭铁不良;电动机故障;电控单元故障。

诊断步骤:先检查电动机、电动机与继电器之间的线路。双磁场绕组型电动机搭铁不良也容易引起这类故障。需要进行电动座椅维修时,如果空间有限,不便在车内进行时,可将电动座椅的某一部分拆下进行检修。若使用电控单元控制的电动座椅,还应检查电控单元是否有

故障,若有故障则应进行排除。

[任务实施]

1)准备工作

(1)设备

2013 款雪佛兰迈锐宝轿车 4 辆,通用专用故障诊断仪 4 套。

(2)工具

工具车 4 辆,零件车 4 辆,常用工具 4 套(120 件套,FLUKE87 万用表,螺丝刀),2013 款雪佛兰迈锐宝维修手册 4 套(电子版),抹布若干。

(3)授课地点

通用实训中心整车实训教室。

2)实施过程

(1)前排座椅调节器执行器的更换

更换步骤:

①前排座椅调节器执行器螺钉(数量:4)具体位置如图 7.18 所示,紧固力矩 3 N·m。

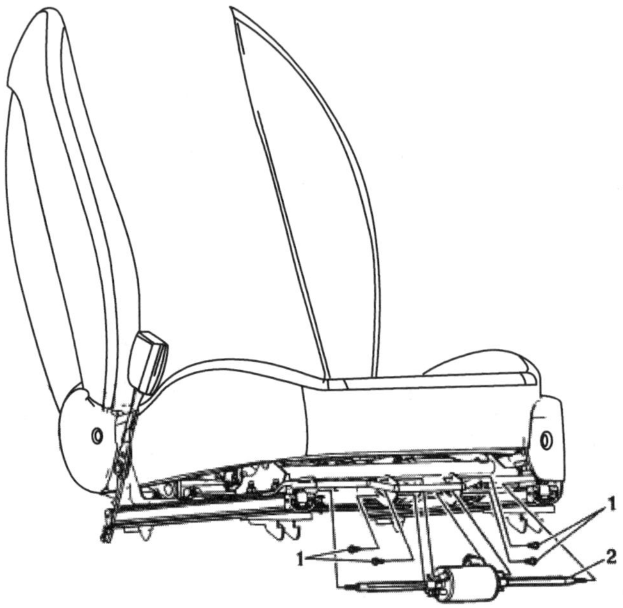

图 7.18 迈锐宝前排座椅执行器紧固螺栓

②前排座椅调节器执行器。先将座椅调节器电机拉线从调节器中拉出,以将其拆下;然后断开电气连接器。拆卸 4 根紧固螺栓,更换故障执行器。

③装复新执行器,装复紧固螺栓。

(2)双向电动座椅电路测试

①将点火开关置于“OFF(关闭)”位置,断开 S64D 驾驶员座椅调节器开关的线束连接器。

②测试下列搭铁电路端子和搭铁之间的电阻是否小于 5 Ω:

- 端子 A
- 端子 C

如果等于或大于 5 Ω,进行下列操作:

a. 将点火开关置于“OFF(关闭)”位置。

b. 测试搭铁电路端对端的电阻是否小于2 Ω。

如果为2 Ω或更大,则电路开路或电阻过大。

如果小于2 Ω,则搭铁连接开路或电阻过大。

如果小于5 Ω,进行下列操作:

③将点火开关置于“ON(打开)”位置。

④确认B+电路端子D和搭铁之间的测试灯点亮。

如果测试灯未点亮,进行下列操作:

a. 将点火开关置于“OFF(关闭)”位置。

b. 测试B+电路端对端的电阻是否小于2 Ω。

如果为2 Ω或更大,则电路开路或电阻过大。

如果小于2 Ω,则确认断路器未熔断且有电压。

如果测试灯点亮,进行下列操作:

⑤将点火开关置于OFF(关闭)位置,连接S64D驾驶员座椅调节器开关的线束连接器,并断开M57D驾驶员座椅垂直调节电机的线束连接器。

⑥在控制电路端子1和控制电路端子5之间连接一个测试灯,将点火开关置于“ON(打开)”位置。

⑦当使用座椅调节器开关命令M57D座椅垂直调节电机向上和向下调节时,确认测试灯点亮。

如果测试灯在两种指令下均未点亮,进行下列操作:

a. 将点火开关置于“OFF(关闭)”位置,断开S64座椅调节器开关的线束连接器。

b. 测试各控制电路端到端电阻是否小于2 Ω。

如果为2 Ω或更大,则电路开路或电阻过大。

如果小于2 Ω,则测试或更换S64D驾驶员座椅调节器开关。

如果在每个指令下测试灯均点亮,进行下列操作:

⑧测试或更换M57D驾驶员座椅垂直调节电机。

[任务检测]

一、填空题

1. 现代轿车中驾驶员的电动座椅控制系统可以实现座椅________、________、前垂直、________、头枕和________位置的调整。

2. 电动座椅主要由________、________、________、________、________等组成。

3. 执行机构主要由________、________、________等组成,其作用是把直流电动机输出的旋转运动转变为座椅调整所需的直线运动。

二、判断题

1. 位置传感器的工作原理和一般电位计相似。　　(　　)

2. 执行机构的作用是把直流电动机输出的旋转运动转变为座椅调整所需的直线运动。　　(　　)

三、选择题

1. 造成电动座椅不工作的机械故障有(　　)。

A. 橡胶联轴节损坏　　B. 座椅调节连杆氧化或润滑不足

C. 位置传感器损坏　　　　　　　　D. 线束损坏

2. 电动机内安装有(　　)，防止过载烧坏直流电动机。

A. 熔断器　　　　B. 断路器　　　　C. 变阻器　　　　D. 继电器

四、简答题

1. 简述电动座椅操纵系统不工作或出现噪声的故障检测过程。

2. 简述电动座椅继电器有接合响声，但电动机不工作的故障检测过程。

[知识拓展]

汽车座椅按摩一般在高档车上才有，设计者在座椅内加入气动装置，气压由发动机舱的气泵提供，座椅背靠内分别有 4 个或多个气压腔，实现对腰椎部的保护。同时，这些气压腔由一个装在靠背内的电脑控制的电子振荡器控制，电子振荡器根据事先编写的程序改变气压腔内的压力，使座椅椅面随之运动，达到为驾乘人员按摩的目的。

座椅通风是汽车座椅空调的"避暑装置"。夏季虽然有自动空调能够保持车内恒定温度，但乘员身体与座椅紧密接触，接触部分空气不疏通，不利于汗液排除，会使人感觉不舒服。座椅通风空调独有的通风循环系统，源源不断地将新鲜空气从座椅坐垫与靠背上的小孔流出，防止臀部与后背积汉，提供舒适的乘坐环境，有效改善了人体与椅面接触部分的空气疏通环境，即使长时间乘坐，身体与座椅的接触面也会干爽舒适。

【评价与反馈】

评价与反馈见表 7.6。

表 7.6　评价与反馈表

班级：　　　　　　　　　　姓名：　　　　　　　　　　指导教师：

序号	考核项目	配分	考核内容	配分	考核标准	得分
1	出勤/纪律	5	出勤	2	违规一次不得分	
			行为规范	3	违规一次不得分	
2	安全/防护/环保	20	着装	4	违规一次不得分	
			个人防护	4	违规一次不得分	
			5S	4	违规一次不得分	
			设备使用安全	4	违规一次不得分	
			操作安全	4	违规一次不得分	
3	知识水平	20	知识测验成绩	20	测验成绩的 20% 计	
4	技能考核	40	技能测验成绩	40	测验成绩的 40% 计	
5	学习能力	10	工单填写、计划制订	4	未做不得分	
			组内活动情况	4	酌情扣 1 ~4 分	
			资料查阅和收集	2	未做不得分	
6	任务拓展	5	知识拓展	2	未做不得分	
			技能拓展	3	未做不得分	
7	总分	100				

【教师评估】

教师评估见表7.7。

表7.7　教师评估表

序号	优　点	存在的问题	解决方案
教师签字：			

任务7.4　电动门锁的故障检测及排除

［任务目标］

目标类型	目标要求
认知目标	了解电动门锁的功能、知道电动门锁的分类及特点、知道电动门锁的组成及工作原理
技能目标	能分析电动门锁机械及电路故障原因、会使用工具检测及排除故障
情感目标	(1)养成主动学习的习惯 (2)培养5S意识

［任务描述］结合电动门锁的结构及控制电路图，能够分析电动门锁不能锁止的故障原因，利用万用表及拆装工具对故障电动门锁进行故障检测及排故处理。

［知识准备］

现代汽车采用集中控制方式控制所有车门、尾门及油箱盖一起上锁或解锁，并具有钥匙禁闭预防功能。具体功能如下：

①所有车门的门锁可以通过驾驶室侧门上钥匙或无线遥控钥匙来操纵达到同时开闭的功能。

②当有一侧前门打开，如果点火钥匙仍在锁内，即使已执行了锁门操纵，所有的车门也不会上锁，防止点火钥匙被锁在车内。

③驾驶员与乘客的车门都关上，点火开关断开后，电动车窗仍可动作约60 s。

④部分汽车的行李箱和燃油箱盖锁单独设置在仪表台和遥控钥匙上，只具备解锁功能。

7.4.1　电动门锁系统的组成

目前，汽车上装用的中控锁种类很多，但其基本组成主要有门锁开关、门锁执行机构和门锁控制器，如图7.19所示。

1)门锁开关

大多数中控锁的开关都是由总开关和分开关组成，总开关装在驾驶员车门或中控仪表台上,不同车辆安装位置可能不同,开关上有解锁和上锁两个按键,按下解锁按键可让所有车门解锁,按下上锁按键可锁止所有车门;分开关装在其他各个车门上,可单独控制一个车门。在驾驶员车门上还安装了钥匙控制开关。燃油箱和行李箱解锁开关分别安装在仪表台上,如图7.20所示。

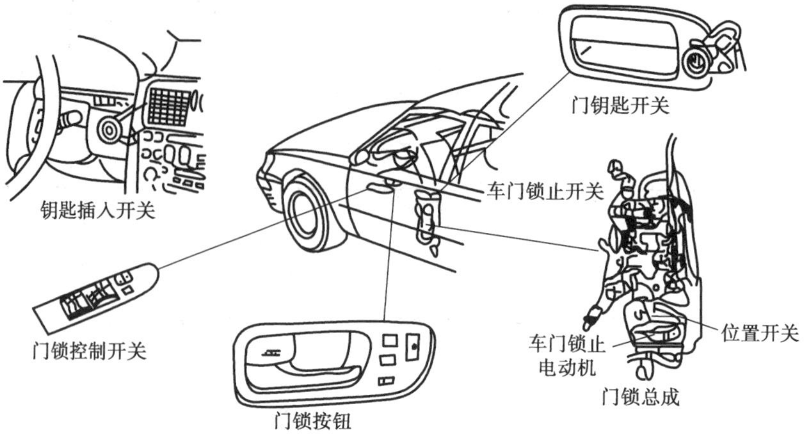

图7.19　电动门锁系统的组成

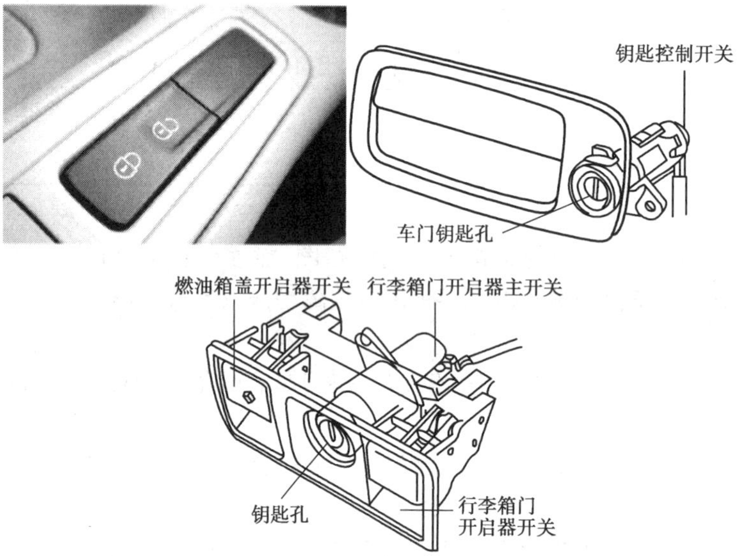

图7.20　中央门锁、车门钥匙、燃油箱及行李箱控制开关

2)门锁执行机构

中控锁执行机构用于执行驾驶员的指令,将门锁锁止或开启。门锁执行机构有电磁式、直流电动机式和永磁电动机式3种驱动方式。其结构都是通过改变极性转换其运动方向而执行锁门或开门动作的。

(1)电磁式

它内设两个线圈,分别用来开启、锁闭门锁,门锁集中操作按钮平时处于中间位置。当给锁门线圈通正向电流时,衔铁带动杆左移,门被锁住;当给开门线圈通反向电流时,衔铁带动连杆右移,门被打开。结构如图7.21所示。

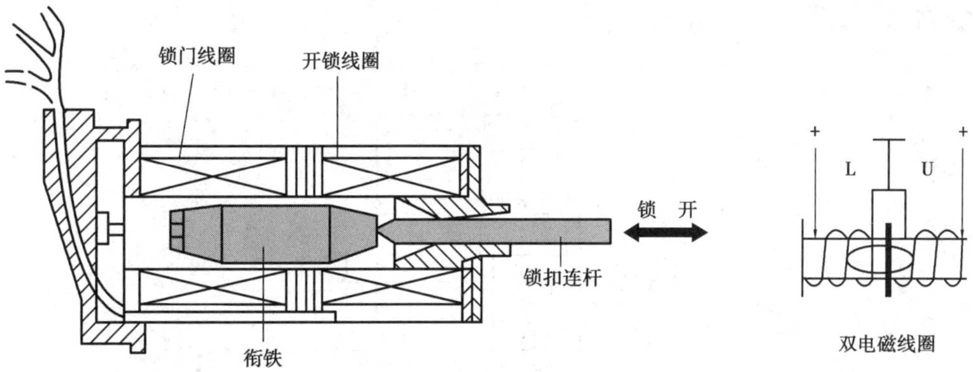

图 7.21　电磁式门锁执行机构

(2)直流电动机式

它是通过直流电动机转动并经传动装置(传动装置有螺杆传动、齿条传动和直齿轮传动)将动力传给门锁锁扣,使门锁锁扣进行开启或锁止。因为直流电动机能双向转动,所以通过电动机的正反转实现门锁的锁止或开启。这种执行机构与电磁式执行机构相比,耗电量较小。结构如图 7.22 所示。

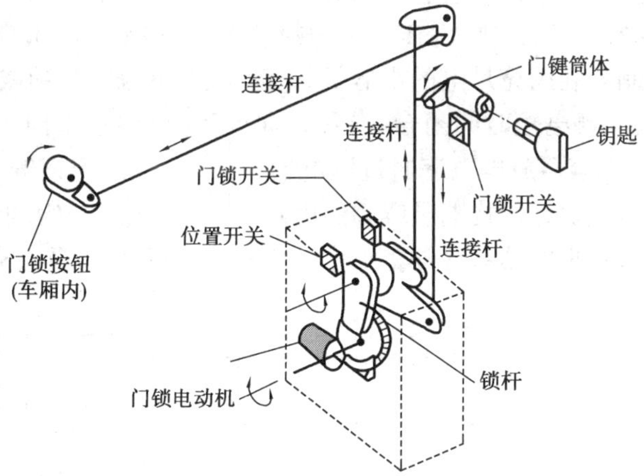

图 7.22　直流电动机式门锁执行机构

(3)永磁电动机式

永磁电动机多是指永磁型步电动机。它的作用与前两种基本相同,结构差异较大。转子带有凸齿,凸齿与定子磁极径向间隙小而磁通量大。定子上带有轴向均布的铁芯,每个铁芯上绕有线圈,当电流通过某一相位的线圈时,该线圈的铁芯产生吸力,吸动转子上的凸齿,对准定子线圈的磁极,转子将转动到最小的磁通处,即是一步进位置。要使转子继续转动一个步进角,根据需要的转动方向向下一个相位的定子线圈输入一脉冲电流,转子即可转动。转子转动时,使门锁锁止或开启。

3)门锁控制器

门锁控制器为门锁执行机构提供开锁和闭锁脉冲电流,有晶体管式门锁控制器、电容式门锁控制器和车速感应式门锁控制器。

①晶体管式门锁控制器内部设有闭锁和开锁两个继电器,由晶体管开关电路控制,利用电容器的充放电过程,控制一定的脉冲电流持续时间,使门锁执行机构完成闭锁和开锁动作,如

图 7.23 所示。

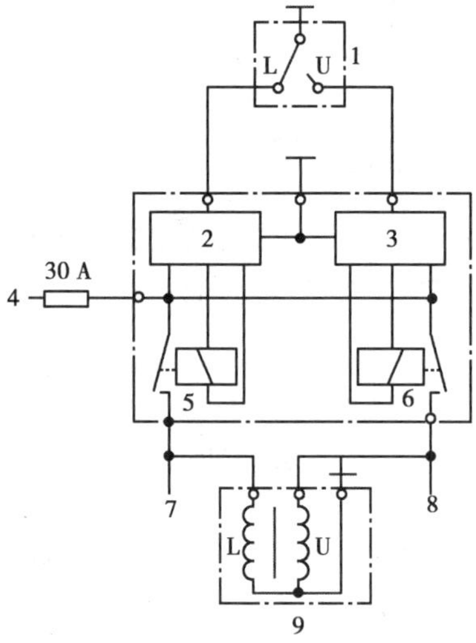

图 7.23 晶体管式门锁控制机构

1—门锁开关;2—锁门控制电路;3—开门控制电路;4—接蓄电池 +;5—锁门继电器;
6—开锁继电器;7,8—连接其他车门锁;9—门锁执行机构(电磁式)L—锁门端;U—开锁端

②电容式门锁控制器利用充足电的电容器在工作时继电器(开锁或闭锁继电器)串联入电容器的放电回路,使其触电短时间闭合。当(正向或反向)转动车门钥匙时,相应的电路开关(闭锁或开锁)接通,电容器放电电流通过继电器线圈(开锁或闭锁继电器)搭铁,线圈产生电磁吸力,触电闭合,接通执行机构电磁线圈的电路,完成闭锁或开锁的动作。当电容放电完毕后,继电器触电打开,中央门锁系统停止工作。此时,另一只电容器被充电,为下一次操纵做好准备,如图 7.24 所示。

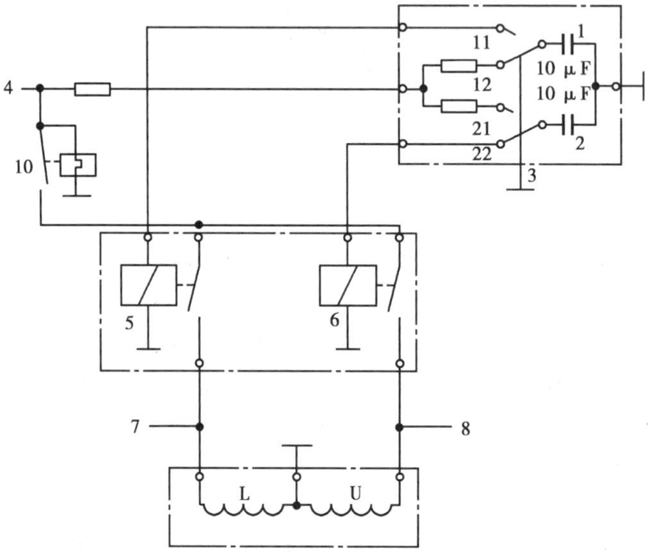

图 7.24 电容式门锁控制机构

1—锁门电路;2—开锁电容;3—门锁开关;4—接蓄电池 +;5—锁门继电器;
6—开锁继电器;7,8—接其他车门锁;9—门锁执行机构;10—热敏断路器

③车速感应式门锁控制器是在中控门锁系统中加装一个车速(10 km/h)感应开关,当汽车行驶速度达到10 km/h以上时,若车门未锁,不需要驾驶员操纵,门锁控制器将自动锁止所有车门,如图7.25所示。

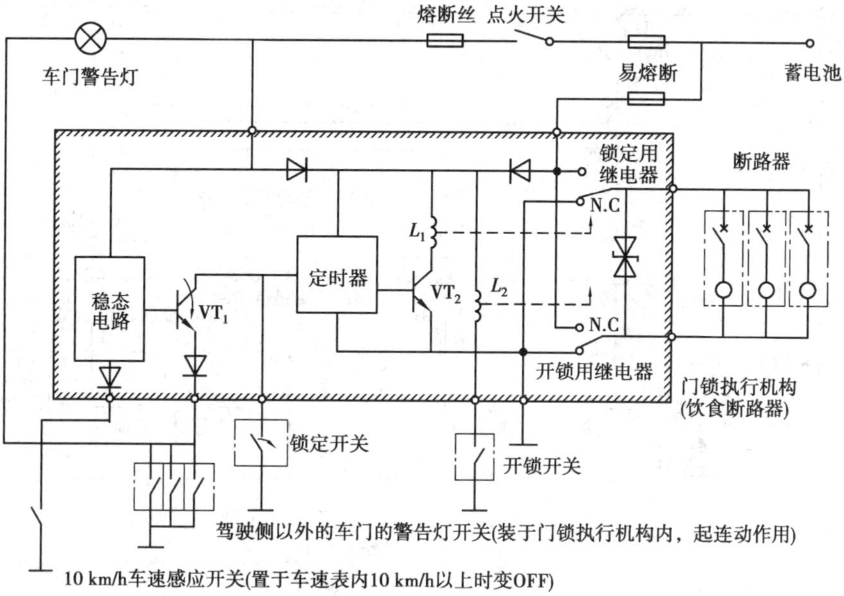

图7.25　车速感应式门锁控制机构

7.4.2　电动门锁系统的控制电路

别克君威电动门锁系统控制电路如图7.26所示。

在别克君威中控门锁系统中,门锁控制是由车身控制模块BCM控制的。车身控制模块接收来自遥控器、钥匙插入信号开关、门锁开关信号以及动力控制模块PCM输出的挡位信号,经过内部电脑的分析计算,通过其输出电路实现对门锁执行器、行李箱释放继电器、门控灯、喇叭以及前照灯的控制。

1)所有车门开锁

在此系统中,左右两侧前门各有一个门锁开关。按压任何一门锁开关上的开锁按钮时,车身控制模块使所有车锁开锁。

按任意门锁开关上的UNLOCK开锁按钮时,通过电路781向车身控制模块插头C1端子D13发送接地信号。车身控制模块接通驾驶员座开锁继电器和乘客座车门开锁继电器,从而分别通过电路694和294向左前车门锁执行电动机和其他门锁执行电动机供电。4个车门锁执行电动机通过电路295至车身控制内部所有门锁继电器常闭触点,经电路1750与G201搭铁。电流通过四门门锁执行电动机使所有车门同时开锁。车身控制模块可单独接通驾驶员座开锁继电器,使驾驶员车门单独开锁。

2)所有车门上锁

同理,按动门锁开关上的LOCK锁止按钮后,通过电路781向车身控制模块插头C1端子D13发送接地信号。接收上锁信号后,车身控制模块从电路295向四门门锁执行电动机供电,使电流方向通过电动机,所有车门同时上锁。

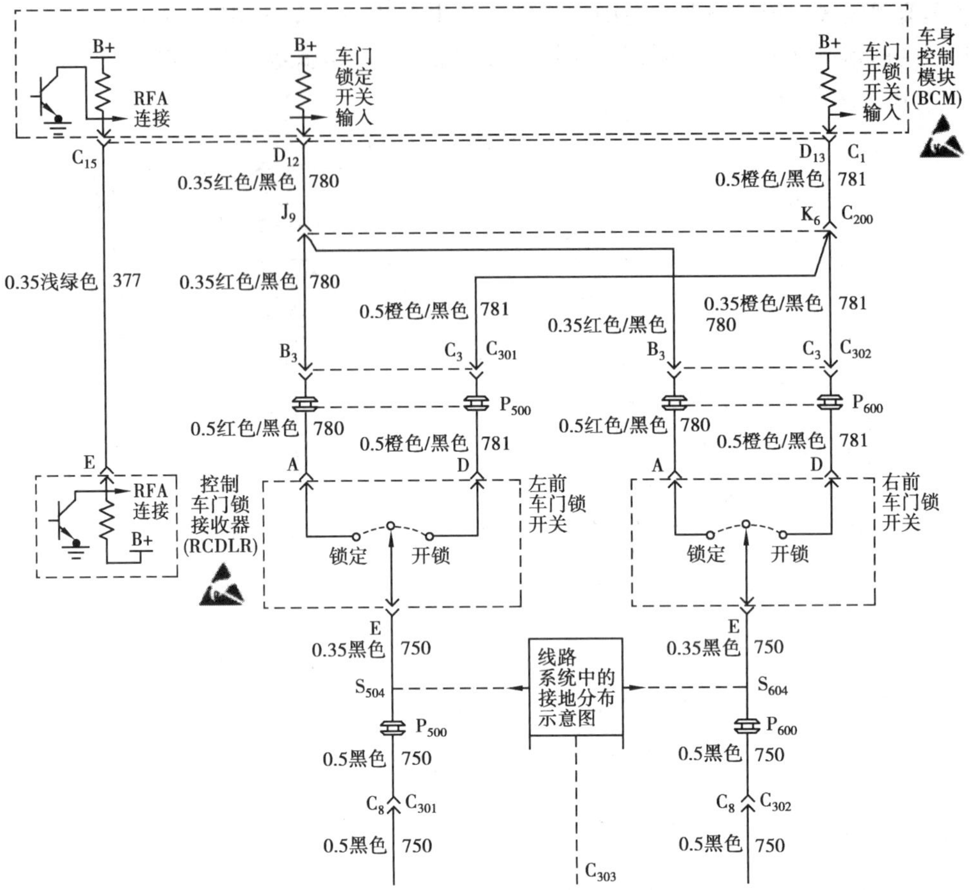

图7.26　别克君威电动门锁系统电路图

7.4.3　电动门锁系统的检修

由于车型不同，电动门锁系统的结构及原理有较大的差异。因此，在检修之前应查阅制造厂家的维修手册，准确找出故障部位和产生故障的原因，再进行必要的修理。

1）电动门锁系统主要部件的检查

（1）门锁控制开关

用万用表测量开关在不同位置时的工作状态进行检查。首先应根据维修资料，找到开关的接线端子，一般开关处于“LOCK”或“UNLOCK”位置时对应的接线端子间的电阻值应为零，处于“OFF”位置时对应的接线端子间的电阻值应为∞。检测结果符合上述要求的开关是好的；只有一个符合要求，则表示开关损坏，一般直接更换。

（2）门锁控制继电器

门锁控制继电器由电子电路控制，它包括控制电路和继电器两个部分，为门锁执行器提供脉冲工作电流，也称门锁定时器。检测时测量其输出状态从而判断是否有故障，再作相应的处理。

（3）门锁执行器

门锁执行器有电磁铁机构、直流电动机等。可以用直接通电的方法检查其是否有开锁和闭锁两种工作状态，从而判断其是否损坏。

2）电动门锁系统故障的检修

（1）操作门锁控制开关，所有门锁均不动作

这种故障一般发生在电源电路中。首先检查熔断器是否熔断，熔断器熔断应予更换。若更换熔断器后又立即熔断，说明电源与门锁执行器之间的线路有搭铁或短路故障，用万用表查找出搭铁部位，即可排除。

若熔断器良好，再检查线路接头是否松脱、搭铁是否可靠、导线是否折断。可在门锁控制开关电源接线柱和定时器或门锁继电器电源接线柱上测量该处的电压，判断输入电动门锁系统的电源线路是否良好。

（2）操作门锁控制开关，不能开门（或锁门）

这种故障是由于开门（或锁门）继电器、门锁控制开关损坏所致，可能是继电器线圈烧断、触点接触不良、开关触点烧坏或导线接头松脱引起。

（3）操作门锁控制开关，个别车门锁不能动作

这种故障仅出现在相应车门上，可能是连接线路断路或松脱、门锁电动机（或电磁铁式执行器）损坏、门锁连杆操纵机构损坏等造成。

（4）速度控制失灵

当车速高于规定车速时，门锁不能自动锁定。故障原因是由于车速感应开关触点烧蚀、车速传感器损坏或车速控制电路出现故障。首先应检查电路中各接头是否接触良好，搭铁是否良好，电源线路是否有故障。然后检查车速感应开关、车速传感器；车速传感器的检查可采用试验的方法进行，也可采用代换法，即以新传感器代换被检传感器，若故障消除，则说明旧传感器损坏，若故障仍存在，则应进一步检查速度控制电路中的各个元器件是否损坏。

［任务实施］

1）准备工作

（1）设备

2013 款雪佛兰迈锐宝轿车 4 辆，通用专用故障诊断仪 4 套。

（2）工具

工具车 4 辆，零件车 4 辆，常用工具 4 套（120 件套，FLUKE87 万用表，螺丝刀），2013 款雪佛兰迈锐宝维修手册 4 套（电子版），抹布若干。

（3）授课地点

通用实训中心整车实训教室。

2）实施过程

（1）更换前侧门锁芯的更换

①从壳体上拉出锁芯。

②从锁芯上拆下锁芯嵌框。

③使用合适的工具释放锁芯嵌框（拉动外部把手以释放车门锁芯）。

更换前侧门锁芯时：

a. 切勿拆下内车门饰板。

b. 用平刃工具拆下锁芯开口检修盖。

c. 切勿将锁芯螺钉从壳体上完全拆下。将螺钉拧至硬止点，拆下锁芯。

d. 更换锁芯时,不需要将车门外部把手或壳体拆下。

(2)单个车门安全锁止故障检测

①将点火开关置于"OFF(关闭)"位置,所有车辆系统关闭,断开相应的 A23 车门锁闩总成的线束连接器。

②在下列控制电路端子之间连接一盏测试灯,将点火开关置于"ON(打开)"位置。

- A23D 驾驶员车门锁闩总成控制电路端子 1 和控制电路端子 2。
- A23P 乘客车门锁闩总成控制电路端子 6 和控制电路端子 7。
- A23LR 左后车门锁闩总成控制电路端子 1 和控制电路端子 2。
- A23RR 右后车门锁闩总成控制电路端子 6 和控制电路端子 7。

③当用故障诊断仪指令"车门锁死至锁定"和"车门锁死至解锁"时,确认测试灯点亮和熄灭。

如果在任何一种控制中测试灯保持熄灭,进行下列操作:

a. 将点火开关置于"OFF(关闭)"位置,断开 K9 车身控制模块的线束连接器。

b. 测试各个控制电路和搭铁之间的电阻是否为无穷大。

如果电阻不为无穷大,则修理电路上的对搭铁短路故障。

如果电阻为无穷大,则更换 K9 车身控制模块。

如果在其中一种控制中测试灯点亮,进行下列操作:

④测试或更换 A23 车门锁闩总成。

[任务检测]

一、填空题

1. 电动门锁基本组成主要有________、________和________。

2. 门锁执行机构有________、________和________ 3 种驱动方式。

3. 门锁控制器有________门锁控制器、________门锁控制器和________门锁控制器 3 种类型。

二、判断题

当汽车行驶速度达到 10 km/h 以上时,若车门未锁,不需要驾驶员操纵,车速感应式门锁控制器将自动锁止所有车门。 (　　)

三、选择题

采用步进方式控制门锁执行机构的是(　　)。

A. 电磁式　　B. 直流电动机式　　C. 交流电动机式　　D. 永磁电动机式

四、简答题

1. 简述电动门锁系统的功能。

2. 简述永磁电动机式门锁执行机构的工作过程。

[知识拓展]

汽车远程控制,是指驾驶员与汽车相隔很远,通过手机解锁。简单来说,就是通过手机 APP 与汽车系统连接,远程控制汽车实现开锁、锁车、启动空调等。这个功能被称为远程服务或者互联驾驶系统。其原理为:手机的操控直接与后台的服务器进行信息联动,发送出去的控制指令通过后台服务器,再传输到用户目标车辆的行车电脑上,进而控制车辆的具体功能。目前已推广应用的系统有通用汽车的安吉星系统、宝马的 iDrive、丰田的 G-BOOK、奔驰的 Comand、奥迪的 MMI 和 Connect 等。互联驾驶系统非常方便和智能，比如，冬天室外温度非常低，车里非常冷。没有互联驾驶系统的汽车，上车时车内温度很低，需要热完车，打开空调吹一会，车内温度才会上升。有了互联驾驶系统，上车前十几分钟，通过手机提前把空调打开，上车就可以享受温暖。另外，车钥匙遗落或者掉车里，直接用手机开锁就可以，不用联系 4S 店或是找专业开锁服务。

[评价与反馈]

评价与反馈见表 7.8。

表 7.8　评价与反馈表

班级：　　　　　　　　　姓名：　　　　　　　　　指导教师：

序号	考核项目	配分	考核内容	配分	考核标准	得分
1	出勤/纪律	5	出勤	2	违规一次不得分	
			行为规范	3	违规一次不得分	
2	安全/防护/环保	20	着装	4	违规一次不得分	
			个人防护	4	违规一次不得分	
			5S	4	违规一次不得分	
			设备使用安全	4	违规一次不得分	
			操作安全	4	违规一次不得分	
3	知识水平	20	知识测验成绩	20	测验成绩的 20% 计	
4	技能考核	40	技能测验成绩	40	测验成绩的 40% 计	
5	学习能力	10	工单填写、计划制订	4	未做不得分	
			组内活动情况	4	酌情扣 1 ~4 分	
			资料查阅和收集	2	未做不得分	
6	任务拓展	5	知识拓展	2	未做不得分	
			技能拓展	3	未做不得分	
7	总分	100				

【教师评估】

教师评估见表 7.9。

表 7.9　教师评估表

序号	优　点	存在的问题	解决方案
教师签字：			

参考文献

[1] 闫忠孝. 汽车电气系统的检测与维修[M]. 上海. 上海交通大学出版社,2013.
[2] 舒华. 汽车电器设备与维修[M]. 北京:北京理工大学出版社,2015.
[3] 戴勇林. 汽车电器设备构造与维修[M]. 南京:江苏教育出版社,2013.
[4] 马明芳. 汽车发动机电气系统故障诊断与排除[M]. 北京:机械工业出版社,2013.
[5] 张军. 汽车电气系统故障诊断与维修[M]. 北京:高等教育出版社,2015.
[6] 彭加山. 薛成文. 汽车电气系统故障诊断与维修[M]. 北京:农业出版社,2015.
[7] 杨连福. 汽车电器构造与维修[M]. 北京:人民交通出版社,2013.
[8] 孙仁云. 汽车电器与电子技术[M]. 北京:机械工业出版社,2015.
[9] 周建平. 汽车电器设备构造与维修[M]. 北京:机械工业出版社,2013.
[10] 张森林. 汽车电器设备与维修[M]. 北京:冶金工业出版社,2009.
[11] 张忠伟. 汽车电气系统检修[M]. 青岛:中国海洋大学出版社,2010.
[12] 胡瑞雪. 汽车电路与电子系统[M]. 北京:冶金工业出版社,2015.
[13] 凌艳军,孔虎臣. 汽车电器[M]. 西安:西安交通大学出版社,2014.
[14] 袁辉,邓妹纯. 汽车舒适与安全系统检修[M]. 北京:人民交通出版社,2010.